FRAUEN DES JAHRES

INHALT

GRUSSWORT VON NATASCHA HOFFNER 6

VORWORT VON DAME STEPHANIE SHIRLEY 10

VORWORT VON DR. KATARZYNA (KASIA) MOL-WOLF 14

VORWORT VON MO ASUMANG 20

Mette Mogensen 28	
Bhavana Jotwani 36	
Melissa Endres 44	
Dr.-Ing. Ninghong Sun 52	156 Tereza Křižková
Camila Furtado 60	164 Ulrike Schiermeister
Daniela Gatsche 68	172 Veronika Wellge
Dorothee Heinkel 76	180 Antje Jörg
Irene Bader 84	188 Barbara Wittmann
Isabel Eisinger 92	198 Berit Behl
Jasmin Ohme 100	204 Bianca Orgill
Katharina Keck 108	212 Carolin Geiß
Monika Mahns 116	220 Christiane Brandes-Visbeck
Marina M. Lessig 124	228 Diana Wiedemann
Nadine Müller 132	236 Ellen Wagner
Sabine Kerse 140	244 Katja Carapezza
Stefanie Mayer 148	252 Dr. rer. nat. Kristina Wagner
	260 Luciana Finazzi Filizzola
	268 Manuela Kasper-Claridge

SERVICE 278

WERDE MENTEE! 280

BUCHTIPPS 282

DAS INTERSEKTIONALE BUSINESS-GLOSSAR 286

UNTERNEHMENSVERZEICHNIS 302

IMPRESSUM 304

GRUSSWORT
NATASCHA HOFFNER

GRÜNDERIN DER MESSE.ROCKS GMBH
UND INITIATORIN HERCAREER

Liebe Leserinnen und Leser,
mit dieser Ausgabe des Buches „Frauen des Jahres 2024" knüpfen wir an den großen Erfolg unserer ersten Edition aus dem vergangenen Jahr an. In der aktuellen Ausgabe stellen wir wieder zahlreiche bemerkenswerte Frauen vor, die uns Einblicke in ihren beruflichen Werdegang geben. Die Wege sind so vielfältig wie interessant und manch berufliche Entwicklung war gekennzeichnet von Hürden und Herausforderungen. Unsere Protagonistinnen haben diese jedoch mit Bravour gemeistert.

Das gelingt bei Weitem nicht jeder Frau, denn leider müssen wir feststellen, dass die Durchlässigkeit an vielen Stellen des Systems immer noch nicht gegeben ist. Dabei wissen wir alle, dass wir es uns schlichtweg nicht leisten können, auch nur auf ein Talent zu verzichten. Mehr Frauen in Schlüsselpositionen bedeuten eine Vielfalt an Meinungen und Perspektiven. So entstehen Chancen für andere, so entsteht gleichberechtigte Teilhabe am Arbeitsplatz.

Dabei sind Frauen nicht nur in zahlreichen Berufen, sondern ebenfalls in den Führungsebenen unterrepräsentiert. Unterdessen erreichen bereits seit Jahren mehr junge Frauen als Männer akademische Abschlüsse – und auch mit besseren Noten. Frauen starten also mindestens genauso ambitioniert wie Männer ins Berufsleben. Und dennoch werden es im Laufe der beruflichen Entwicklung stetig weniger Frauen, wenn es um Führungspositionen geht. Bei mir löst das ein Störgefühl aus – zumal ich Ihnen in meiner Funktion bei herCAREER sagen darf: Es gibt unglaublich viele Frauen, die beruflich sehr ambitioniert und erfolgreich sind. Und ich spreche hier nicht bloß von den unter 30-Jährigen! Frauen machen einen genauso guten Job wie Männer. Aber um das tun zu können, müssen sie nicht nur GEfördert, sondern vor allem BEfördert werden.

In vielen Gesprächen, die ich tagtäglich mit Fach- und Führungskräften führe, wird immer wieder deutlich: Unserer persönlichen und beruflichen Entwicklung hat es sehr geholfen, dass es Menschen gab, die unsere Talente gesehen haben. Menschen, die an uns geglaubt und uns mit anderen Menschen zusammengebracht haben. Menschen – und das ist das Entscheidende –, die uns als Unterstützerinnen und Unterstützer, als Mutmacherinnen und Mutmacher und als Ermöglicherinnen und Ermöglicher Türen geöffnet haben.

Und hier kommen Sie ins Spiel, liebe Leserinnen und Leser, die Sie bereits selbst in einer Position angekommen sind, die es Ihnen ermöglicht, Frauen zu fördern. Tun Sie es!

Öffnen Sie Ihre Netzwerke. Lassen Sie Frauen daran teilhaben, und zwar nicht erst, wenn sie bereits auf der Netzwerk-Ebene angekommen sind. Ziehen Sie bewusst Frauen nach. Eine meiner Wegbegleiterinnen, eine ehemalige Vorständin, tut etwas ganz Wunderbares, nämlich: jeden Tag eine qualifizierte Frau empfehlen.

Tragen Sie zu mehr Teilnehmerinnen auf Veranstaltungsbühnen bei. Nicht immer braucht es die Geschäftsführung auf einem Panel. Geben Sie auch mal einer Kollegin die Chance. Sollte das seitens des Veranstalters nicht gewünscht sein, sagen Sie zu. Aber coachen Sie Ihre Favoritin bereits für die Teilnahme. Dann sagen Sie das Panel kurzfristig ab – mit der freudigen Nachricht, eine Topvertreterin entsenden zu können.

Hören Sie aktiv zu. Gehen Sie auf Frauen in Ihrem Unternehmen zu, fragen Sie sie, was sie sich wünschen beziehungsweise, was sie brauchen. Nicht jede Frau will in den Vorstand. Für manche kann es im Moment wichtiger sein, die Doppelbelastung durch Kinder oder pflegebedürftige Eltern zu managen. Auch wenn wir uns wünschen würden, dass Care-Arbeit gerecht aufgeteilt ist, so sind es heute dennoch überwiegend die Frauen, die den Großteil dieser Aufgaben leisten. Fragen Sie sie, was sich ändern muss, damit sie schnellstmöglich aus der Babypause zurückkommen, oder ob sie generell ein flexibleres Arbeitszeitmodell brauchen.

> **Unserer persönlichen und beruflichen Entwicklung hat es sehr geholfen, dass es Menschen gab, die unsere Talente gesehen haben.**

Sorgen Sie dafür, dass Ihr Unternehmen zum Gamechanger durch eine veränderte Ansprache wird. Unlängst traf ich eine junge Frau, die sich mit 31 Jahren entschied, einen kompletten Berufswechsel zu wagen und in die Digitalwirtschaft zu wechseln. Und raten Sie mal, was ihr den Mut gab, sich auf eine Stelle zu bewerben, für die sie nicht mal 20 Prozent der geforderten Qualifikationen mitbrachte? Der kleine Zusatz „Quereinsteiger und Quereinsteigerinnen sehr willkommen" in der Headline der Stellenanzeige. Frauen sollten nicht trotz, sondern gerade wegen ihrer ungewöhnlichen Biografien eine Chance erhalten.

Achten Sie darauf, dass Frauen wie Männer gleichermaßen im Bewerbungsprozess berücksichtigt werden. Als Mitglied der oberen Führungsriege haben Sie die Chance, darauf zu bestehen, dass bis zur finalen Runde mindestens eine Bewerberin im Rennen ist. Eine Geschäftsführerin aus der Energiewirtschaft erzählte auf einem Panel, dass sie in ihrem Unternehmen genau diesen Weg geht. Zugegeben, es ist anstrengend und frustrierend, wenn sich die „Pipeline" nicht ad hoc füllen lässt. Aber genau das führt dazu, dass sogar komplette Teams im Unternehmen auf einmal ganz anders auf den Kollegenkreis blicken. So lassen sich auch Talente entdecken, die vielleicht bislang nicht so sichtbar waren.

Sie sehen schon: Türen zu öffnen ist gar nicht so schwer. Die meisten dieser Vorschläge fordern kein zusätzliches Budget, sondern lediglich den Mut, die Dinge anzupacken und vielleicht auch anders zu machen. Deshalb mein Wunsch an Sie: Seien Sie die Person, die Sie sich gewünscht hätten, als Sie an entscheidenden Wendepunkten Ihrer Karriere standen.

Und Ihnen, liebe Leserinnen und Leser, die Sie am Anfang Ihres Weges oder an einem Wendepunkt stehen, möchte ich raten: Gehen Sie auf potenzielle Mentorinnen und Mentoren zu, vertrauen Sie ihnen Ihre Wünsche in Sachen Karriere an, nutzen Sie Netzwerke schon frühzeitig und schrecken Sie nicht davor zurück, sichtbar zu werden, sei es auf Business-Plattformen oder auf Panels.

> **Es gibt noch viel zu tun. Für uns alle. Aber im Miteinander wird es leichter.**

Nahezu alle im Buch porträtierten Frauen haben zugesagt, für ein Mentoring zur Verfügung zu stehen. Nutzen Sie diese Chance!

Es gibt noch viel zu tun. Für uns alle. Aber im Miteinander wird es leichter. Geben Sie Orientierung, zeigen Sie Ziele auf und Wege, diese zu erreichen. Seien Sie für andere erreichbar und ansprechbar. Werden Sie zur empathischen Fürsprecherin oder zum Fürsprecher und machen Sie damit Ihr Unternehmen zum „Employer of Choice". Und Sie, die Sie noch mitten in der beruflichen Entwicklung sind, bitten Sie um Chancen und nutzen Sie diese auch!

Herzliche Grüße
Natascha Hoffner

VORWORT

DAME STEPHANIE SHIRLEY

SOZIALUNTERNEHMERIN, PHILANTHROPIN, WEGBEREITERIN

Über die Shirley Foundation hat sie mehr als 70 Millionen GBP gespendet und unter anderem die Wohltätigkeitsorganisationen Autistica, Autism at Kingwood und Prior's Court School gegründet. Sie ist außerdem die Gründungsstifterin des Oxford Internet Institute.

LIEBE LESERINNEN UND LESER,
ich war mir meiner Vorbildfunktion schon bewusst, lange bevor der Begriff „Role Model" geprägt wurde. Die Medaille hat zwei Seiten: Wenn man es als weibliches Vorbild gut macht, ist das toll. Aber wenn man es vermasselt, bremst man alle aus, die nach einem kommen. Einige der Frauen in diesem Buch sind auch die Ersten: die Ersten in ihrer Familie, die eine Universität besuchen, die Ersten in ihrem Studiengang, in ihrer Abteilung, im Vorstand. Ich wünsche ihnen viel Erfolg und Freude in dieser Rolle. Denn es ist zwar eine große Verantwortung, ein Vorbild zu sein, aber in gewisser Weise hat es meinem Leben immer einen Sinn gegeben.

MEINE KINDHEIT. Mein ganzes Leben ist geprägt von meinen Erfahrungen als Flüchtlingskind. Als ich 5 Jahre alt war, schickte meine deutsche Mutter meine Schwester und mich zum Schutz vor den Nationalsozialisten mit einem der Kindertransporte von Österreich ins Ausland. Ich wuchs bei Pflegeeltern in Großbritannien auf. Vieles von dem, was ich heute bin, lässt sich auf diesen traumatischen Start meines Lebens zurückführen und auf das Gefühl der Schuld, eine Überlebende zu sein. Mein Unternehmergeist ist daraus entstanden: Ich musste etwas in der Welt bewegen. Ich musste dieses gerettete Leben sinnvoll gestalten. Ich glaube nicht, dass das eine sehr gesunde Einstellung war, aber es ist eben, wie es ist.

MEIN UNTERNEHMERGEIST. In den frühen 60er-Jahren, als Frauen nicht einmal ein Bankkonto ohne die Erlaubnis ihres Mannes eröffnen konnten, habe ich meine eigene Softwarefirma gegründet. Die gesellschaftlichen Strukturen verwehrten uns Frauen den Zugang zu technischen Berufen. Es war ein frühes Sozialunternehmen, ein reines Frauenunternehmen: Wir leisteten Pionierarbeit in den Bereichen Homeoffice, Jobsharing und Teilzeitarbeit. Was als „Freelance Programmers" an meinem Küchentisch begann, wuchs zu einem Betrieb, der schließlich 8.500 Frauen und Männer beschäftigte. Unsere Jobs waren nicht nur einzigartig, weil wir berufstätige Mütter und Programmiererinnen waren, sondern weil wir tatsächlich zusammenarbeiteten. Wir telefonierten miteinander, trafen uns zum Arbeiten in Cafés oder besuchten einander zu Hause. Wir kontrollierten die Arbeit der anderen, wechselten uns mit Kinderbetreuung ab und unterstützten uns gegenseitig in jeder Hinsicht. Ich kann diese Arbeitsweise von ganzem Herzen empfehlen: Als wir den Auftrag bekamen, den Code für den Flugschreiber der Concorde zu schreiben, lieferte unser Team von 30 Müttern nicht nur den Code, sondern wir lieferten ihn sogar vor der Deadline ab und erhielten dafür eine Prämie!

MEIN GRÖSSTER ERFOLG. Ich kann auf viele Dinge, die ich erreicht habe, ziemlich stolz sein. Aber am stolzesten bin ich darauf, dass ich das Eigentum an meiner Firma aufgegeben habe. Elf Jahre lang habe ich dafür gekämpft, den Großteil meiner Anteile an die Belegschaft abzugeben. Als das Unternehmen, das dann schon F International hieß, 1996 an die Börse ging, wurden 70 Frauen auf einen Schlag zu Millionärinnen. Was vielleicht noch wichtiger war: Co-Ownership elektrisierte unsere Zusammenarbeit. Wir wurden zu Schwestern in einer gemeinsamen Sache und arbeiteten noch besser auf unsere gemeinsamen Ziele hin.

MEINE MUTTERSCHAFT. Als mein Sohn Giles geboren wurde, war die Zeit, die ich mit ihm verbrachte, die einzige Zeit, in der ich nicht an die Arbeit denken musste. Die Zeit, die ich bei der Arbeit verbrachte, war die einzige Zeit, in der ich nicht an Giles dachte. Ich hielt es zunächst für ein gesundes Gleichgewicht, aber ich habe mich geirrt. Ich erlitt einen Nervenzusammenbruch. Ich weiß, welchen Preis Frauen bezahlen, wenn sie alles miteinander vereinbaren wollen.
Noch bevor ich in der Lage war, für mich selbst eine bessere Vereinbarkeit zu finden, zwang uns der Zustand meines autistischen Sohns, ihn in einem Heim unterzubringen. Es gab in unserer Gesellschaft keinen Platz für Kinder wie Giles, also habe ich einen geschaffen. Mein Sohn war der erste Bewohner im ersten Heim der ersten Wohltätigkeitsorganisation, die ich für Menschen mit Autismus gegründet habe.

MEINE PHILANTHROPIE. Ich spende nicht einfach, ich betrachte Wohltätigkeit genauso unternehmerisch wie das Geschäft. Wenn ich eine Lücke sehe, will ich sie langfristig füllen. Es ist relativ einfach, eine Idee zu haben und ein Projekt

> *Erfolg bedeutet Freude, Erfüllung und die Fähigkeit zu geben.*

auf die Beine zu stellen. Es nachhaltig zu machen ist schwieriger und dauert länger. Die erste Wohltätigkeitsorganisation, die ich gegründet habe, brauchte 17 Jahre, um sich selbst zu tragen. Aber ich bin lernfähig! Die zweite brauchte nur fünf Jahre, die dritte nur zwei. Mit 91 Jahren bin ich immer noch ein Workaholic und ich möchte immer noch etwas bewirken. In der Philanthropie habe ich meine Erfüllung gefunden.

MEIN RAT. Ich habe Barrieren überwunden, die gläserne Decke durchbrochen und Türen geöffnet, die für mich und für andere Frauen verschlossen waren. Wie habe ich das geschafft? Die meisten Leute denken, mein Leben hätte mir alle Antworten beschert, aber das stimmt natürlich nicht. Ein paar Ratschläge habe ich aber: Umgebt euch mit den besten Leuten – und mit Leuten, die ihr mögt. Das bedeutet auch: Augen auf bei der Partnerwahl. Traut euch, loszulassen: eure Reue, eure Verluste, die Vergangenheit. Was uns als Unternehmerinnen und Frauen in Führung auszeichnet, ist, dass wir verstehen, dass Scheitern nie das Ende bedeutet. Bleib widerstandsfähig, steh auf, lächle und fange neu an. Jeder Tag bietet die Chance für einen Neuanfang. Falls dir niemand einen Platz am Tisch anbietet, dann bringst du eben deinen eigenen Stuhl mit – ich habe damals meinen eigenen Küchenhocker zu meinem TED-Talk mitgebracht! Und zu guter Letzt: Gib etwas zurück. Vielleicht wirst du Mentorin, so wie die Frauen in diesem Buch. Das ist doch eine wunderbare Idee!

Herzlich
Dame Stephanie Shirley

VORWORT

DR. KATARZYNA (KASIA) MOL-WOLF

GRÜNDERIN, VERLEGERIN EMOTION, SPEAKERIN, AUFSICHTSRÄTIN, JOURNALISTIN

I

Ich erinnere mich noch genau an eine längere Autofahrt als Kind, da waren wir schon von Polen nach München gezogen. Meine Mutter fuhr, ich saß auf der Rückbank, schaute aus dem Fenster und vertrieb mir die Zeit mit Tagträumen: Im Fernsehen hatte ich gebannt in einer australischen Serie die Höhen und Tiefen einer Frau verfolgt, die Medienunternehmerin werden wollte und es schließlich tatsächlich schaffte. Es war das erste Mal, dass ich mir auch meine eigene – ähnliche – Zukunft ausmalte, an der Spitze eines eigenen Unternehmens. Das kam mir ganz normal vor. Ich war geprägt von den Frauen in Polen, wo ich die ersten sieben Jahre aufwuchs, und von den Frauen in meiner Familie: Meine Oma väterlicherseits war Casino-Direktorin bei der polnischen Armee, meine Mutter leitete als Ingenieurin Teams auf Baustellen, meine Tante war Schuldirektorin, dann gab es noch Oberärztinnen und einige Unternehmerinnen im Freundeskreis. Frauen gehören an die Spitze, können Spitzenpositionen besetzen, können alles sein – damit bin ich aufgewachsen.

Als wir 1981 über Nacht aus Polen flüchteten und nach Deutschland kamen, veränderte sich für mich die Welt. Ich wuchs nun in bescheidenen Verhältnissen auf, da meine alleinerziehende Mutter zunächst einmal nur einfache Jobs fand, um uns über Wasser zu halten. Sie musste sich im fremden Land Deutschland erst wieder nach oben arbeiten. Von der Putzfrau zur Haushälterin, danach über eine berufliche Fortbildung zur Wirtschaftsinformatikerin, die schließlich die IT-Abteilung eines großen medizinischen Labors aufbaute. Sie hatte in der neuen IT-Welt fast nur männliche Kollegen. Als ich dann Jura studierte, merkte ich selbst, wie viel dünner für Frauen die Luft oben wurde: Mir begegnete an der Uni keine

Professorin, auch keine Repetitorin, keine führende Rechtsanwältin – lediglich eine Richterin im Laufe meiner kurzen juristischen Laufbahn. Und so entwickelte sich bei mir meine Mission – das Bild, das sich in mir als Mädchen verfestigt hatte, mit allen Frauen zu teilen: Wir können alles erreichen, alles sein. Wir müssen es nicht, aber wir können – das war und ist meine Überzeugung. Es liegt sehr viel in unserer eigenen Hand, was wir aus unserem Leben machen.

Ich selbst entschied mich dann für eine Karriere in einem großen Verlagshaus. Nach zehn Jahren machte ich mich im Rahmen eines Management-Buy-outs als Medienunternehmerin selbstständig. Danach durchlebte ich das typische Leben einer Unternehmerin: viele Aufs und ganz schön viele Abs. Mitte 2023 musste ich aus verschiedenen Gründen Insolvenz anmelden und meinen Lebenstraum ad acta legen. Damit durchschritt ich die größte Niederlage meines bisherigen Lebens. Mein Plan, Frauen auf dem Weg nach oben zu fördern und zu stärken, für den ich so sehr gekämpft, alles investiert, auf so viel Zeit mit meiner Familie und in erster Linie mit meinen Kindern verzichtet hatte, wurde einfach nicht wahr. Es sollte nicht sein. Ich verlor alles und musste lernen, mit diesem „Scheitern" weiterzuleben. Heute, über ein Jahr später, schaue ich wieder nach vorn. Um einige Verletzungen und Enttäuschungen, aber gleichzeitig um viele wertvolle Erfahrungen reicher. Ich weiß jetzt: Das Leben geht weiter – auch wenn ein Traum oder ein Unternehmen scheitert.

Das Ende ist nicht das Ende. Wenn wir das einmal begriffen haben, sind wir frei und bereit, in unserem Leben alles zu wagen. Ich möchte hier nicht kleinreden, dass die letzten Monate sehr herausfordernd waren und es nicht leicht war, wieder auf den Pfad nach vorn in die Zukunft zu finden.

> Jedes Scheitern belohnt uns mit vielen Learnings, die uns niemand mehr nehmen kann.

Was mir dabei half, war zum einen meine Mission, die hauptsächlich bei Begegnungen mit Menschen, die mir (nicht selten für mich ganz überraschend) ihre Unterstützung anboten, unerwartet erneut aufflackerte. Zum anderen waren es die Gespräche mit anderen Unternehmerinnen und Unternehmern, Kundinnen und Kunden und emotion-Leserinnen, die mich darin bestärkten, nicht nur auf die Niederlage, sondern auch darauf zu schauen, was mein Team und ich aufgebaut hatten, und mich wieder für das Neue zu öffnen. Denn wenn das erste Unternehmen scheitert, kann man die wertvollen Erfahrungen im zweiten sinnvoll nutzen. Jedes Scheitern belohnt uns mit vielen Learnings, die uns niemand mehr nehmen kann, solange wir selbst wieder ins Machen kommen und nicht liegen bleiben. Das möchte ich allen Frauen, die in ihrem Leben noch etwas erreichen

VORWORT DR. KATARZYNA (KASIA) MOL-WOLF

möchten, vermitteln. Es geht darum, dass wir unsere Stärken UND unsere Schwächen kennenlernen, und auch wenn nicht alles nach unseren Vorstellungen verläuft, uns selbst vertrauen. Wenn uns all das klar wird, können wir loslegen. Einige von uns brauchen zum ersten Schritt auf dem eigenen Weg manchmal etwas mehr Mut als andere. Aber jede von uns hat Mut! Wir müssen nur lernen, weniger auf die Meinung anderer zu hören. Und wir müssen begreifen, dass es entscheidend ist, dass wir uns vor dem Scheitern, vor Niederlagen nicht fürchten.

Was uns aus meiner Erfahrung hilft, unseren Weg in Stärke zu gehen, ist dazu die Vernetzung mit anderen gleichgesinnten Frauen, auch oder gerade Frauen, die weiter sind als wir. Die uns zeigen: Wenn ich das hinbekomme, dann bekommst du das ebenfalls hin! Frauen, die offen über ihre Erfolge, aber auch authentisch über ihre Misserfolge sprechen. Frauen, die ich #Frauenfrauen nenne, weil sie anderen Frauen den Weg, der in manchen Branchen noch viel tougher als in anderen ist, leichter machen möchten. Die Spaß daran haben, Frauen in den Fokus der Öffentlichkeit oder eines Unternehmens zu bringen, weil sie da einfach hingehören. Und weil wir gemeinsam schneller zur Diversität in unserer Wirtschaft und Gesellschaft kommen.

Und genau aus diesem Grund bin ich von Beginn an ein großer Fan der herCAREER – der Plattform, die die großartige und mutige Frauenfrau Natascha Hoffner vor vielen Jahren gegründet hat. Denn die herCAREER steht für offenen Austausch über alle Branchen hinweg, für gegenseitige Inspiration, Unterstützung und Förderung und unterstützt den Aufbau eines eigenen Netzwerks. Mit dem Ihnen vorliegendem Jahrbuch bereitet sie die Bühne für viele Frauen, die bereits erfolgreich ihren Weg gegangen sind, und unterstützt damit gleichzeitig andere, ihre persönlichen Wege zu gehen. Denn, und das habe ich auch gelernt: Vieles fällt uns leichter, wenn wir sehen, dass es schon eine andere Frau gewagt hat.

> „ Vieles fällt uns leichter, wenn wir sehen, dass es schon eine andere Frau gewagt hat.

Ich bin mir sicher, dass das vorliegende Jahrbuch viele Leserinnen aus der Reserve locken wird, ihre eigenen Talente anzunehmen, die eigenen Potenziale zu erkennen und dann einen neuen Schritt oder anderen Weg zu wagen.

Ich habe übrigens außerdem noch gelernt, dass wir nicht alles selbst können müssen. Es ist viel wichtiger, zu wissen, was ich kann und wofür ich besser jemand anderen nehme oder das beste Team zusammenstelle. Auch dafür ist der Austausch im wohlgesinnten Netzwerk hilfreich. Und ebenso mal die Bitte um Hilfestellung.

Ich wünsche Ihnen nun eine spannende Lektüre und ziehe den Hut vor diesen großartigen Frauen, die mit uns ihre eigenen Karrierewege, Höhen und Tiefen teilen.

Herzliche Grüße
Dr. Katarzyna (Kasia) Mol-Wolf

VORWORT
MO ASUMANG

PRODUZENTIN, REGISSEURIN, INVESTIGATIVE JOURNALISTIN, SCHAUSPIELERIN, MODERATORIN, BESTSELLER-AUTORIN

Mein Alltag und meine Arbeitswelt sind noch lange nicht so vielfältig, wie ich es mir wünschen würde. Täglich wird mir aufs Neue bewusst: Bis zur Gleichstellung und Gleichberechtigung ist es nach wie vor ein weiter Weg.

Wie weit wir tatsächlich davon entfernt sind, stelle ich immer wieder bei einem Rollenspiel fest, das ich im Rahmen meiner Tätigkeit als mo:lab-Dialog-Trainerin regelmäßig an Schulen durchführe. Es ist eine simple Übung mit zehn Fragen, die für die ungleiche Chancenverteilung sensibilisieren soll. Dafür stellen sich die Teilnehmenden nebeneinander auf. Eine Frage lautet: „Kannst du mit deinem Namen einen Job bekommen, dann geh zwei Schritte nach vorn." Eine andere: „Kannst du mit deinem Gesicht leicht eine Wohnung finden, dann geh zwei Schritte nach vorn." Alle Teenager, die nach zehn Fragen die letzte Linie erreicht haben, sollen sich dann umdrehen. Sie erschrecken, denn jene Klassenkameraden, die keine der Frage mit Ja beantworten konnten, stehen immer noch auf der Anfangslinie. Sie kamen nicht voran aufgrund ihres Namens, ihrer Hautfarbe oder ihrer sozialen Herkunft. Zu sehen, wie weit hinten ihre Freunde stehen, macht ihnen bewusst, welche Nachteile Menschen haben, die nicht aus der Mehrheitsgesellschaft stammen und nicht in eine weiße Familie mit Namen Müller oder Maier hineingeboren sind.

Dabei sind am stärksten diejenigen benachteiligt, die unter Mehrfachdiskriminierung zu leiden haben, beispielsweise aufgrund ihres Geschlechts oder ihrer ethnischen Zugehörigkeit.

Für all diese Menschen – egal ob jugendlich oder bereits erwachsen – ist es wichtig, im täglichen Leben Allies, also Verbündete, zu finden, die sich solidarisch und empathisch zeigen und wachrütteln. Die wissen, wie es sich anfühlt, mit einem türkischen Namen oder als Kopftuchträgerin schlechtere Chancen auf dem Arbeitsmarkt zu haben, obwohl sie einen deutschen Pass besitzen. Weiträumig Verbündete zu finden, das macht uns alle stark.

Erfreulicherweise gibt es bereits in vielen Betrieben inzwischen Sensibilisierungsmaßnahmen wie Fortbildungen, Workshops oder ein gemeinsames Magazin. Als ein gutes Mittel haben sich außerdem Netzwerke innerhalb von Unternehmen entwickelt. Und zwar vor allem solche, bei denen Firmen dafür auch Zeitbudgets zur Verfügung stellen, damit das Netzwerken nicht zusätzliche Arbeit ist, die nach Arbeitsende oder am Wochenende erledigt werden muss. Nur

VORWORT MO ASUMANG

so erfahren Netzwerke und ihre Unterstützenden die notwendige Wertschätzung durch den Arbeitgebenden.

Doch manchmal gelingt so ein Netzwerk nur durch Eigeninitiative, wie das Beispiel von Vishakha Liebermann zeigt, einer jungen IT-Spezialistin, die in Indien geboren wurde und heute in München arbeitet. „Als Woman of Color kämpft man an zwei Fronten", sagte Liebermann kürzlich in der Süddeutschen Zeitung – man kämpft gegen das Frausein in einer patriarchalen Gesellschaft und gegen Rassismen. Sie fühlte sich oft als Außenseiterin, denn in ihrem ersten Job gab es keine einzige Frau außer ihr, und schon gar keine Woman of Color. Deshalb gründete sie das That Brown Girl Collective. Ein Kollektiv, das Women of Color in Events zusammenbringen soll und bei dem sich Gleichgesinnte über Erfahrungen austauschen können. Ihre Treffen sind regelmäßig ausgebucht.

Das zeigt, welch große Herausforderung es für Unternehmen darstellt, mit solchen Mehrfachdiskriminierungen, auch bekannt als Intersektionalität, umzugehen. Darunter fällt nicht nur die Ungleichbehandlung aufgrund von Sexismus oder Rassismus, es gibt daneben weitere Merkmale wie die geschlechtliche Identität, der sozioökonomische Status, Behinderungen oder die Zugehörigkeit zu ethnischen Minderheiten. Diese vielen Gruppen sind auf ihre eigene Art ganz unterschiedlich, aber sie haben häufig ganz ähnliche Erfahrungen gemacht in Bezug auf Ausgrenzung. Sie alle brauchen eine gemeinsame Stimme, um vom Rest gehört zu werden.

Doch nicht nur die Unternehmen, auch jede einzelne Person kann dazu beitragen, Intersektionalität einzudämmen. Beispielsweise wenn der Kollegenkreis hinschaut, unaufgefordert Fragen stellt und sich dafür interessiert, was Kolle-

„
Wir wissen alle: Veränderungen passieren nur dann, wenn wir nicht bloß darüber reden, sondern endlich ins Tun kommen, damit gesellschaftlich marginalisierte Gruppen gleichgestellt werden.

gen im täglichen Umgang widerfährt. An dieser Stelle fällt mir der Leitspruch meiner Mutter ein: „Was du nicht willst, das man dir tu, das füg auch keinem anderen zu." Ich bin fest davon überzeugt: Am Ende wird uns Empathie – ein Gefühl von „Ich kenne jetzt deine Geschichte" – einen neuen und vor allem gerechteren Weg weisen.

Auch bei der Besetzung von Führungspositionen würde ich mir größeren Willen zur Gleichbehandlung wünschen. Zwar sitzen einer Umfrage des Beratungsunternehmens Ernst & Young zufolge heute in den Topetagen börsennotierter Firmen so viele Frauen wie nie zuvor. Fast jedes fünfte Vorstandsmitglied ist weiblich. Das entspricht einer Verdoppelung im Vergleich zum Jahr 2020. Doch die Zahlen zur gendergerechten Besetzung von Führungspositionen lassen bohrende Fragen offen, denn von echter Vielfalt in Topstellen von Unternehmen kann in Deutschland keine Rede sein. Es gibt bislang keine Statistik dazu, wie viele von ihnen beispielsweise deutsch-türkischer Herkunft, wie viele queer oder körperlich eingeschränkt sind. Ich fürchte, es handelt sich dabei nur um einen ganz kleinen Prozentteil.

Und seien wir ehrlich: In zahlreichen Betrieben ist Vielfalt häufig nichts weiter als ein Marketinginstrument. Dabei hätte die Führungsriege die Macht, die Spielregeln zu ändern. Stattdessen beteuern CEOs lediglich, wie wichtig Diversity ist, doch ändern tut sich wenig. Aber nur wenn die Unternehmensführung das Thema Vielfalt als Chance und nicht als zusätzliche Hürde sieht und das ent-

> **Am Ende wird uns Empathie – ein Gefühl von „Ich kenne jetzt deine Geschichte" – einen neuen und vor allem gerechteren Weg weisen.**

sprechend kommuniziert, zieht der Rest mit und nimmt den Bedenkenträgern den Wind aus den Segeln. Wir wissen alle: Veränderungen passieren nur dann, wenn wir nicht bloß darüber reden, sondern endlich ins Tun kommen, damit gesellschaftlich marginalisierte Gruppen gleichgestellt werden. Unabhängig von Geschlecht, von Religion, ethnischer oder sozialer Zugehörigkeit.

Lassen wir nicht locker! Denn es ist unbestreitbar, dass der Wohlstand einer Gesellschaft eng verknüpft ist mit Gleichberechtigung und Gleichstellung. Der deutsche Ökonom und Professor Marcel Fratzscher sagte erst kürzlich in meiner Doku-Reihe für 3sat: „Eine Volkswirtschaft kann nur mit drei Ts erfolgreich sein: Technologie, Talente und Toleranz." Damit das gelingt, ist vor allem der Dialog wichtig – und zwar unbeeinflusst, offen, fragend.

Die Gerechtigkeit, die wir suchen, sollte endlich Normalität sein. Im Beruf und im Alltag. Damit künftig mehr Jugendliche die Ziellinie erreichen.

Herzlich
Ihre Mo Asumang

> Was uns aus meiner Erfahrung hilft, ist die Vernetzung mit anderen gleichgesinnten Frauen, auch oder gerade Frauen, die weiter sind als wir.

DR. KATARZYNA (KASIA) MOL-WOLF

PORTRAITS

REFERENTIN VERTRIEBS- UND PRODUKTSTEUERUNG
BERLIN HYP AG, BERLIN

Mette Mogensen

Mette Mogensen arbeitet an der Entwicklung nachhaltiger Finanzierungsprodukte für gewerbliche Immobilien. Als Referentin der Produktsteuerung tauscht sie sich regelmäßig mit anderen aus ihrer Branche aus. Ein wenig ist sie also auch Botschafterin – für ihren Arbeitgeber Berlin Hyp und für mehr Bewusstsein für eine ökologisch und sozial nachhaltigere Wirtschaft.

Wenn Mette Mogensen durch ihren Wohnort Berlin läuft, hat sie immer ihre Arbeit im Hinterkopf. Nicht etwa, weil sie Workaholic wäre (okay, sie arbeitet gern). Nein, weil sie in vielen der Gebäude um sich herum ihre eigene Arbeit sieht. „Ich kenne die Eckdaten, ich weiß, welches Unternehmen was gebaut hat, was die Mieter zahlen. Am spannendsten finde ich es", schwärmt Mogensen, „zu beobachten, wie so ein Gebäude hochwächst, an dessen Finanzierung wir beteiligt sind."

Sie wird oft gefragt, warum sie sich ausgerechnet für eine Bank entschieden hat – viele aus dem Freundeskreis sind in jungen, dynamischen Start-ups tätig. Aber Mette Mogensen suchte Sicherheit. Ihre Eltern sind beide „Banker", ein Studium in diese Richtung erschien ihr passend. Im BWL-Studium erkannte sie, dass sie eigentlich Praktikerin ist und ihr ein duales Studium viel mehr liegen würde. Das Vorstellungsgespräch bei der Berlin Hyp hinterließ den besten Eindruck. „Immobilien, das war für mich gleich etwas Greifbares, etwas Nachvollziehbares, und das Bauchgefühl hat gesagt: Das passt!" Seit acht Jahren ist die heute 28-Jährige nun bei der Berlin Hyp, drei als Studentin, fünf als feste Angestellte. Sie hat ein gutes Verständnis von der Kultur und Struktur des Hauses, kennt viele Entscheidungstragende. Einer von ihnen war sich irgendwann sicher, ihr Potenzial erkannt zu haben: „Du hast Ausstrahlung, zeigst Präsenz und kannst gut reden – du gehörst in den Vertrieb." Dort fing Mogensen dann auch an, aber sie spürte schnell: Diese Stärken möchte sie lieber außerhalb des Vertriebs nutzen. Projekt- und Teamarbeit, gemeinsam innovative Themen vorantreiben – das macht ihr Spaß. Und so entwickelt sie heute die Produkte im Team, kollaborativ, auch wenn sie im Grunde immer noch zum Vertrieb gehört. Sie arbeitet an nachhaltigen Finanzierungsprodukten, tauscht sich mit andern Kreditinstituten über Standards und Innovationen aus, schult den hauseigenen Vertrieb

> „Immobilien, das war für mich gleich etwas Greifbares, etwas Nachvollziehbares, und das Bauchgefühl hat gesagt: Das passt!"

zu neuen Angeboten und stellt das ESG-Projekt der Berlin Hyp bei externen Partnern vor. Sie arbeitet in einem tollen Team, sie hat handfeste Projekte, deren Entstehung und Abschluss sie erleben kann, und sie widmet sich einem Thema, das sie bewegt: mehr Nachhaltigkeit im Bau- und Finanzgewerbe. Ihre Arbeit macht ihr viel Spaß und Spaß ist ihr Maßstab für Erfolg. „Arbeit nimmt so viel Zeit im Leben in Anspruch. Es gäbe nichts Schlimmeres, als montags schon sehnlichst auf Freitag zu warten."

Klingt nach eitel Sonnenschein, aber natürlich ist die Berlin Hyp ebenfalls von den Folgen der Pandemie und Wirtschaftskrise betroffen. Es gab auch frustrierende Phasen in den letzten Jahren: In solchen, bei denen verschiedene Lösungsansätze zu Konflikten führen, hat sie einen entscheidenden Vorteil. Als ehemalige duale Studentin kennt sie das ganze Haus und kann sich gut in die Perspektive der einzelnen Arbeitsbereiche versetzen. Das tut sie auch: „Ich bin nicht der Typ, der um Probleme rumtänzelt. Ich spreche die Dinge an." Übernommen zu werden bedeutet allerdings andererseits häufig, dass man den Kükenstatus länger als nötig behält. Bei Mogensen kommt erschwerend hinzu: „Die Pandemie hat in meinem Bewusstsein auch noch zwei Jahre meiner Zeit hier geschluckt – ich musste mir aktiv vor Augen führen, dass ich nicht mehr nur ‚mitlaufe'." Sie verändert ihre Selbstwahrnehmung. Entscheidend war dabei ihre neue Rolle in der Produktsteuerung. Sie habe gemerkt, dass man ihr und ihrer Arbeit Vertrauen schenkt: Man hat

> „Arbeit nimmt so viel Zeit im Leben in Anspruch. Es gäbe nichts Schlimmeres, als montags schon sehnlichst auf Freitag zu warten."

ihr eine Bühne gegeben, sie vertritt die Bank nach außen, sie ist keine Juniorin mehr.

Sie ist in ganz Deutschland unterwegs und besucht zum Beispiel die Sparkasse Lüneburg. Dort stellt sie im Rahmen der ESG-Konferenz die Projekte vor, die sie gemeinsam mit ihren Kolleginnen und Kollegen erarbeitet hat. Das Feld Nachhaltigkeit ist komplex und schnelllebig, erklärt Mogensen, darum sei der Tenor auf der Bühne immer: Wir wissen noch lange nicht alles. „Meine Mission ist es, in den Austausch zu gehen, voneinander zu lernen." Sie beschreibt in ihren Vorträgen die Ansätze, die ihre Bank bei nachhaltiger Finanzierung verfolgt – teilt, was gut funktioniert, und was nicht. Natürlich wird die Immobilienbranche noch lange nicht „grün" sein. Trotzdem haben die grünen Produkte der Berlin Hyp in den vergangenen Jahren von der Fachpresse und ihren Peers regelmäßig Auszeichnungen erhalten.

„Wir haben als Bank eine passive Rolle und nur eingeschränkten Einfluss. Aber

← Der Berliner Bär steht für die Liebe zu ihrem Geburts- und Wohnort Berlin.

↑ Die Berlin Hyp hat mehr als 155 Jahre Erfahrung in der Immobilienfinanzierung.
↖ Hier hat die 28-Jährige einen Ort gefunden, der ihr Sicherheitsbedürfnis erfüllt und ihren Tatendrang bedient.

← *Mette Mogensen weiß: Nur nachhaltige und soziale Immobilienfinanzierung führt zum Ziel.*

bei uns bekommen Kunden, die gewisse nachhaltige Richtlinien einhalten, zum Beispiel bessere Konditionen." Mogensen wünscht sich, dass die Bauunternehmer mittelfristig verstehen, wie sehr sich nachhaltiges Bauen langfristig auszahlt. Nicht nur aus einem ökologischen Blickwinkel: Nach den Green Loans liegt jetzt außerdem ein Fokus auf den Social Loans. „Da spielen bezahlbarer Wohnraum, die öffentliche Nahversorgung und die Quartiersentwicklung eine Rolle."

Man merkt ihr die Begeisterung für diese Projekte an. Dabei wirkt sie erst mal nicht wie eine Frau, die ihren Purpose am Schreibtisch in der Großstadt findet. Und zu 100 Prozent ist sie das auch nicht. Mette Mogensen – der Name verrät es – ist die Tochter eines Dänen. Sie ist zweisprachig aufgewachsenen, die Hälfte ihres Herzens schlägt für Dänemark und sein Meer. Berlin ist ihre Geburts-, aber Kopenhagen ihre Lieblingsstadt. „Die Menschen sind dort entspannter, fortschrittlicher und haben eine andere Lebenseinstellung." Sie wollte unbedingt die doppelte Staatsbürgerschaft und gehört nun ganz offiziell zu dem Volk, das zu den glücklichsten der Welt zählt. Sie ist jetzt schon regelmäßig dort, bei ihrer dänischen Verwandtschaft. Aber irgendwann – sie strahlt bei der Vorstellung – werde sie auch mal dort leben und arbeiten. „Das ist auf jeden Fall ein Traum von mir." Aber für eine Weile bleibt sie noch in Berlin, wo sie beobachten kann, wie Menschen und Firmen die Gebäude beziehen, die ihre Bank finanziert hat.

VONEINANDER LERNEN

1
JA!

Sag einfach mal Ja. Ich war noch nie eine Rampensau und ich wusste nicht, ob ich mir die Bühne zutraue. Ich finde, wir Frauen trauen uns oft viel zu wenig zu. Trau dich und sag Ja, ohne lange darüber nachzudenken.

2
MACH DEIN DING

Es gibt nicht DEN Weg zum Erfolg. Karriere ist heute echt nicht mehr linear. Finde deinen Weg, geh ihn und zieh dein Ding durch.

3
KEINE ANGST VOR PUBLIC SPEAKING!

a) Nutze die Bühne, um dein Netzwerk zu erweitern und dir deinen Status zu erarbeiten.

b) Das kannst du. Beginne mit einem Thema, bei dem du dich auskennst, etwas aus deinem täglichen Schaffen – dann fühlst du dich sicher.

c) Gleichzeitig: Mut zur Lücke! Man wird dir Fragen stellen, auf die du keine klare Antwort hast. Das macht aber nichts. Du kannst und musst nicht alles wissen.

Über diese Themen tauscht sich Mette Mogensen gern aus:
ESG, Nachhaltigkeit in der Immobilienbranche, Sustainable Finance, Berufseinstieg, Entwicklungsmöglichkeiten in der Finanz- und Immobilienbranche.

Wen sich Mette Mogensen als Mentee wünscht:
Eine Berufseinsteigerin, der ich mit meinen noch frischen Erfahrungen ein paar Tipps für den Einstieg und die ersten Jahre in der Finanz- und Immobilienbranche geben kann.

PRINCIPAL MANAGER DATA ANALYTICS
CAMELOT MANAGEMENT CONSULTANTS, MANNHEIM

Bhavana Jotwani

Camelot Management Consultants optimiert mit einem integrierten Beratungsansatz Wertschöpfungs- und Lieferketten von der Strategieentwicklung bis zur nachhaltigen Einführung von IT-Lösungen. In nur sieben Jahren hat sich Bhavana Jotwani über fünf Karrierestufen von einem Associate Consultant zum Principal Manager bei Camelot entwickelt. Zielstrebigkeit liegt in ihrer Natur.

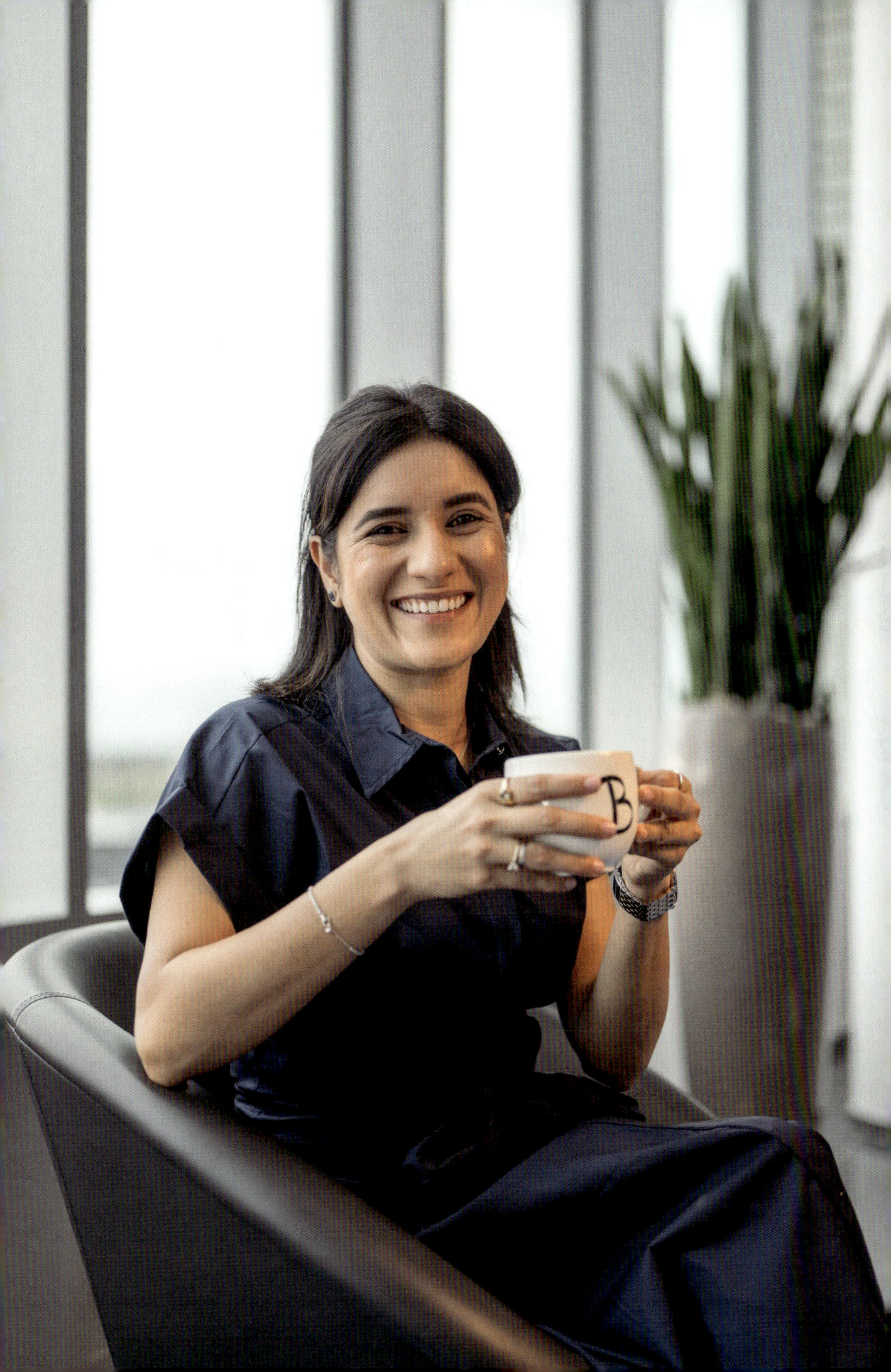

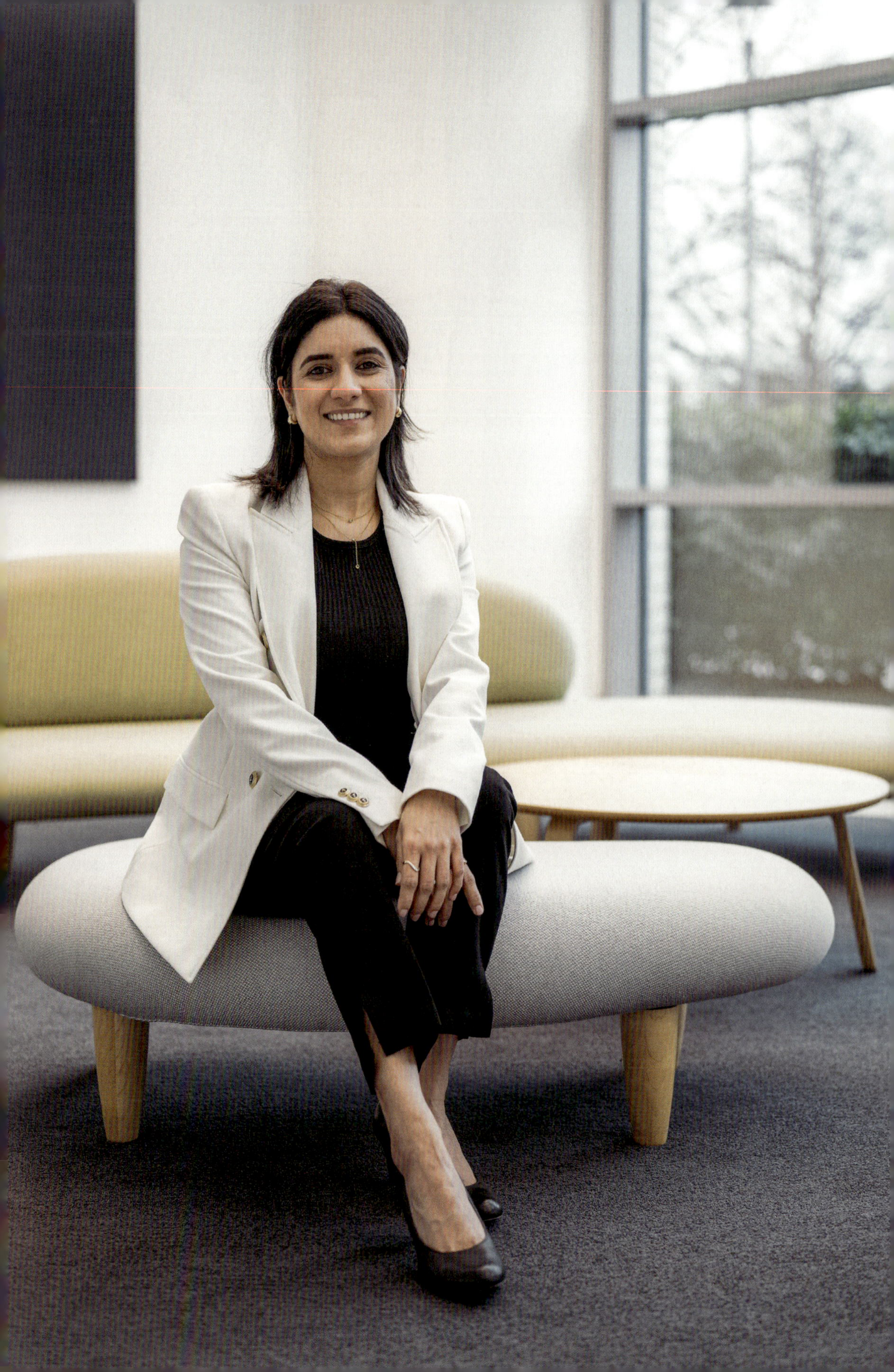

Was macht ein Principal Manager Data Analytics? Bhavana Jotwani nimmt sich Zeit, ihre Aufgaben zu erklären: „Ich bin Expertin für Datenanalyse und leite ein Team, das multinationale Großkonzerne und Mittelständler bei ihrer digitalen Transformation und ihrer Datenreise von der Strategie bis zur Umsetzung berät." Wie können Unternehmen ihre Lieferketten effizient und effektiv vom Papier ins Digitale überführen? Welche Prozesse lassen sich automatisieren, welche müssen neu etabliert werden? Beratung ist ein Umfeld mit hohem Tempo und hohen Anforderungen, und genau deshalb ist die junge Inderin hier.

Die 35-Jährige wuchs in Südindien, im Bundesstaat Karnataka, in der Stadt Gadag auf. Sie hat ihre Eltern immer hart arbeiten sehen: „Mein Vater ist Unternehmer, meine Mutter ist Hausfrau", sagt sie. Ihre Mutter führte einen traditionellen Haushalt, aber abends schneiderte sie Kleider nach eigenen Entwürfen. Die Hingabe, mit der ihre Mutter ihrer Leidenschaft nachging, beeindruckte Jotwani nachhaltig. Die junge Bhavana besuchte eine gute Schule in Gadag und studierte später Ingenieurwissenschaften. „Ich habe wunderbare Eltern, aber als Inderin bin ich in einem patriarchalen System aufgewachsen." Ihr Vater wollte, dass sie sich nach dem Bachelor der Familiengründung widmet, doch Bhavana hatte andere Pläne. Sie fing als Ingenieurin bei Bosch in Bangalore an und lernte dort die deutsche Arbeitskultur kennen und schätzen: leistungsorientiert, ja. Andererseits investieren die Menschen auch in sich selbst, geben ihrer Entwicklung und ihrem Privatleben Priorität. „Ich wollte Karriere machen und ich wollte eine ganzheitlichere Sicht auf die Arbeit, als mir der Job als Ingenieurin bieten konnte." Also bewarb sie sich heimlich für ein MBA-Studium an der Mannheim Business School. „Erst als ich die Zusage hatte, habe ich meiner Familie davon erzählt. So hatte ich die besten Argumente auf meiner Seite." Sie könne sehr stur sein, gibt sie ruhig zu – vielleicht ist

> **Mein Vater ist Unternehmer, meine Mutter ist Hausfrau.**

sie einfach nur sehr entschlossen. Aus dem geplanten Jahr Studium sind inzwischen neun Jahre Leben in Mannheim geworden, mit einer florierenden Karriere und einem nichtindischen Ehemann. Auch den musste sie ihrer Familie mit Entschlossenheit und unschlagbaren Argumenten präsentieren. Findet sie sich mutig? „Nicht, wenn es darum geht, mit Skiern einen Berg hinunterzufahren. Aber wenn es darum geht, mein Leben zu gestalten, dann schon."

Bhavana Jotwani lässt sich gern auf neue Umgebungen ein, weil sie Raum für persönliches Wachstum bieten. Karriere definiert sie nicht über ihren Jobtitel, sondern über den Einfluss, den ihre Tätigkeit auf die Gesellschaft hat. Über die Frage nach dem gesellschaftlichen Einfluss ihrer heutigen Rolle denkt sie sorgfältig nach – und findet anschauliche Beispiele: Ein Pharmakonzern könne heute dank ihrer Arbeit innovative Medikamente schnell und sicher in Länder transportieren, die sonst keinen Zugang zu diesen Heilmitteln hätten. Ein Automobilkonzern werte mittlerweile stündlich Daten aus Fahrzeugen aus, die früher ungenutzt blieben. Die Analyse dieser Daten fließe in die Unfallprävention ein.

Jotwani ist jung. Sie ist eine Frau. Sie ist Inderin. Das sind viele Schubladen, in die man sie stecken könnte. „Es gab mal ein Projektteam, in dem mir unterschwellig das Gefühl vermittelt wurde, dass ich aufgrund meines Alters, meines Geschlechts und meiner Fremdsprache nicht viel beizutragen hätte." Statt sich verunsichern zu lassen, stürzte sie sich in die Arbeit: „Ich habe meinen Fokus ge-

> „Ich habe meinen Fokus geschärft und mich voll und ganz auf die Ergebnisse konzentriert."

schärft und mich voll und ganz auf die Ergebnisse konzentriert." Sie baute eine sehr gute Beziehung zum Kunden auf, der ihre Arbeit mehrfach ausdrücklich lobte. Das Projekt ist ein Gamechanger: Ihr Umfeld erkannte sie als talentierte Beraterin mit enormem Fokus und sie entwickelt sich schnell in Rollen mit Führungsverantwortung.

Bhavana Jotwani sieht die Bedürfnisse anderer, insbesondere derjenigen, die einen ähnlichen oder weniger privilegierten Hintergrund haben. Wo Hilfe gebraucht wird, bietet sie diese an. Vor einigen Jahren tauschte sie sich mit zwei Kolleginnen darüber aus, dass ihnen eine Aufgabe abseits des umkämpften Beratungsgeschäfts fehlte. Etwas, wo sie ihre Expertise an anderer Stelle einbringen könnten. „Da haben wir uns gesagt: Warum machen wir das nicht selbst?" 2018 gründeten sie Camelots ESG (Environmental Social Governance) Council. Zunächst initiierten sie kleinere Projekte wie Charity Walks oder Mental Health Breaks. Nur ein Jahr nachdem sich Jotwani im CSR Council dem Thema Diversity verschrieben hatte, unterzeichnete Camelot Management Consultants die Charta der

← Das Werteversprechen von Camelot lautet: „Strategy. Innovation. Solution."

↑ Bhavana Jotwani hat in Deutschland eine zweite Heimat gefunden.

↖ Schnelle, große Fortschritte und nachhaltige Ergebnisse. Das liebt sie an der Beratung.

Über diese Themen tauscht sich Bhavana Jotwani gern aus:

Persönliche Entwicklung, Leadership, Psychologie des Erfolgs, mentale Gesundheit, Reisen und Kulturen oder veganes Essen. Dabei ist sie inspiriert vom Motto „Change your paradigm, change your life" (Bob Proctor) und welche Auswirkungen es auf alle Lebenssituationen und Beziehungen hat – bei der Arbeit und im Privatleben.

Wen sich Bhavana Jotwani als Mentee wünscht:

(Junge) Frauen, die sich über Karrierewege austauschen wollen und darüber, wie man die Verantwortung für die eigene Karriere übernimmt. Sie würde auch gern in den Austausch über finanzielle Unabhängigkeit als Frau, Unternehmertum und die Vereinbarkeit von Beruf und Familie gehen.

Vielfalt. Das Engagement hat bereits einen Mehrwert für die Mitarbeitenden und die Firma geschaffen. Neben Mentoring-Initiativen für Frauen und fremdsprachige Beschäftigte steht aktuell das Thema Neurodiversität im Fokus. Eine unternehmensweite Umfrage hat das Management und die Belegschaft sensibilisiert und neue Arbeits- und Rückzugsräume für neurodiverse Beschäftigte ermöglicht. Eine weitere Stellschraube, an der Jotwani drehen will, ist die Repräsentanz von Frauen: In Entry-Level-Rollen bei Camelot liegt der Frauenanteil bei 40 bis 50 Prozent, in Principal-Rollen jedoch noch deutlich darunter. Jotwani glaubt, dass es mittelfristig effektiver sein wird, Führungsrollen in der Beratung neu und vielfältiger zu gestalten, als Vereinbarkeitslösungen für dieselben High-Pressure-High-Demand-Beratungsjobs zu finden.

Wenn sie früher an Erfolg dachte, sah sich Jotwani im Anzug, auf Reisen und mit einer Vorzeigekarriere. Heute bedeutet Erfolg Balance. Ehe, Freundschaft, Gesundheit, Familie, Geld, Spiritualität – alles soll im Gleichgewicht sein. „Das klappt natürlich nicht immer", sagt sie, „aber ich arbeite daran." Internationale Gerichte mit ihrem Mann kochen, lange Spaziergänge mit dem Hund, Yoga, Telefonate mit der Familie, regelmäßiges Coaching. Klingt nach einer weiteren guten Strategie.

VONEINANDER LERNEN

1
KLARES ERWARTUNGSMANAGEMENT

Kommuniziere immer, was du brauchst und was du willst. Lass andere wissen, was deine Erwartungen sind, denn nur dann können sie auch erfüllt werden. Das gilt für Kollegen, Projekte, dein Gehalt und die Vereinbarkeit von Familie und Beruf.

2
ZEIGE DEINE STÄRKEN

Es liegt in deiner Verantwortung, anderen zu zeigen, was du kannst. Zeige dich mit deinen Fähigkeiten und deinen Stärken, gegenüber den Kunden, Vorgesetzten und deinen Peers. Put yourself out there and dream bigger.

3
VORBEREITUNG!

Sei immer gut vorbereitet. Übe und übe und übe Präsentationen und Verhandlungen. Das gilt auch privat: Als ich meinen indischen Eltern meinen polnischen Verlobten vorgestellt habe, hatte ich mich lange und gut auf dieses Gespräch vorbereitet.

SENIOR DIRECTOR PROJECT TRANSFORMATION OFFICE
LUFTHANSA TECHNIK AG, HAMBURG

Melissa Endres

Fachkräftemangel, Supply-Chain-Krise und ein Generationenwechsel sind auch bei der Lufthansa Technik große Herausforderungen. Trotzdem bleibt das Konzernziel: weiterwachsen. Da treffen viele Stakeholder und unterschiedlichste Herausforderungen aufeinander. Mittendrin steht Melissa Endres, 35 Jahre alt und in ihrem Management Circle eine der Jüngsten.

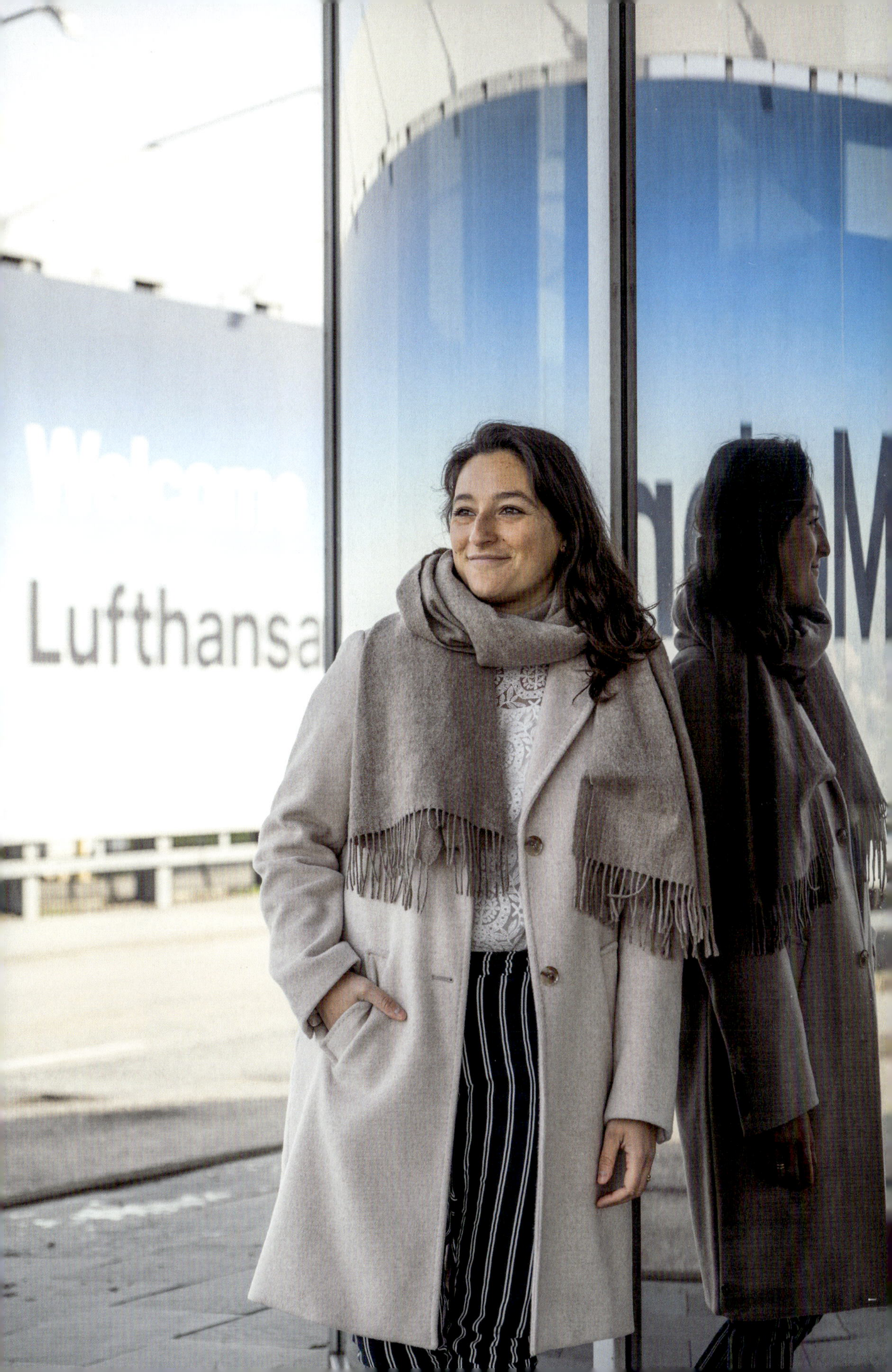
Lufthansa

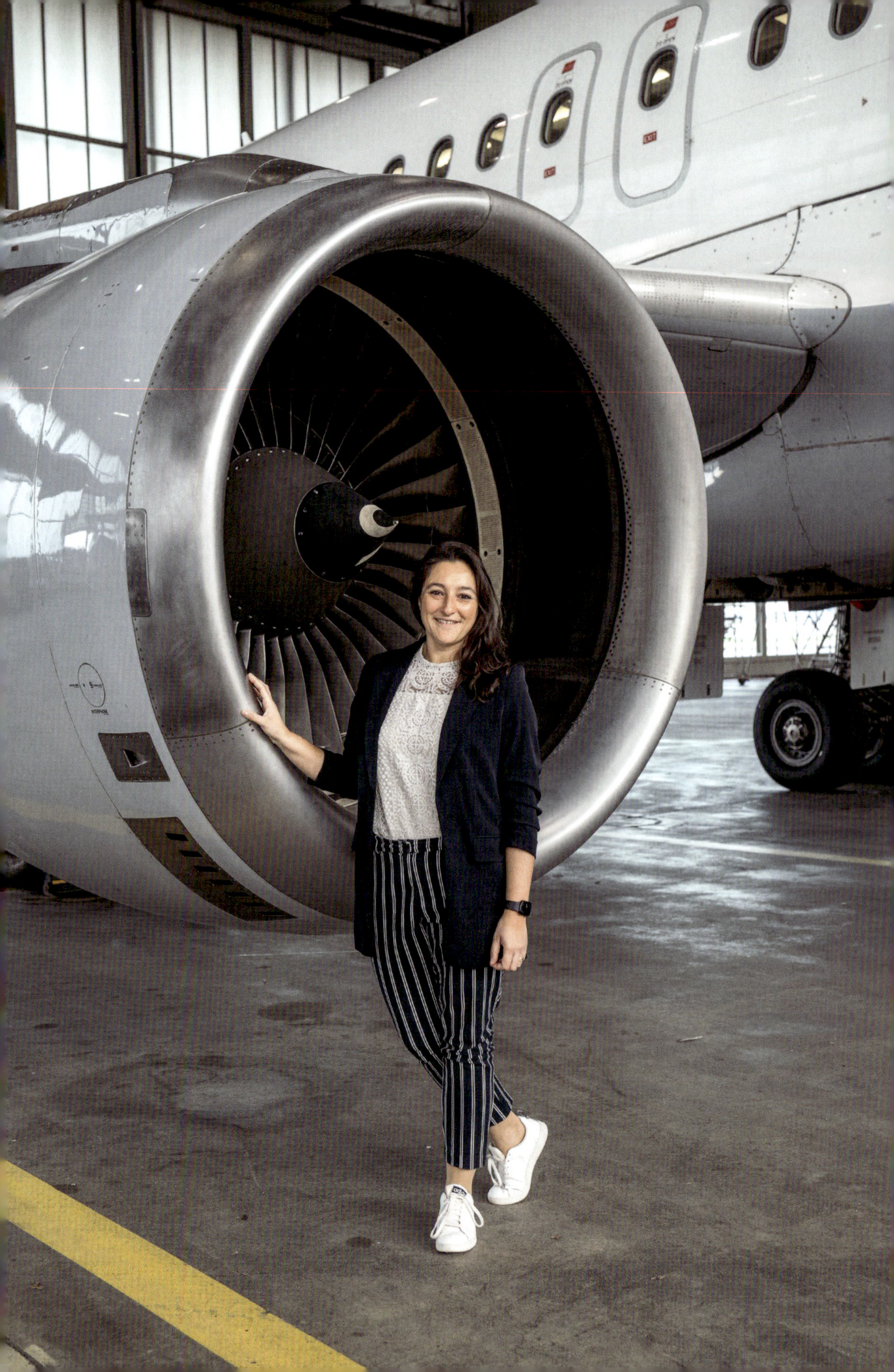

E

"Excellence in Motion" – damit kann sich Melissa Endres gut identifizieren. Sie sucht die Herausforderung und will den Wandel bei Lufthansa Technik aktiv mitgestalten. Untätig sein? "Das geht gar nicht!" Darum sei die Coronapandemie für sie keine willkommene Entschleunigung gewesen. Es juckte sie in den Fingern und so gründete die Hamburgerin vor gut vier Jahren spontan mit anderen Frauen das erste Female Network der Lufthansa Technik. Heute ist es mit über 1.000 Mitgliedern bereits das größte Frauennetzwerk im Lufthansa-Konzern. Der Slogan des Netzwerks ist "Excellence has no Gender" – ein Wegweiser in Richtung Strukturwandel, denn die Lufthansa Technik hat derzeit einen Frauenanteil von insgesamt 17 Prozent. Der Leadership Circle, in dem Endres sich befindet, besteht aus rund 125 Führungskräften, rund 20 Prozent davon sind Frauen. "Bei den Triebwerken sind weniger Frauen im Team als in den Bereichen, in denen ich vorher gearbeitet habe", erzählt Melissa Endres. Ihr Ziel ist es, die Frauen im Konzern nicht nur generell zu unterstützen, sondern auch darin, die Kultur mitzuprägen und diese noch weiter in eine moderne Richtung zu lenken. "Also habe ich einiges zu tun!", lacht sie offen, doch sie wirkt dabei gleichzeitig entschlossen.

Seit dem Frühjahr 2024 leitet Melissa Endres das Transformationsgeschehen im Sektor Triebwerke, der rund 2.500 Beschäftigte umfasst, die sich um die Instandhaltung, Reparatur und Überholung der Triebwerke der Airline-Kunden kümmern. Der Bereich hat das Ziel, innerhalb weniger Jahre stark weiterzuwachsen. Das bedeutet für Endres und ihr Team: Personal aufbauen, schulen und vor allem halten und Prozesse optimieren, automatisieren und digitalisieren. "Wir wollen auch die Kommunikationskonzepte verbessern. Auf dem Shopfloor sieht man heute noch viel Pa-

> „
> Bei den Triebwerken sind weniger Frauen im Team als in den Bereichen, in denen ich vorher gearbeitet habe.

pier." Wenn sie erfolgreich mit dem Projekt ist, könnte ihre Arbeit als Blaupause für Change-Projekte in anderen Sektoren genutzt werden.

Von ihrem Arbeitgeber wurde sie in die Hamburger Wirtschaftsjunioren, das Netzwerk der Hamburger Handelskammer, berufen. Eine ehrenamtliche Rolle, die sie gern ausfüllt, denn die Wirtschaftsjunioren geben ihr einen tollen Einblick in andere Arbeitswelten und Branchen. Diese politische Tätigkeit zugunsten des Wirtschaftsstandorts Hamburg, gepaart mit dem Engagement im Female Network und ihrer Ausbildung zum systemischen Coach, fügt sich als nützliches Toolkit gut in ihre Rolle als Transformationsmanagerin.. Um neue Prozesse anzustoßen, muss sie viel kommunizieren, viel informieren und schließlich auch zum Mitwirken motivieren. „Ich beginne mit Gesprächen und ganz vielen Fragen. Was finden die Leute gut, was stört sie? Ich möchte, dass alle von Anfang an die Möglichkeit haben, mitzugestalten." Zwei besonders wichtige Fragen seien „Haben wir dasselbe Verständnis?" und „Was brauchst du, um in deiner Rolle mitgestalten zu können?".

Und das ist natürlich nicht immer auf Anhieb so. Nur wenige Wochen nach Antritt ihrer Rolle – sie saß noch in ihrem Interimsbüro und die ersten Positionen in ihrem zukünftigen Team waren gerade erst ausgeschrieben – hielt Endres eine Präsentation vor den 160 Führungskräften des Triebwerk-Segments und merkte: Hier gibt es Verbesserungspotenzial - das möchte ich gern angehen. Wie gut, dass Endres ihre Energie aus dem Prozess zieht: Sie weiß, sie kann Menschen um sich vereinen. Also ging sie noch einmal mit allen Schlüsselfiguren ins Gespräch.

> **Ich möchte, dass alle von Anfang an die Möglichkeit haben, mitzugestalten.**

Mit ihren Abschlüssen in International Business und Supply Chain Management ist Endres eine versierte Planerin. Aber seit ihrer ersten Rolle als Teamleiterin ist ihr klar: Führung ist ihre wahre Passion. „Ich will Menschen auf ihrem Weg begleiten, ihnen Entwicklungsmöglichkeiten bieten." Und dabei sitzt sie nicht im stillen Kämmerlein. „Ich weiß, dass eine Organisation dieser Größe eine Hierarchie braucht, um zu funktionieren. Ich möchte noch teilweise bestehende Silos weiter aufbrechen, Leuchttürme nutzen, um eine kollaborative Kultur weiter auszugestalten." Am liebsten erarbeite sie Ideen gemeinsam mit den Mechanikern und Mechanikerinnen in der Halle. Sie ist überzeugt: „Die Lösung steckt immer in der Mannschaft." Darum gehören bei ihr auch die Erfolge dem gesamten Team. Im Grunde ist Melissa Endres ein Konzernmensch.

↑ Die Wartung und Überholung von Triebwerken ist ein Bereich der Lufthansa Technik AG.
← Melissa Endres läuft in Lufthansa-Sneakern über das weitläufige Gelände der Lufthansa Technik.

← *Auf dem Shopfloor gibt es heute noch viel Papier. Endres möchte viele Prozesse digitalisieren.*

Sie liebt die vielfältigen Möglichkeiten, die Lufthansa Technik ihr bietet. Was ihrer Vorstellung bei Arbeitgebern grundsätzlich gar nicht entspricht, sind starre Gefüge. Melissa Endres ist scharfsinnig und energiegeladen, sie wirkt offenherzig und freundlich. Aber sie ist auch strategisch und durchsetzungsfähig. Wenn ihr die Türen mal vor der Nase zugeworfen werden, frustriere sie das manchmal, aber gleichzeitig sei sie auch verliebt in den Prozess.

Und sonst, wenn es mal klemmt mit dem Miteinander oder tradierte Prozesse ihre Nerven strapazieren? Dann lässt sie Dampf bei ihrem Ehemann ab, der übrigens ebenfalls bei der Lufthansa Technik arbeitet. Kann man da nach Feierabend überhaupt loslassen? „Total gut. Sobald ich etwas mit ihm durchgesprochen habe, kann ich einen Haken dran machen." Dann geht sie reiten, macht Yoga, trifft Freunde und Familie. Oder sie liest, meist Sachbücher, zuletzt „4.000 Wochen" von Oliver Burkeman. „Das Buch hat mir vor Augen geführt, dass das Leben endlich ist – die Arbeit, die wir machen, ist dagegen unendlich. Sie wird auch ohne uns weitergehen." Darum versuche sie, immer bei sich zu bleiben. Sie ist stolz darauf, dass sie es bis jetzt geschafft hat, ihrer Persönlichkeit und ihren Werten auch bei der Arbeit treu zu bleiben.

VONEINANDER LERNEN

1
CHOOSE YOUR BATTLES WISELY!

Zieh nicht in jeden Kampf, sondern hinterfrage, wofür es sich zu kämpfen lohnt. Frage dich: „Wo bin ich wirklich wirksam?" Den Rest kann man auch mal laufen lassen.

2
BLEIB DIR TREU

Meinem jüngeren Ich würde ich raten: „Go with the flow, vertraue auf dich und deine Stärken, alles wird am Ende gut ausgehen." Darum: Sei gut zu dir, kenne deine Grenzen und bleib dir treu!

3
DREAM BIG!

„Dream so big, you get uncomfortable telling small minded people." – „Träume so groß, dass es dir unangenehm ist, kleingeistigen Menschen davon zu erzählen" (Praharsh Prasoon). Ich mag dieses Zitat. Lass dir nicht einreden, dass du zu jung oder zu weiblich für eine Rolle seist. Lass dich nicht von Konventionen oder tradierten Rollenverständnissen ausbremsen, folge deinen Träumen.

Über diese Themen tauscht sich Melissa Endres gern aus:
Female Leadership, New Work, Change, Kulturwandel, Transformation.

Wen sich Melissa Endres als Mentee wünscht:
Eine junge Frau, die gern den Schritt in Richtung Leadership gehen möchte oder diesen Schritt gerade gewagt hat, die Sparring zu Leadership, Team- und Persönlichkeitsentwicklung sowie Change und Transformation sucht.

AUSTAUSCH

TEAMLEITERIN SYSTEMPLANUNG
TRANSNETBW GMBH, STUTTGART

Dr.-Ing. Ninghong Sun

Dr. Ninghong Sun ist Wirtschaftsingenieurin in der Energiebranche und lässt sich von den Chancen und auch den Herausforderungen begeistern, die ihr Job mit sich bringt. Als Teamleiterin in der Systemplanung beim Übertragungsnetzbetreiber TransnetBW hat sie sich ein profundes Verständnis des europäischen Energiemarkts erworben und wirkt mit ihrer Arbeit aktiv an der Energiewende mit.

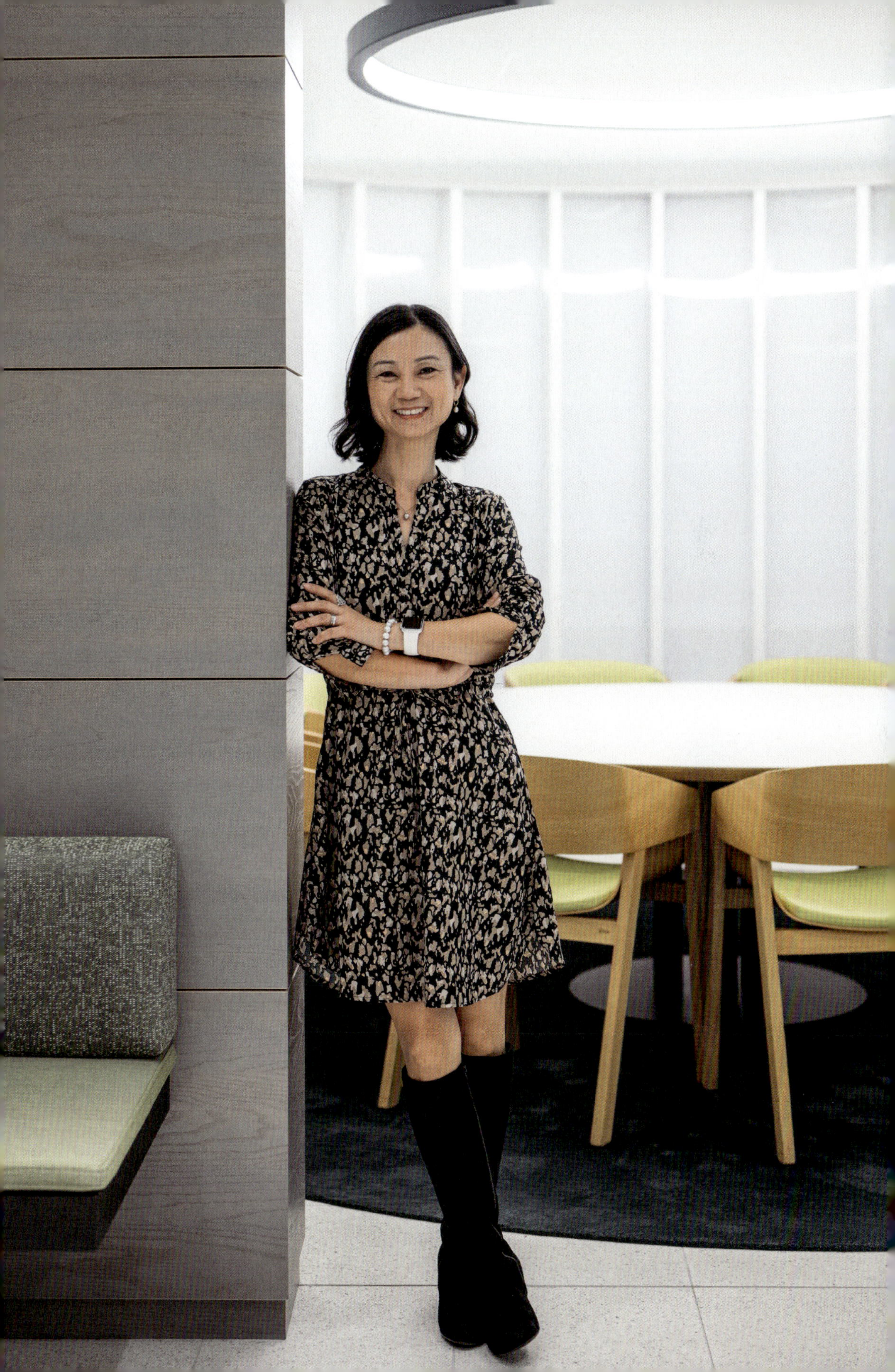

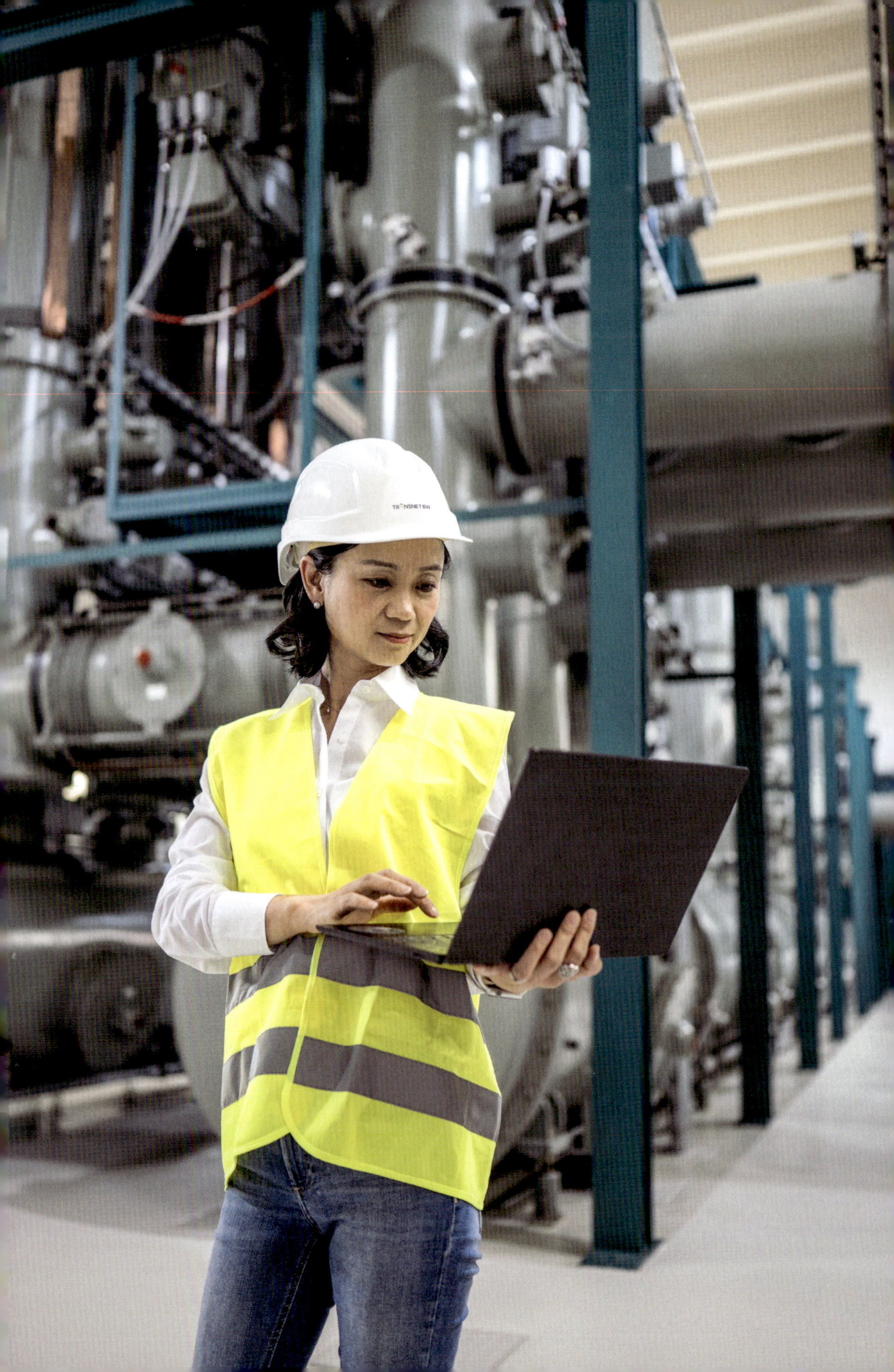
TRANSNET BW

Mit einem 20-köpfigen Team erarbeitet Ninghong Sun Analysen und Ideen für die Versorgungssicherheit in Deutschland und Europa. TransnetBW und Sun sind dabei nicht unmittelbar für die Versorgung einzelner Haushalte verantwortlich, sondern primär für überregionale Transportnetze. Throwback to 2022: Als die Energiekrise in der Bevölkerung ankam, beauftragte das Bundesministerium für Wirtschaft und Klimaschutz die vier deutschen Übernetzbetreiber, eine Sonderanalyse der Systemsicherheit durchzuführen, auf deren Basis Maßnahmen für die Versorgungssicherheit getroffen wurden. Ninghong Suns Team war ein Teil davon. Sie selbst saß mitten im Geschehen, war es zermürbend? „Ehrlich gesagt, haben wir darüber nicht nachgedacht. Wir hatten die Aufgabe, schnell zu bewerten und schnell Maßnahmen abzuleiten. Wir sind einfach losmarschiert." Vielmehr habe es ihr Freude gemacht, ihren Teil zur Lösung zu liefern. Ninghong Sun ist zielstrebig und sie wirkt, als hätte sie keine Zeit zu verlieren. Auch beim Sprechen: Sie redet rasant, die Sätze sind durchdacht und enden mit einem klaren Punkt. Die in der chinesischen Stadt Jingdezhen geborene und aufgewachsene, heute in Stuttgart lebende Sun lernte Deutsch als zweite Fremdsprache. Um dem Erlernten auch eine Chance zu geben, wechselte sie nach wenigen Semestern Kfz-Technik an der Shanghai-Tongji-Universität 1999 zum Karlsruher Institut für Technologie, um hier Wirtschaftsingenieurwesen zu studieren. Den ersten Job nach dem Studium erklärte sie nach zwei Monaten für unpassend: Strategischer Einkauf mochte anderen Menschen Spaß machen – für sie war es nichts. „Es war wirklich schwierig. Ich war jung und auf dem Papier hatte ich eine tolle Stelle bei einem tollen Arbeitgeber." Es war nicht leicht, dem Bauchgefühl zu folgen. Aber ihre chinesischen Eltern haben ihr schon früh vermittelt, dass sie Entscheidungen nicht nur selbstständig, sondern auch für sich treffen muss. Sie haben sie bedingungslos unterstützt, jedoch nie eine Richtung vorgegeben. Darum trifft sie bis heute ihre Entscheidungen in letzter Instanz immer intuitiv. Und ihre Intuition lag beide Male goldrichtig: In ihrer jetzigen Position kann sie ihr marktwirtschaftliches Verständnis mit ihrer Leidenschaft für innovative technische Lösungen. verbinden. Der Bonus: Bei TransnetBW steht nicht die Gewinnoptimierung, sondern die Versorgungssicherheit der Bevölkerung und aller Wirtschaftssektoren im Mittelpunkt – Strom aus Wind, Wasser, Photovoltaik sicher zu transportieren – Sun kann frei über innovative, kollektive Lösungen nachdenken.

Ninghong Sun war in China mit einem modernen Rollenverständnis der Gleichberechtigung aufgewachsen. Beide Elternteile waren berufstätig, ganztägige Kinderbetreuung war dort schon in den 80ern der Standard. Wie konservativ man das Konstrukt Familie leben kann, beobachtet sie erst seit ihrem Umzug nach Deutschland vor 25 Jahren. Mit ihrem deutschen Mann, den sie 2005 beim Schreiben ihrer Doktorarbeit kennenlernt, ist sie sich von Beginn an einig, dass sie die Care-Arbeit zu gleichen Teilen übernehmen und weiterhin in Vollzeit tätig sein werden. Das finden nicht alle gut – zwischen den Zeilen fühlt Sun sich dafür bewertet. Aber hier vertraut sie ebenfalls ganz auf sich: „Ich muss auch glücklich werden. Und wenn ich glücklich bin, dann kann ich eine gute Mutter sein." Sie ist ehrgeizig, setzt sich gern Ziele – im Beruf, Alltag und beim Sport. Färbt das auf die Erziehung ab? Sie blickt zur Seite, während sie scharf nachdenkt: „Ich lege Wert auf Leistung. Aber nicht im Sinne von ‚gewinnen' oder guten Noten. Mir ist wichtig, dass meine Kinder sich Ziele setzen und diese auch verfolgen. Ich will, dass sie Fähigkeiten entwickeln, die sie zu soliden, resilienten Persönlichkeiten machen." Ihr Mann spricht Deutsch mit den Kindern, sie Chinesisch. Samstags gehen die Kinder zur chinesischen Schule. Sie haben viel Spaß dran, und Sun ist stolz, dass sie ihnen die

> **Wenn ich glücklich bin, dann kann ich eine gute Mutter sein.**

Sprache und die Nähe zu ihrem eigenen Heimatland so gut vermitteln kann, denn es ist ihr wichtig, dass sie ihre Kultur kennenlernen: „Vor Kurzem ist mir klargeworden, dass ich jetzt schon länger in Deutschland lebe, als ich überhaupt in China war."

Apropos Kultur: Bei TransnetBW legt man Wert auf konstruktive Feedbackkultur. Hier liefert das Unternehmen konkrete Impulse, die Sun aufnimmt und in ihrem Team weiter ausbaut. „Ich finde Agiles Management toll – allem voran das Konzept der Retrospektive. Wir beginnen immer mit der Frage, was wir gut gemacht haben. Es wäre so schade, sich nur auf die negativen Dinge zu konzentrieren." Was war gut, was geht besser und was werden wir tun, um es besser zu machen? Die 44-Jährige mag den Dreiklang der Retro und das Lösungsorientierte daran. Das passt zu ihr – so sehr, dass sie sich manchmal ein bisschen weniger davon wünscht: „Wenn meine Mitarbeitenden mit einem Problem auf mich zukommen, bin ich ständig versucht, direkt einen Lösungsvorschlag anzubieten – das ist die Ingenieurin in mir! Wir wollen immer Probleme lösen. Ich möchte

↖ #WirKönnenDas – die Managerin und Mutter glaubt an eine erfolgreiche Energiewende.

↑ Für die Teamleiterin gibt es nur gemeinsame Erfolge. Und Erfolg bedeutet, dass die Ergebnisse ihrer Arbeit einen sinnvollen Beitrag geleistet haben.

besser darin werden, zunächst einmal Verständnis zu zeigen." Ihr Wunsch wäre es, die One-on-Ones mit ihren „wirklich wunderbaren Teammitgliedern" grundsätzlich noch persönlicher zu gestalten, damit sie noch besser individuell und situativ führen kann.

So technisch getrieben der Job auch sein mag – Ninghong Sun weiß, dass ihre Arbeit die Zukunft von Menschen beeinflusst. Lange Zeit war sie der Meinung, dass die Energiewende nur durch wirtschaftliche Anreize gelingen kann. Inzwischen sieht sie das differenzierter. Sie ist überzeugt, dass Deutschland zeigen kann, dass wir das hinbekommen. Kann das wirklich noch klappen? Sie nickt entschieden: „Ja, wir sind in der Entwicklung und kommen dem Ziel immer näher." Gegenseitiges Vertrauen und Unterstützung werden den Wandel vorantreiben, davon ist sie fest überzeugt.

VONEINANDER LERNEN

1
BEWUSST NETZWERKEN

Investiere in ein diverses Netzwerk und pflege es. Es muss nicht nur ein Frauennetzwerk sein und es muss nicht formell organisiert sein. Erweitere deinen Horizont, indem du dich mit interessanten Menschen vernetzt, und bau dir ein Netzwerk aus Ressourcen auf, das dich weiterbringt. Nicht vergessen: Netzwerken ist ein Geben und Nehmen.

2
TRIFF EIGENE ENTSCHEIDUNGEN

Was meine Eltern gemacht haben, hat mir sehr gutgetan. Sie haben mir keine Entscheidungen abgenommen. Du kannst dir immer Ratschläge von anderen einholen, aber (Karriere-) Entscheidungen musst du selbst treffen. Stell dir immer wieder die Frage: Will ich das wirklich machen oder wird es von mir erwartet?

3
FOLGE DEINEN INTERESSEN

Kombiniere deine Interessen mit deinem Job. Ich habe die Erfahrung gemacht, dass es sinnvoll ist, Arbeit und Interessen zu trennen. Dein Job soll dich interessieren, du sollst dich gern dafür einsetzen. Ich muss von meinem nicht „abschalten", weil ich auch in meiner Freizeit, auch mit meinen Kindern gern über meine Arbeit spreche.

Über diese Themen tauscht sich Dr. Ninghong Sun gern aus:
Führungsthemen, Work-Life-Balance, Multikulti, Energiewende.

Wen sich Dr. Ninghong Sun als Mentee wünscht:
Ich würde gern junge Mütter oder Mütter in Führung stärken und mich mit ihnen austauschen.

AUSTAUSCH

HEAD OF CONTENT INSTANT GAMES
SOCIAL SWEETHEARTS GMBH, GRÜNWALD/KÖLN

Camila Furtado

Mehr als 500 Millionen Menschen weltweit haben bereits Games von social sweethearts gespielt. Das Business-Modell: Menschen anziehen und so begeistern, dass sie die kostenlosen Games gern und häufig spielen und weiterempfehlen. Ein Claim des Unternehmens ist „Make people smile", und in Camila Furtado als Head of Content hat die Firma eine Führungskraft gefunden, die diese Devise nicht nur erfolgreich bedient, sondern auch verkörpert.

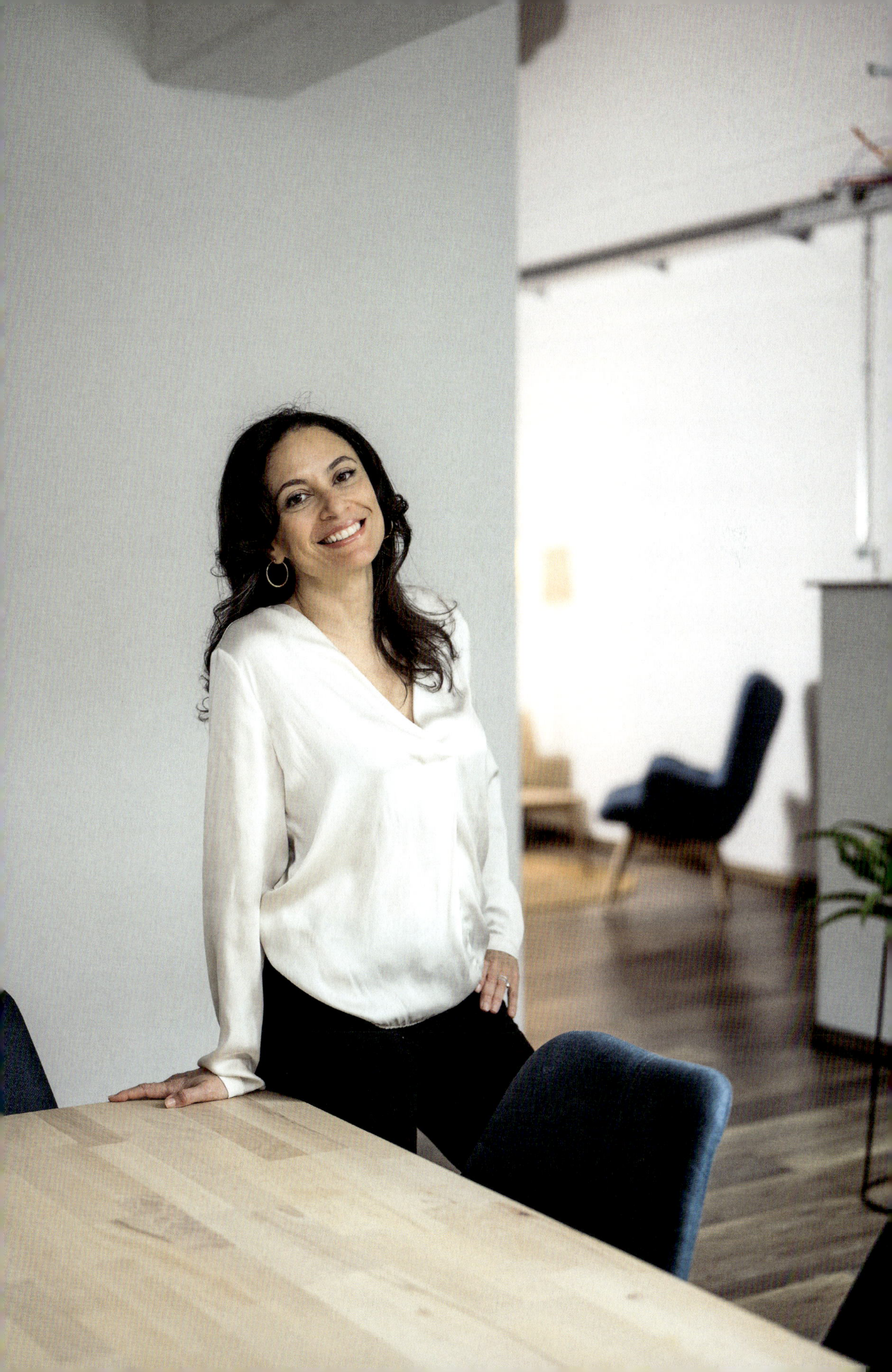

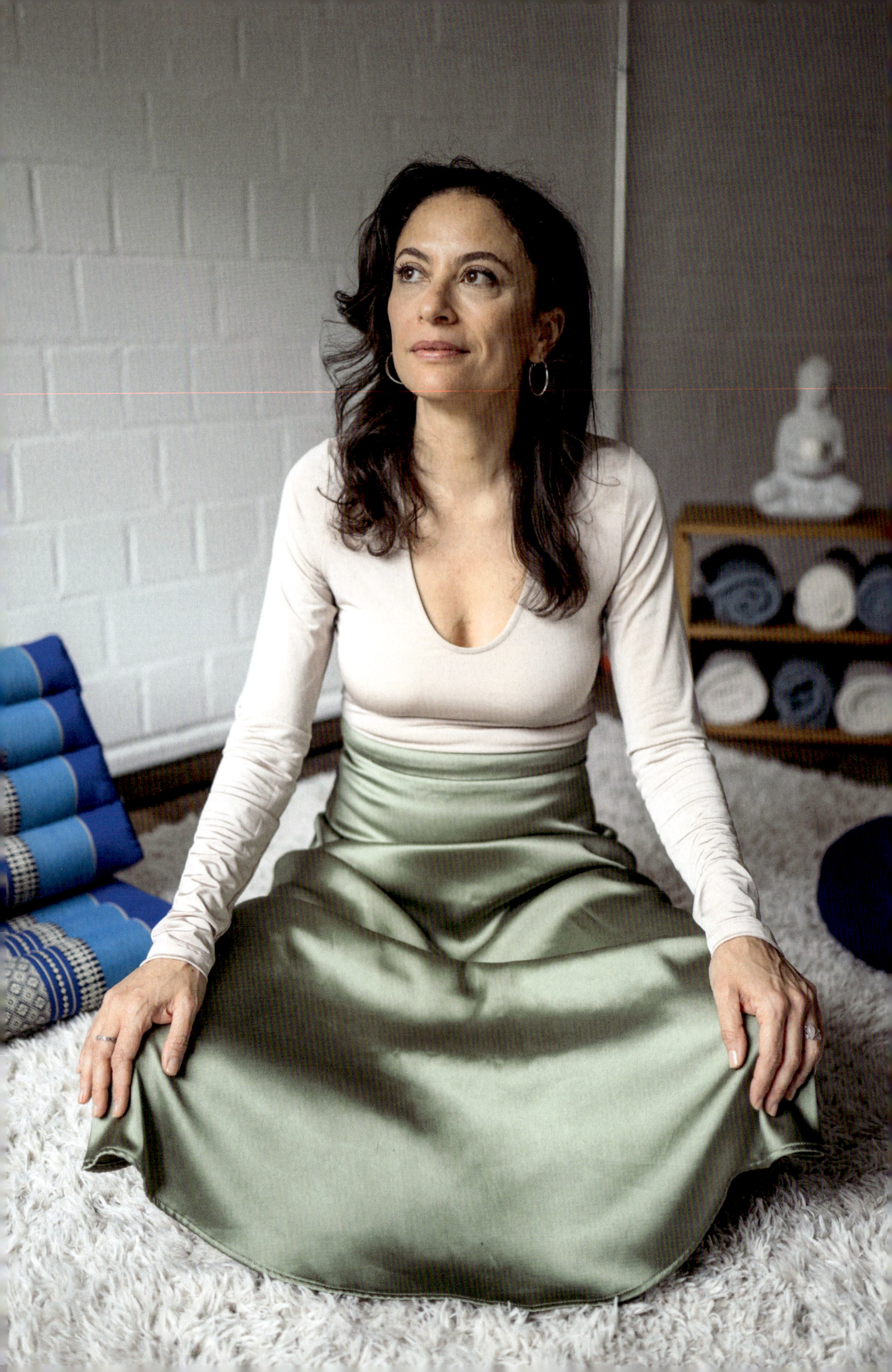

W

„Wie ist der Traffic?! Ich habe noch nicht gefrühstückt, da weiß ich schon, wie der Traffic ist." Camila Furtado lacht laut auf. Eigentlich hat sie nichts für Zahlen übrig, aber ihre KPIs, die hat sie im Blick. Sie brennt für ihren Job. Vielleicht, weil er von Anfang an mehr war als nur ein Job. Er war ihr Ticket in die Unabhängigkeit. „Ich glaube ein bisschen an Schicksal", sagt Camila Furtado und deutet mit einem Lächeln an, dass sie womöglich genau hier landen sollte, in diesem Team, mit dieser Rolle. Geradlinig war der Weg nicht – ganz im Gegenteil.

2005, mit 29 Jahren, verließ Camila Furtado ihre brasilianische Heimat. Sie folgte ihrem deutschen Mann von São Paulo nach Köln – ein Kulturschock. Kalte Winter, kein soziales Netz, eine fremde Sprache. Um Deutsch zu lernen, nahm sie ein Praktikum bei InWEnt, heute Teil der Deutschen Gesellschaft für Internationale Zusammenarbeit (GIZ), wahr, während sie in Brasilien bereits auf Managementebene für die Amerikanische Handelskammer gearbeitet hatte. Furtados Selbstverständnis war angeknackst, sie war frustriert. 2009 brachte die Geburt ihrer Tochter Sinn in ihr Leben: „Endlich hatte ich wieder eine verantwortungsvolle Aufgabe!" Geistig fühlte sie sich immer noch unterfordert, sodass sie während der zweiten Schwangerschaft 2011 ein MBA-Studium an der Leuphana-Universität absolvierte. Sie brauchte Ziele! 2012 begann sie einen Blog für brasilianische Mütter im Ausland zu schreiben, nach mittlerweile sieben Jahren in Deutschland. Ihre Erfahrungen, ihr Witz und ihre Leidenschaft fanden rasend schnell Anklang bei den Leserinnen: „Der Blog war berühmt in Brasilien! Die Resonanz hat mir viel Energie gegeben." Mit ihrem Mann führte Furtado mittlerweile eine Wochenendbeziehung, denn er war nach Oldenburg gezogen, um dort seine Habilitation abzuschließen. Doch die junge Mutter wollte sich und ihre Kinder nicht noch einmal entwurzeln. Ihr Wunsch

> **„**
> Der Blog war berühmt in Brasilien! Die Resonanz hat mir viel Energie gegeben.

nach finanzieller Unabhängigkeit und einer eigenen Karriere wurde immer stärker. Schließlich las Furtado eine Stellenanzeige: Ein Social-Media-Publisher in Köln (check!) suchte eine portugiesischsprachige Content-Koordinatorin für die brasilianische Nutzerschaft. Check! Das konnte sie. Beim Bloggen hatte Furtado intuitiv gelernt, wie man gute Inhalte erstellt. „Aber ich wusste, wenn ich da mit meinem Hintergrund in Internationalem Management, Entwicklungsarbeit und einem MBA anklopfe, habe ich keine Chance. Also habe ich mich stattdessen mit meinem Blog beworben." Die Kombination aus beeindruckenden Zahlen und Furtados Persönlichkeit überzeugte die Geschäftsführer des Games-Publishers und 2014 fing sie bei social sweethearts in Köln an.

Die Social-Media-Welt ist rasant und volatil, Furtados Aufgaben veränderten sich regelmäßig. Was konstant blieb, war ihre besondere Fähigkeit, zutiefst menschliche Werte ins Team zu bringen, während sie ambitioniert gemeinsam mit dem Team überzeugende Resultate erreichte. 2018 übernahm sie ihre erste Führungsrolle bei social sweethearts und kümmerte sich um das Flagship, das Spiel „Nametests" auf Facebook.

Sie hatte kaum Zeit, ihren Erfolg zu feiern, denn ihre Ehe bröckelte, der Job war herausfordernd, die Kinder beanspruchten ihre Aufmerksamkeit und Furtado war kurz davor, erschöpft aufzugeben. „Ich hatte gearbeitet wie ein Tier, ich brauchte dringend Hilfe." Die Geschäftsführer schickten sie zu dem Coach, dem sie selbst vertrauen: „Ich schaffe das al-

> **In meiner Führung gibt es kein Ich, es gibt nur ein Wir.**

les nicht", sagte sie in der ersten Session. Er antwortete: „Vielleicht schaffst du es noch nicht." Er half ihr, den Knoten zu entwirren. Es klickte. Sie räumte in ihren Gedanken auf, besann sich auf ihre Stärken (kreativ, kommunikativ, herzgetrieben), identifizierte ihre Schwächen (chaotisch, impulsiv und, wie gesagt, nichts für Zahlen übrig) und machte weiter.

Worauf sie sich immer verlassen kann, sind ihr Durchhaltevermögen und ihr Team. Sie seien so eingespielt, manchmal genüge ein Blick, um sich zu verständigen. „Ich habe dieses Arbeitsklima geschaffen, und darauf bin ich sehr stolz."

Seit August 2021 ist Camila Furtado nun Head of Content für Instant Games bei social sweethearts. Die Managerin hat eine Energie, die überspringt und sie sehr nahbar macht. Sie spricht eine eloquente und sympathische Mischung aus Englisch und Deutsch mit einem melodischen brasilianischen Akzent. Beim Sprechen gestikuliert sie und lacht viel. „In meiner Führung gibt es kein Ich", erklärt sie, „es gibt nur ein Wir. Es klingt vielleicht abgedroschen", schildert sie, „aber ich nehme innerhalb des Teams eine Rolle ein wie alle anderen." Es gebe die Rolle des Designers oder der Autorin, ihre Rolle die der Managerin. „In meinem Team haben Ideen keine Besitzer",

↖ Mit ihrem 36-köpfigen Team von Kreativen entwickelt sie täglich neuen Spiele-Content in 40 Sprachen, der Menschen zum Lächeln bringt.

↑ Den Meditationsraum hat Camila Furtado für die Belegschaft eingerichtet. Sie nutzt ihn selbst regelmäßig.

← *Camila Furtado zeigt sich in ihrer Führungsrolle echt und verletzlich. So hat sie eine Kultur des Vertrauens geschaffen, von der alle profitieren.*

erklärt sie. Wer eine gute Idee hat, bringt sie ein, doch von da an gehört sie allen, um daraus etwas Neues zu entwickeln oder sie umzusetzen. Es geht stets um das gemeinsame Ziel. In einem Umfeld, in dem jeder auch an individuellen KPIs gemessen wird, ist das etwas Besonderes. Ihre Vorgesetzten sind beeindruckt von ihrer Fähigkeit, ein multinationales Team zu einer kollaborativen Einheit zu machen, die hohe Erwartungen erfüllt. Darauf ist auch die 48-Jährige wahnsinnig stolz: „Selbst wenn der Druck wächst, bringt das Team so viel Leichtigkeit mit." Sie findet Beachtung mit ihrer Art, einfühlsam zu sein und sich verletzlich zu zeigen.

Camila Furtados Aufgaben sind in den letzten zehn Jahren weiterhin stetig gewachsen: neue Apps und Spiele, neue Mitarbeitende, neue Herausforderungen. Aber sie hat die besten Teams an ihrer Seite, zu Hause und im Job. Ihre Kinder sind heute 13 und 15 Jahre alt und „super unabhängig". Manchmal – nicht immer! – kommt sie nach Hause und das Essen steht auf dem Tisch. In ihrem Blick liegt Wärme und Stolz. Zu ihrem zehnjährigen Jubiläum bei social sweethearts hatte ihr Team eine so große Überraschungsparty organisiert, dass sie erst nachmittags mit der Arbeit beginnen konnte. Vielleicht ist es Schicksal, dass sie ihren Platz bei social sweethearts gefunden hat – sicher aber haben auch ihr Herz, ihr leidenschaftlicher Wille und ihre besonderen zwischenmenschlichen Fähigkeiten eine nicht unbedeutende Rolle dabei gespielt.

VONEINANDER LERNEN

1

STELL FRAGEN!

Dein Team weiß mehr als du! Wenn es darum geht, Lösungen zu finden, um unsere Performance oder unseren Workflow zu verbessern, wissen die Leute, die täglich die Arbeit machen, viel mehr als ihre Leader. Sie kennen die „Pain Points" und haben oft gute Vorschläge, wie man sie lösen kann. Ein Leader gewinnt erheblich mehr durch Zuhören als durch Reden.

2

SEI VERLETZLICH

Man muss sich nicht ständig als stark präsentieren, nur weil man Chef oder Chefin ist. Die Leute merken, wenn man nicht authentisch ist, sie vertrauen einem viel mehr, wenn man den Mut hat, die eigenen Schwächen und Herausforderungen offen zu zeigen. Das schafft außerdem eine vertrauensvolle Atmosphäre im Team. Wenn du als Chefin offen über deine Zweifel und Herausforderungen sprichst, dann haben auch deine Mitarbeitenden keinen Grund, etwas vorzutäuschen.

3

WÄHLE DEIN (ARBEITS-) UMFELD MIT BEDACHT

Als Mutter kleiner Kinder war es entscheidend für mich, in einem Unternehmen tätig zu sein, das meine Leistung objektiv bewertet. Ich hatte beruflich viel zu bieten, aber ohne die Flexibilität wäre ich sicherlich gescheitert. Wann ich mit der Arbeit beginne, wie viele Stunden ich täglich investiere – all das ist nicht so wichtig. Was ich leiste, ist wichtig – und das finde ich fair.

Über diese Themen tauscht sich Camila Furtado gern aus:
Empathische Führung, Vertrauenskultur, Expatriates in Deutschland.

Wen sich Camila Furtado als Mentee wünscht:
Eine Expat in Deutschland vielleicht oder eine junge Frau, die Führung übernehmen will. Ich bin offen für aktive und neugierige Frauen, die gemeinsam etwas lernen wollen.

AUSTAUSCH

LEITERIN PERSONAL (HUMAN RESOURCES)
AGENTUR FÜR ARBEIT, REGENSBURG

Daniela Gatsche

Was haben die Bundeswehr und die Bundesagentur für Arbeit gemeinsam? Sie lieben gute Führungskräfte! Daniela Gatsche war 14 Jahre lang Offizierin. Aber den Willen und Freiraum für die Vereinbarkeit ihrer Führungsrolle mit der Sorgeverantwortung für drei Kinder schenkte ihr erst ihr jetziger Arbeitgeber, die Agentur für Arbeit.

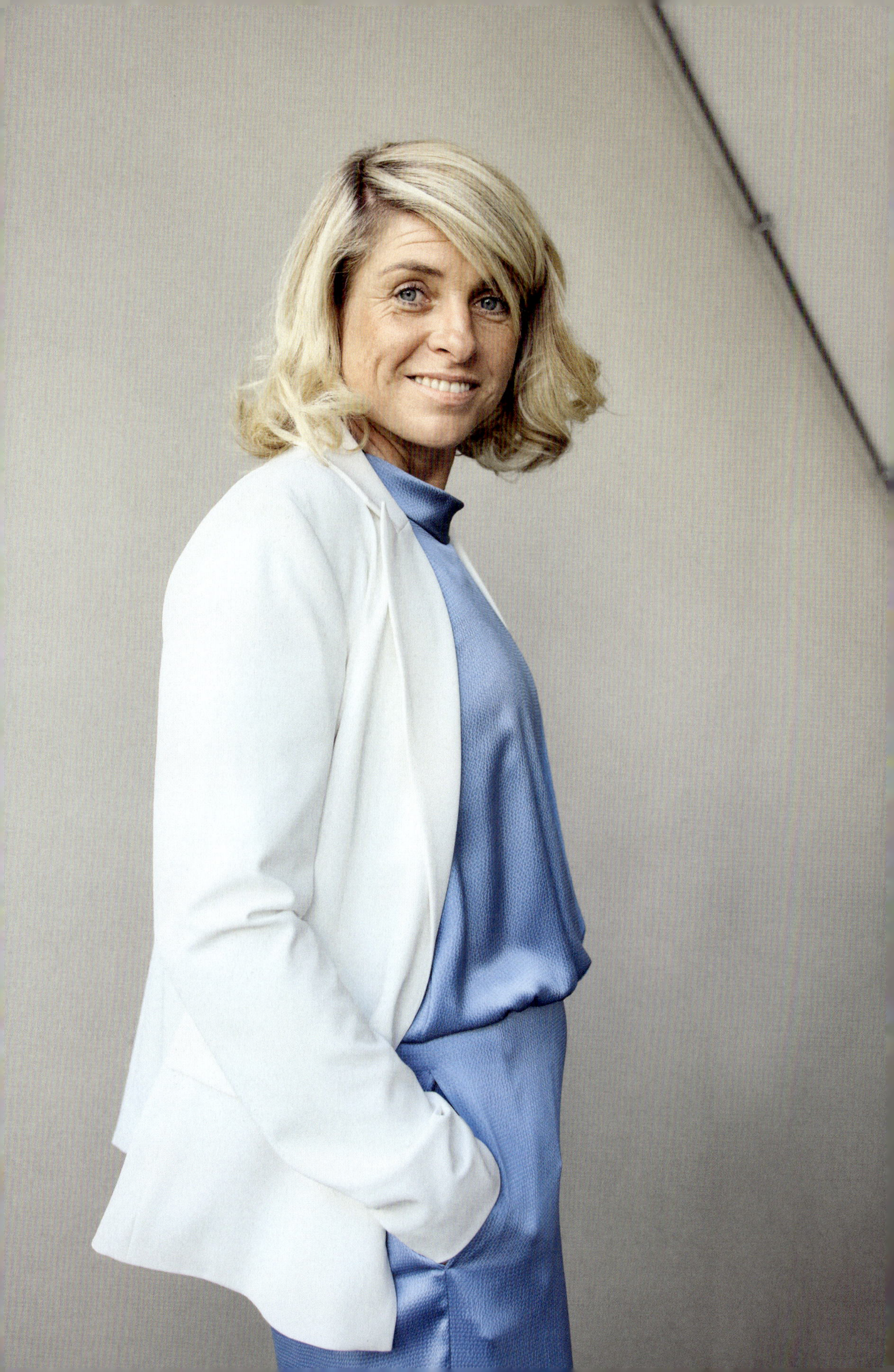

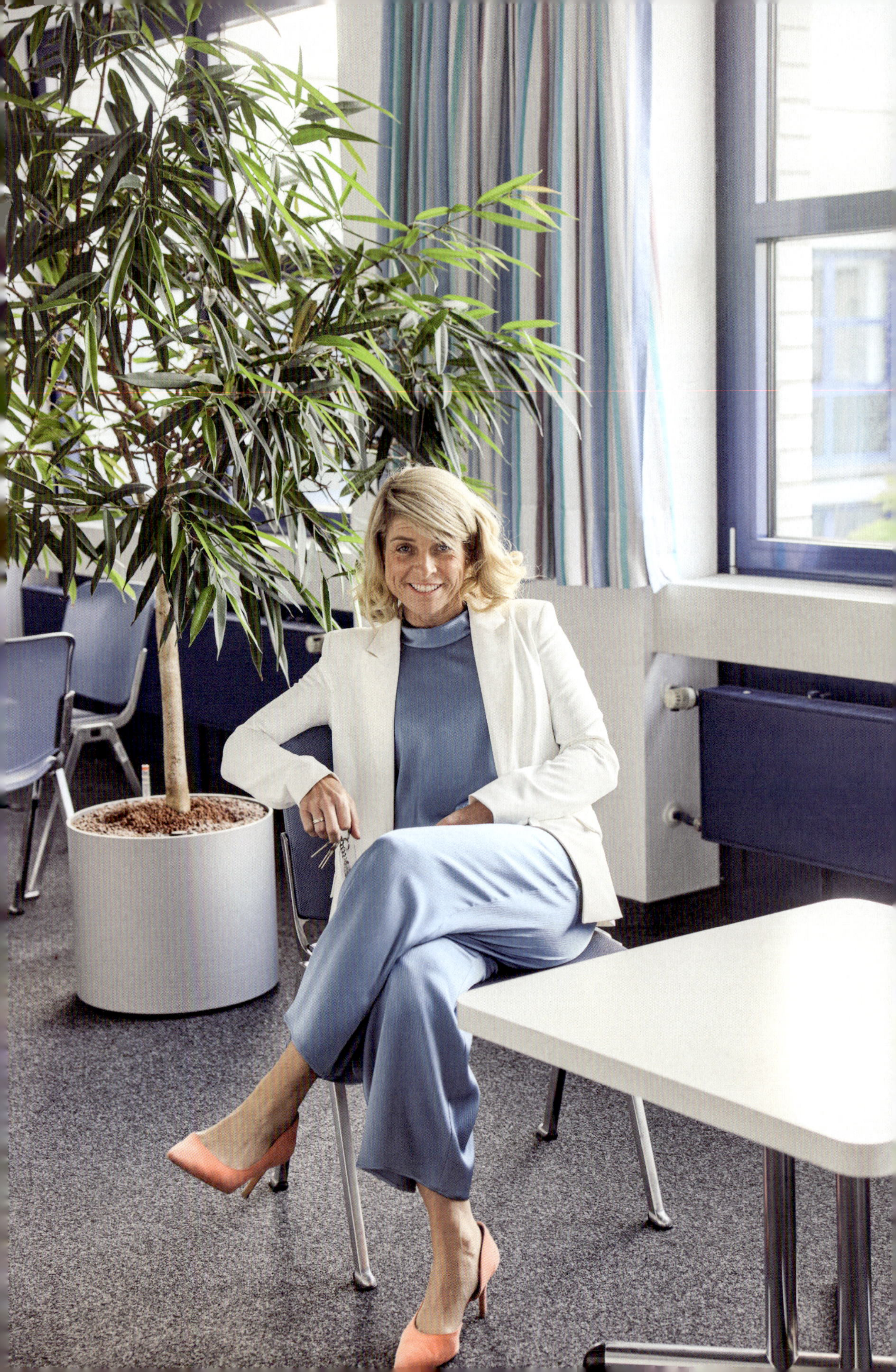

Warum erst einmal ausgerechnet zur Bundeswehr? „Ich hab immer schon gern den Ton angegeben", sagt Daniela Gatsche. Sie habe bereits früh ehrenamtlich als Trainerin im Sportverein gearbeitet und gemerkt, wie viel Spaß es ihr bereitet, Menschen für eine Sache zu begeistern, sie mitzunehmen und zu motivieren. „Und im Endeffekt macht eine moderne Führungskraft nichts anderes."
14 Jahre lang war die Bayerin schließlich bei der Bundeswehr, durchlief diverse Ausbildungen, studierte und stieg auf bis zum Hauptmann. „Und ja, es heißt Hauptmann, und das ist auch gut so", erklärt sie, denn es sei ein Dienstgrad und keine Beschreibung. Ihn anzupassen, würde dem Stellenwert des Dienstgrads nicht gerecht. So schütze die Bezeichnung auch die Frau, die den Dienstgrad trägt. Sie war bei den Pionieren, das bedeutet: Kampfunterstützung. Gatsche koordinierte in ihrer Position Auslandseinsätze für das gesamte Bataillon – das beinhaltete Einsatzplanung, Logistik, sowie Einsatzvor- und -nachbereitung. Die Bundeswehr schreibt ihren Pionieren einen scharfen Blick für das Machbare zu, etwas, das auch auf Daniela Gatsche zutrifft: Die dreifache Mutter hat einen Hang zum Leistungssport. Im Sommer fährt sie mit dem Rennrad oder ist am Klettersteig. Im Winter geht sie auf die Loipe oder fährt Tourenski. „Ich habe keinen inneren Schweinehund, den ich überwinden muss. Ich muss mich einfach bewegen." Zwar ist sie nicht mehr in einem Verein, aber wenn sie an Wettbewerben teilnimmt, dann meint sie es ernst. „Ich kenne keinen olympischen Gedanken", lacht sie. „Wenn ich antrete, dann will ich auch gewinnen." Sie hat einen intrinsischen Antrieb, der ebenso bei ihrer heutigen Arbeit als Leiterin Personal Wirkung zeigt.
Ohne eine Miene zu verziehen, sagt sie: „Ich habe gelernt, aus Scheiße Gold zu machen." Und das bedeutet auch, dass sie Dinge einfach ausprobiert. Woher

> **„** Ich habe keinen inneren Schweinehund, den ich überwinden muss. Ich muss mich einfach bewegen.

kommt diese Haltung? „Eine alte Weisheit der Bundeswehr ist: Nichts ist so beständig wie die Lageänderung." Das bedeutet, Veränderung ist die einzige Konstante – und mit Veränderungen kann die 43-Jährige eben richtig gut umgehen. Ihr Mann ist ebenfalls Offizier, bei der Panzertruppe. „Man ist permanent an unterschiedlichen Orten, weil man als Offizier auch häufig versetzt wird", erklärt sie. Vereinbarkeit war bei der Bundeswehr eine wirkliche Herausforderung, und ein entspanntes Familienleben sei „de facto unmöglich" gewesen. Eines Tages sagte ihre damals 6-jährige Tochter: „Wenn ihr noch mal umzieht, gehe ich zur Oma!" Das saß.

Die Lösung brachte ein Girls Day. Gatsche und ihr Bataillon hatten Action für Mädchen von 11 bis 15 Jahren vorbereitet: Sie durften Lader und Bagger fahren, an Geschicklichkeitsspielen teilnehmen. Die Agentur für Arbeit hatte ihre Beauftragte für Chancengleichheit zu dem Event geschickt, die sah Daniela Gatsche in ihrem Element und drückte ihr eine Broschüre in die Hand: Das Traineeprogramm der Agentur für Arbeit begeisterte Gatsche – und sie war dabei. Ein superschneller Quereinstieg, ein gutes Programm, ein klares Ziel. Nichts ist so beständig wie die Lageänderung, richtig? Im Rahmen des Traineeprogramms hatte sie verschiedene Positionen bis zur Bereichsleitung inne. Die Station in der Personalberatung machte ihr klar, dass sie für die folgenden Themen wirklich brennt: Wie kann sie gute Leute gewinnen im Bewerbermarkt? Wie kann sie neue Prozesse in die Mannschaft bringen? Wie kann sie

> „Eine alte Weisheit der Bundeswehr ist: Nichts ist so beständig wie die Lageänderung."

mehr Frauen für Führung begeistern? Ein bisschen musste sie noch warten, dann ergab sich für sie die Möglichkeit, ihre Herzensthemen mit eigener Führungsverantwortung zu vereinen. Als Leiterin Personal ist sie nun unter anderem für die Personalfragen von fünf Agenturen und 18 Jobcentern sowie einer großen Familienkasse verantwortlich. Das beinhaltet Recruiting, Weiterbildungen, das Azubi- und Studierendenprogramm und alles, was dazugehört. 15 Menschen berichten direkt an sie. Es ist kein Bataillon, aber es sind eine Menge Mitarbeitende. Gatsche ist rundum zufrieden mit ihren Entscheidungen. Vor allem, weil die Agentur für Arbeit in ihren Aufgaben so vielfältig ist und das an Vereinbarkeit ermöglicht hat, was die Bundeswehr nicht konnte: „Wir haben alle Arbeitsmodelle, die man sich vorstellen kann, und gute Homeoffice-Regelungen." Sie selbst ist in Vollzeit tätig, geht aber jeden Nachmittag offline. Wenn sie von ihrem Wohnort bei Bad Kötzting im Bayerischen Wald ins Office nach Regensburg fährt, bedeutet das: Wecker um 4.20 Uhr und Schreibtisch um 6 Uhr, damit sie spä-

↑ Daniela Gatsche setzt sich aktiv für mehr Frauen und Mütter in Führungspositionen ein.
↖ Verstaubte Bürokratie? Im Gegenteil – moderne Führung und flexible Arbeitsmodelle sind bei der Agentur für Arbeit Standard.

testens um 15 Uhr wieder auf dem Weg nach Hause ist, um dem Jüngsten noch bei den Hausaufgaben zu helfen. Wenn die Termine es zulassen, setzt sie sich abends noch einmal an den Rechner.

70 Prozent der Angestellten in der Agentur sind Frauen – doch schon in der ersten Führungsebene sind es nur noch 50 Prozent. Das will Daniela Gatsche ändern: „Ich will sensibilisieren, Sichtbarkeit schaffen – ich will mehr weibliche und auch mehr Menschen mit Behinderung als Führungskräfte sehen." Aber in Bayern ist es nach wie vor die Norm, dass Mütter in Teilzeit zurückkommen und keine Führungsverantwortung mehr übernehmen wollen. Gatsche selbst hat bei drei Kindern nur einmal Elternzeit genommen. Sie fühlte sich überhaupt nicht wohl in der Rolle und war nach sechs Monaten bereits todunglücklich. Darum möchte sie für ihre Mitarbeitenden individuelle Lösungen schaffen: „Ich will alle Lebensmodelle anerkennen. Das müssen wir als Arbeitgeber auch, wenn wir weiterhin attraktiv bleiben wollen." Doch leicht ist es nicht. Setzt sie vormittags Besprechungen an, ist es für die Vollzeitkräfte ungünstig, weil sie da Konzentrationsarbeit machen. Bei Meetings am Nachmittag sind die Teilzeitkräfte schon weg. „Und setze ich eine zweistündige Sitzung an, ist der halbe Arbeitstag meiner Teilzeitkraft vertan." Wie gut, dass Daniela Gatsche eine Gestalterin ist, eine Macherin. Mehrere ihrer Teamleitungen sind etwa nur zu Beginn der Sitzungen anwesend, ihre Belange werden zuerst gehört. Alles, was sie verpassen, aber dennoch wissen müssen, berichtet ihnen Gatsche im One-on-One. Es ist diese Individualität, die das neue Arbeiten so attraktiv macht, aber eben auch so komplex. Da sind Menschen wie Daniela Gatsche gefragt, denn nichts ist so beständig wie die Lageänderung.

VONEINANDER LERNEN

1

„LASS DIR NIX EINREDEN!"

Alle haben mich gefragt, warum ich als Mutter nicht in Teilzeit gehe. Auch im Bataillon – die haben mich als Teilzeitkraft eingetragen, nur ich habe auf Vollzeit bestanden. Kein Mann wird gefragt, ob er nach dem ersten Kind in Teilzeit zurückkommen wird. Deshalb möchte ich Frauen sagen: Bleibt bei euch und lasst euch nichts einreden. Nur ihr kennt euren Weg.

3

PASS AUF DICH AUF!

Wenn du dich für den Job aufopferst, dann werden andere es dir nachmachen. Wenn du gut mit dir umgehst und trotzdem Engagement zeigst, dann werden das andere ebenfalls tun. Als Führungskraft hast du Vorbildfunktion, nimm sie wahr, indem du dir auch Grenzen setzt.

2

SCHAFFE DIR DEINE FREIRÄUME

Und es war wichtig für mein eigenes Gleichgewicht – etwas, das mir die Bundeswehr nicht ermöglichen konnte.

Über diese Themen tauscht sich Daniela Gatsche gern aus:
Gute Führung, Arbeitgeberattraktivität, Nachwuchsgewinnung, Personalmarketing.

Wen sich Daniela Gatsche als Mentee wünscht:
Junge Frauen, die in Bezug auf die Frage „Familie oder Karriere" mit sich hadern, oder Wiedereinsteigerinnen in den Beruf.

AUSTAUSCH

PROKURISTIN, LEITUNG MULTIPROJEKTMANAGEMENT UND GESCHÄFTSFELDENTWICKLUNG
ZARINFAR GMBH, KÖLN

Dorothee Heinkel

Die Baubranche ist dynamisch und äußerst volatil. Darum steht sie immer wieder vor großen Herausforderungen. Dorothee Heinkel ist Expertin und Beraterin für komplexe und innovative Bau- und Immobilienprojekte. Aber vor allem ist sie eine furchtlose Problemlöserin und ein Personalmagnet.

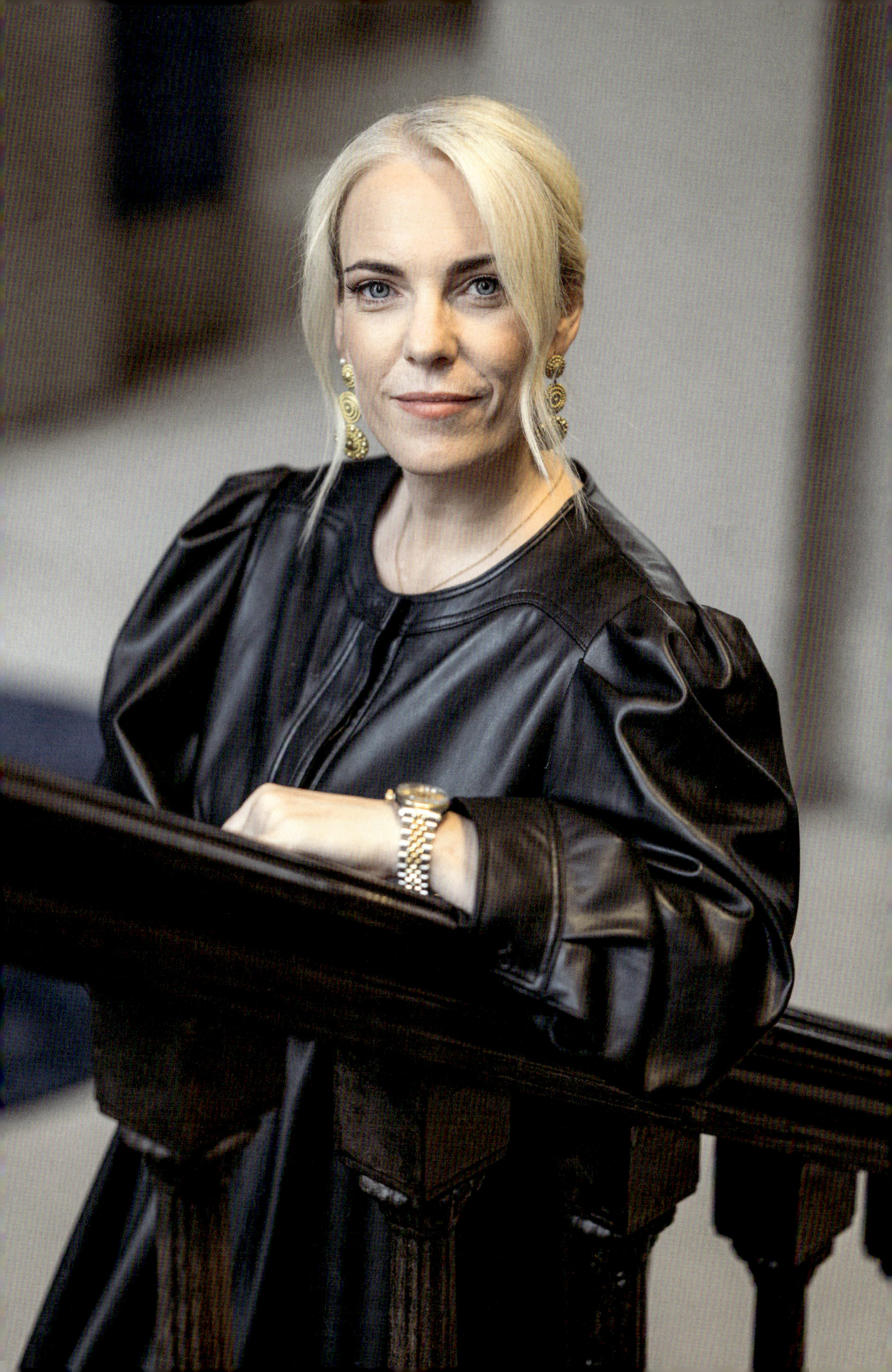

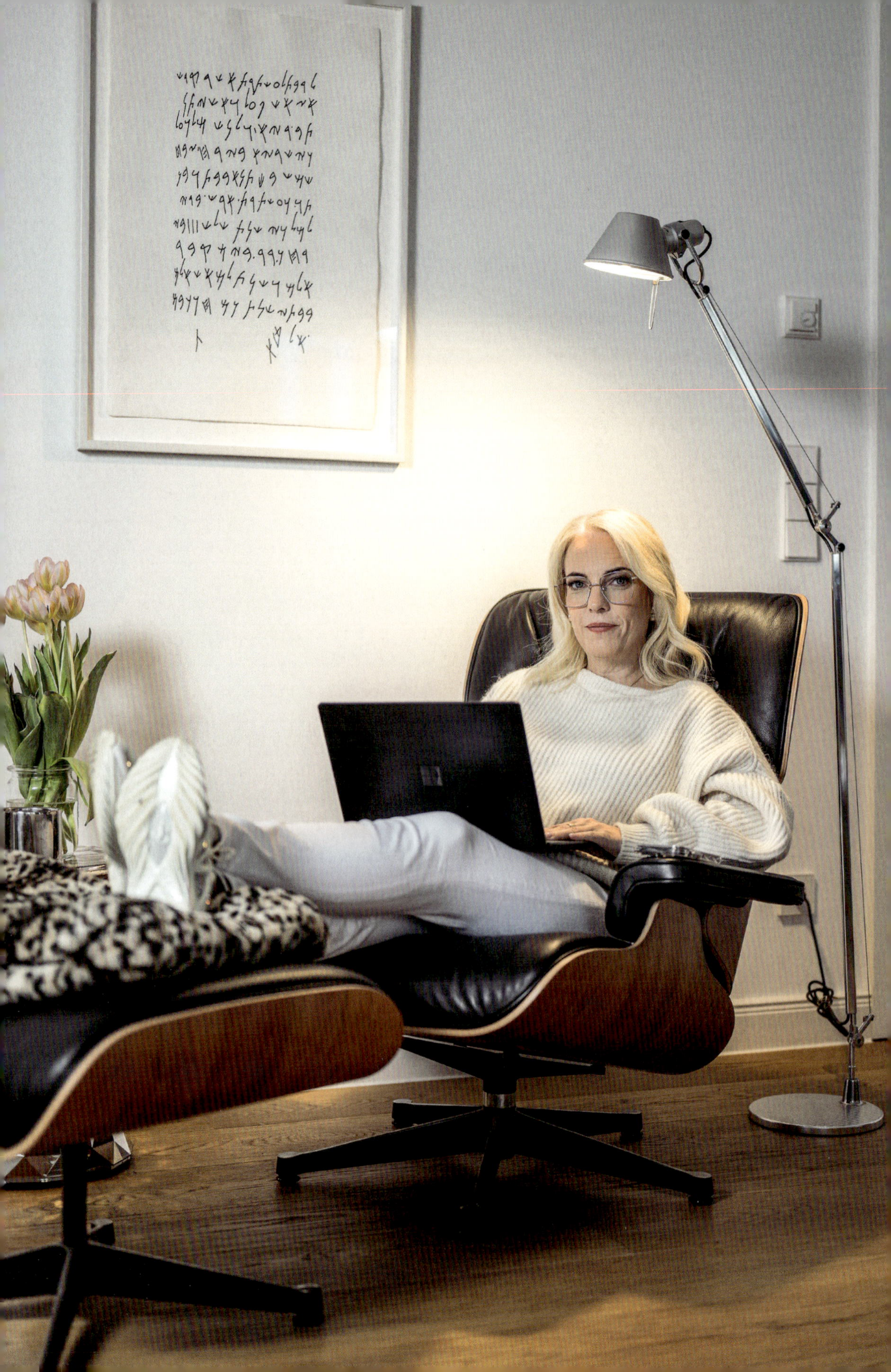

Seit einem Jahr ist Dorothee Heinkel als Leitung Multiprojektmanagement und Geschäftsfeldentwicklung beim inhabergeführten Ingenieurbüro zarinfar in Köln tätig. Sie übernimmt dabei verschiedene Verantwortungen. Als Prokuristin leitet sie ein 20-köpfiges Team aus Ingenieuren, Architekten, Experten und Gutachtern, die AIG. Das Team betreut zwischen 15 und 25 aktive Bau- und Immobilienprojekte gleichzeitig.

Wie sieht das aus? „Wenn andere vor Herausforderungen stehen, dann wenden sie sich an zarinfar", erklärt die 43-Jährige. Sie sei vor allem Beraterin und Sparringspartnerin – für Kunden des Ingenieurbüros, für ihre AIG und für die beiden Geschäftsführer. Da ist die Rede von Konfliktmanagement, von Projektsteuerung, von Machbarkeitsstudien und schnell wird deutlich, dass Heinkel vor allem eines ist: eine Problemlöserin. Diese Rolle ist ihr nicht neu, im Gegenteil, vielleicht wurde sie ihr sogar die in die Wiege gelegt. Sie wurde praktisch ins Baugewerbe geboren. Ihre Eltern waren schon Unternehmer und führten eine Firma für modulare Raumsysteme. Dorothee Heinkel spielt noch mit dem Gedanken der Nachfolge, als ihr Vater überraschend verstirbt. Sie übernimmt das Tagesgeschäft, während sie mitten im Studium zur Diplomingenieurin steckt. Und sie übernimmt die Rolle ihres Vaters in der Firma, ist das Gesicht nach außen und die Schnittstelle zu Auftraggebern. Für die damals 25-Jährige ist es eine große Herausforderung: „Vor der Belegschaft war ich immer die Tochter", erinnert sie sich. Sie spürt den Druck, die Erwartungshaltung seitens der Beschäftigten und muss sich zudem mit harten Vorurteilen auseinandersetzen: Einer der Mitarbeiter will partout keine Frau als Chefin akzeptieren. Die Situation hinterlässt Spuren: „Der Tod meines Vaters war noch frisch, ich stand unter enormem Druck und mein Selbstbewusstsein wurde auf eine harte Probe gestellt." Sie hinterfragt ihre Fähigkeiten, ihren Platz im Familienunternehmen, ihre ganze

> **Im Familienunternehmen war ich vor der Belegschaft immer die Tochter.**

Zukunft. Sie fühlt sich für die finanzielle Absicherung ihrer Mutter ebenso verantwortlich wie für die Zukunft ihrer sieben Jahre jüngeren Schwester. Sie holt sich professionelle Hilfe, überdenkt ihre eigenen Ziele und fängt neu an. Es ist eine Entscheidung für die Unabhängigkeit, für die eigene Zukunft: „Ich wollte noch was anderes lernen und sehen, wer und was ich wirklich bin."

Sie lernte auf die harte Art. Die Baubranche leidet unter der Konjunktur, dem Fachkräftemangel und nicht zuletzt unter inhärenter Alters- und Geschlechtsdiskriminierung. Der Club der alten weißen Männer hat hier noch fest das Sagen. Heinkels steiler Karrierepfad begann in einem der größten Immobilienportfoliohalter, dem BLB NRW. Sie orchestrierte mit Leidenschaft über 300 Mitarbeiter. Danach managte sie den Jahresabschluss mit rund 10 Milliarden Bilanzsumme mit der gleichen Hingabe. Aber der Alltag war kein leichter: weiblich, jung, keine Beamtin – dafür ein MBA und jede Menge Rückgrat. Damit kann nicht jeder. Aber als alte Kämpfernatur biss Heinkel sich durch. „Aufgeben kommt für mich nicht infrage – das liegt nicht in meiner Natur." Auch nicht, als sie merkte, dass sie sich nicht auf Rückhalt verlassen konnte. Sie arbeitete hart, erlaubte sich keine Schwäche und keine Fehler. Als sie den BLB NRW schließlich verließ, stellte sie sicher, dass ihren Mitarbeitern nicht das gleiche Schicksal widerfährt. Heinkel setzte sich ein, sprach Wahrheiten aus. „Mittlerweile bin ich sehr stolz darauf, dass ich das durchgehalten habe", sagt sie mit erhobenem Kopf.

> **„ Was die Firma neben Empathie auszeichnet, sind Werte wie Fairness, Ehrlichkeit und Loyalität.**

Ihr neues Team beschreibt Dorothee Heinkel als positiv beharrlich, hundertprozentig zuverlässig und mit sehr hohem Selbstanspruch ausgestattet. Das schließt sie mit ein: Wecker um 5 Uhr, dann Morgenmagazin. Mit einer Tasse Kaffee setzt sie sich auf die Terrasse – selbst wenn es draußen noch dunkel und kalt ist. Kurz vor 7 macht sie sich auf den Weg von ihrem Wohnort Düsseldorf ins Büro nach Köln.

Heute kann Dorothee Heinkel endlich kreativ und selbstbestimmt an Problemlösungen und Personalführung herangehen. Ihr letzter Arbeitgeber konnte das nicht bieten: „Im öffentlichen Dienst ist vieles geregelt und administrativ vorgegeben", erinnert sie sich. Die Dynamik bei zarinfar sei völlig anders – Kollegen seien hier hungrig nach Selbstständigkeit und Verantwortung. „Was die Firma neben Empathie auszeichnet, sind Werte wie Fairness, Ehrlichkeit und Loyalität. Hoher Leistungsanspruch und Gestaltung von Transformation bis hin zu KI. All das ist genau meins."

↑ Zarinfar ist der Experte für Bauprojekte. Dorothee Heinkel ist dabei zentrale Sparringspartnerin.
↖ Die Managerin kann optimistisch in die Zukunft blicken.

↑ Ob im Homeoffice in Düsseldorf, bei zarinfar in Köln oder auch von unterwegs: Heinkel arbeitet gern und viel.

Dorothee Heinkel ist ein Arbeitstier, aber auch Genussmensch. Ihr tut beides gut. Mit Mutter und Schwester verbringt sie Zeit im Familiendomizil in Ascona. Die Wärme, der Hauch Italien und darüber hinaus Kindheitserinnerungen: „Ich habe meine ersten drei Geburtstage in der Schweiz gefeiert. Ich habe dort laufen gelernt, als Familie haben wir im Tessin Urlaub gemacht." Mittlerweile haben sich viele Freundschaften dort entwickelt, die Schweiz ist ihre zweite Heimat. Was genießt sie noch? „Ich mag Zigarren, sie erinnern mich an meinen Vater. Ich mag außerdem, dass man sich Zeit für sie nehmen muss, und mir gefällt das Provokante daran." Das Zigarrenrauchen sei ja ebenfalls eine Männerdomäne und manchmal mache es ihr Spaß, an diesen Stereotypen zu rütteln.

Auch im Beruflichen rüttelt sie gern mal Dinge zurecht. Das Wohl des Teams hat dabei für die Managerin oberste Priorität. Sie würde nie in eine Konfrontation gehen, die ihr Team in der Schusslinie zurückließe, sagt sie. „Kürzlich schrieb mir eine Kollegin, ich sei wie eine Löwin. Und das stimmt: Wenn jemand aus meinem Team angegriffen wird, dann kann ich ganz schön sportlich werden." Ihre Augen blitzen auf, sie hat ein leises Schmunzeln auf den Lippen – man nimmt ihr jedes Wort ab. Das einzige Gebiet, auf dem Dorothee Heinkel wenig Ehrgeiz verspürt, ist Sport. Sie golft zwar gern – aber da zählen nur Bewegung, frische Luft und viel Spaß!

VONEINANDER LERNEN

1
KEINE EITELKEIT

Eine Prämisse, die mir schon mein BWL-Professor beigebracht hat: Gute Führungskräfte stellen bessere Leute als sich selbst ein. Besonders wenn es um fachliches Wissen geht, hat Eitelkeit keinen Platz im Team. Ich setze das in meinem Alltag und Personalmanagement um.

2
BLEIB DIR TREU

„Bleibe dir stets so treu, dass du dir jeden Tag im Spiegel in die Augen schauen kannst." Das ist ein Ratschlag meines Vaters, der sich bei meinen Entscheidungen immer bewährt hat.

3
REFLEXION

„Ich habe noch nie eine Mitarbeiterin gehabt, die sich selbst so stark reflektiert." Das hat mal ein Chef zu mir gesagt. Eine gute Führungskraft reflektiert sich selbst und ihre Handlungen. Es ist wichtig für das Team und das eigene Wachstum.

Über diese Themen tauscht sich Dorothee Heinkel gern aus:
Mitarbeiterentwicklung, Führung, Management, Qualität, Beratung, Immobilien- und Baubranche, Transformation, Digitalisierung.

Wen sich Dorothee Heinkel als Mentee wünscht:
Eine Mentee mit Zielen, Charakter und Geschichte. Auch Ecken und Kanten sind erwünscht. Ich wünsche mir Mentees, die gern miteinander arbeiten und nicht gegeneinander.

AUSTAUSCH

VORSTÄNDIN
DMG MORI COMPANY LIMITED, MÜNCHEN UND TOKIO

Irene Bader

Irene Bader baut Brücken. Nicht buchstäblich, aber metaphorisch. Sie ist ein wichtiges Verbindungsglied zwischen Vorstand und Belegschaft, zwischen alteingesessenen und jungen Mitarbeitenden und besonders zwischen den europäischen und japanischen Angestellten des Werkzeugmaschinenherstellers DMG MORI.

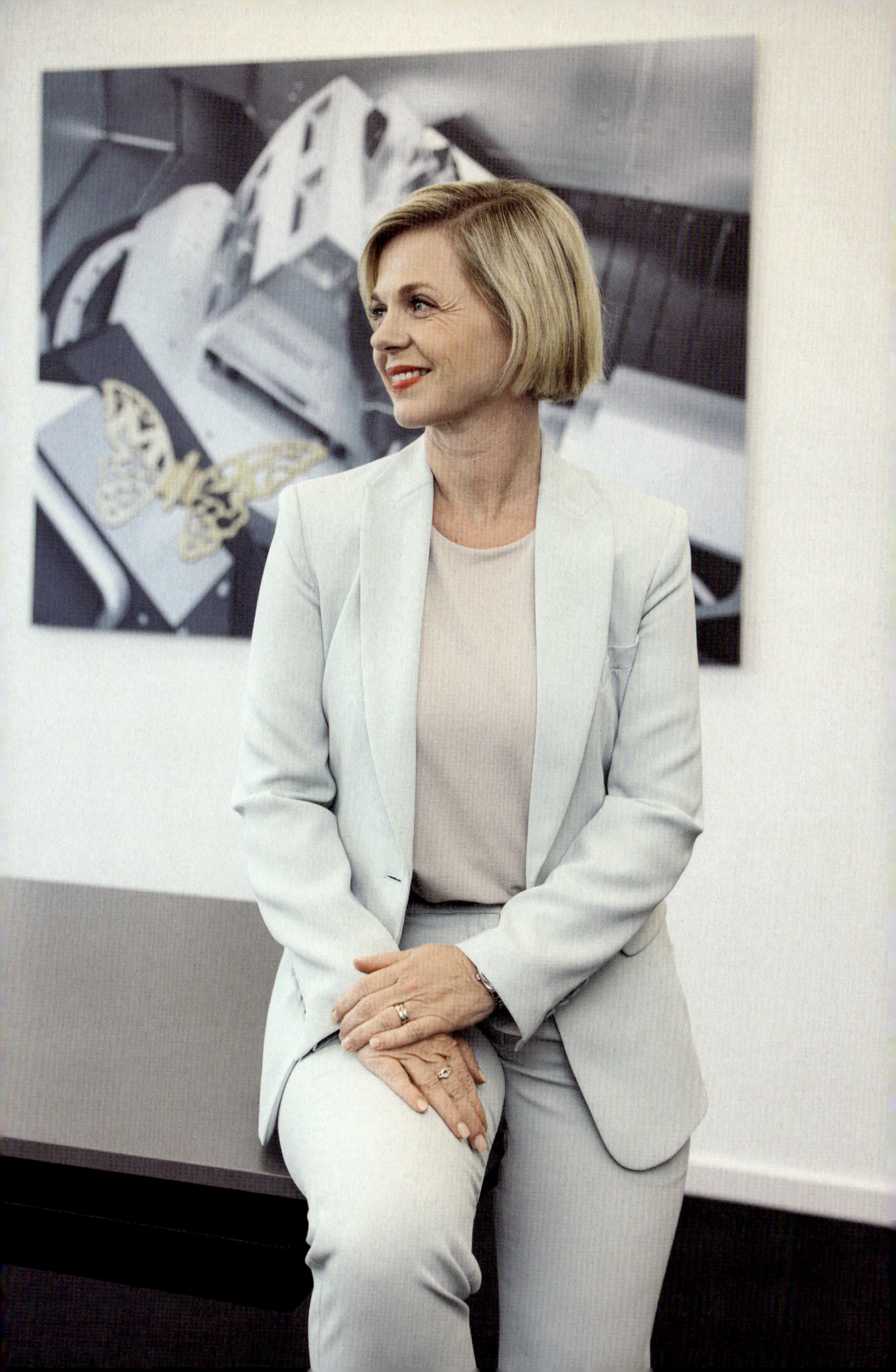

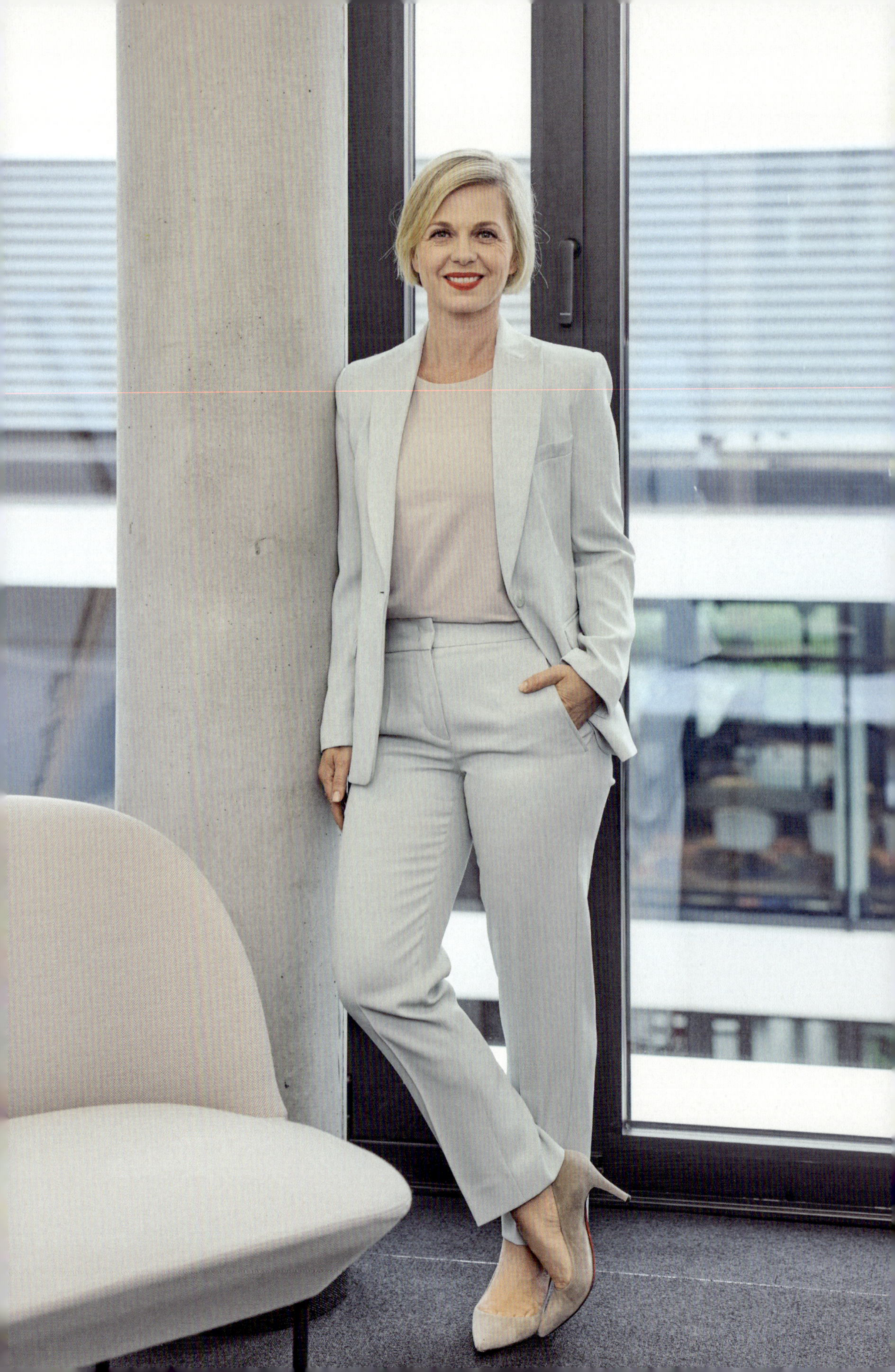

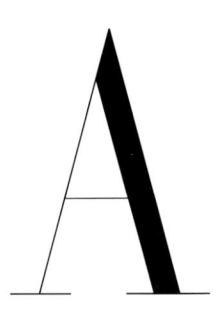

Als das japanische Unternehmen Mori Seiki 2009 mit dem deutschen Werkzeugmaschinenbauer Gildemeister fusionierte, leitete Irene Bader schon seit einigen Jahren das Marketing auf japanischer Seite. Nach mittlerweile 23 Jahren DMG-MORI-Erfahrung kann man guten Gewissens behaupten: Sie kennt den Laden.

Das wurde honoriert: Seit 2016 ist sie Mitglied im Aufsichtsrat einer Tochtergesellschaft und seit Sommer 2023 die erste Frau im Vorstand. Die Österreicherin wirkt aufgeräumt und gelassen, aber in den Augen blitzt es immer wieder auf, wenn sie über ihren Mentor Dr. Mori und ihre Faszination für Maschinenbau spricht. „Ich bin zwar die erste Frau im Vorstand bei DMG MORI, aber ich werde nicht die letzte sein", da ist sie sicher. Auch die Kultur scheint von Weitblick geprägt: DMG MORI sei nicht etwa First Mover, sondern Perfektionist, sagt die Vorständin. Wo der deutsche Teil des Unternehmens zu Beginn der Konsolidierung mit bis zu 20 Weltpremieren im Jahr Innovationskraft beweisen wollte, verließ sich die japanische Seite auf deutlich weniger Premieren, präsentierte dafür aber jedes Mal echte Innovation. Heute haben sich die Produktzyklen zugunsten der Verlässlichkeit und Kundenbindung stark verlangsamt.

Business-to-Business-Kommunikation im Bereich Werkzeugmaschinen – das verlangt, eine Faszination für innovative Technologie zu vermitteln. Bader ist gut darin, Maschinen und Technik verständlich zu machen. Ähnlich vermag sie es, kulturelle Unterschiede in der Belegschaft zu überbrücken. Weltweit hat DMG MORI 13.000 Mitarbeitende, ein Drittel sitzt in Japan, ein Drittel in Deutschland und der Rest in den globalen Dependancen. Wo kommt es da etwa zu Unverständnis? Bader beschreibt, dass europäische Mitarbeitende anfangs häufig merken, wie zurückhaltend die japanischen Kollegen sind, wie schüchtern sie wirken. „Ich erkläre dann oft,

> **Ich bin zwar die erste Frau im Vorstand bei DMG MORI, aber ich werde nicht die letzte sein.**

dass Japan eine Inselgruppe ist. Viele der Bewohner haben erst als Erwachsene diese Inseln verlassen und fremde Kulturen kennengelernt. In Europa haben fast alle die Möglichkeit, schon im Kindesalter andere Sprachen, anderes Essen, fremde Traditionen zu erleben." Insbesondere die deutsche Kultur, wo in Meetings laut diskutiert wird, wo verhältnismäßig wenig Zurückhaltung herrscht, kann da verwirren.

„Wir sprechen in Europa viel, wir sagen, was wir denken", schildert Bader. „Wir sind vielleicht auch irritiert, wenn ein japanischer Kollege zwei Tage nicht auf eine E-Mail antwortet." Das könne daran liegen, dass Unsicherheit herrscht und der Kollege sich erst intern abstimmen wolle. Dieses Streben nach Konsens sei dort die Norm, genauso wie Geduld. „Wir machen in Europa zwei Schritte vor, drei zurück, dann wieder zwei nach vorne", beschreibt die 45-Jährige, „in Japan setzt man lieber langsam einen Fuß vor den anderen. Ans Ziel kommen wir alle."

Sechs- bis achtmal im Jahr fliegt Irene Bader nach Tokio – insgesamt lebt und arbeitet sie etwa zweieinhalb Monate des Jahres dort. Die 15 Stunden Flugzeit verbringt sie entweder schlafend oder sie nutzt die Zeit, in der niemand sie erreichen kann, zum Lesen und Nachdenken. Sie reflektiere viel.

Ihr Tagesablauf in Tokio ist ähnlich geschäftig wie im Münchner Büro. Früh ins Office, Coffee to go, viele Termine. Lunch und Abendessen sind stets verplant. Wenn sie wirklich mal am Schreibtisch ihres Büros sitzt, steht ihre Tür immer offen.

> „Wir machen in Europa zwei Schritte vor, drei zurück, dann wieder zwei nach vorne. In Japan setzt man lieber langsam einen Fuß vor den anderen. Ans Ziel kommen wir alle."

Lunch mit jungen japanischen Kolleginnen hat für Bader besondere Priorität. Sie hört zu, lernt Traditionen und Bedürfnisse kennen. Und sie erzählt viel von zu Hause. Dennoch ist es fast überall in Japan normal für Frauen, zwischen 20 und 30 zu heiraten und – selbst ohne Kinder – den Arbeitsmarkt daraufhin ganz zu verlassen. Als Ehefrau nicht länger mehr berufstätig zu sein bleibt ein Ausdruck von Status. Bader wünscht sich, dass junge Japanerinnen auch andere, europäische Modelle kennenlernen, um besser informiert freiere Entscheidungen über ihre Lebensgestaltung treffen zu können. „Die Gesellschaft und Politik allein werden hier nichts verändern", sagt Bader. „Ich finde, da müssen wir als Unternehmen Möglichkeiten bieten." Darum führt die Firma auch als eine der ersten dringend benötigte Betriebskindergärten in Japan ein und bietet individuelle Teilzeitmodelle.

Irene Bader weiß, dass diese Entwicklungen auf DMG-MORI-Präsident Dr. Mori zurückzuführen sind. Als sehr moderner

↖ DMG MORI ist auf spanabhebende Werkzeugmaschinen zum Drehen, Fräsen und Schleifen sowie auf additive Fertigung, also 3-D-Druck, spezialisiert.

↑ Human to Human ist Baders Prämisse für Austausch auf Augenhöhe und interkulturelle Verständigung.

← Ein Lächeln baut Brücken, öffnet Türen und schafft Vertrauen – über Sprachen und Kulturen hinweg.

Japaner hat er früh den Wert der weiblichen Arbeitskräfte erkannt und immer gern Frauen eingestellt. Er hat auch die enge Zusammenarbeit mit der Nara Women's University initiiert. Die Werksmitarbeitenden kollaborieren mit Japans erster rein weiblichen Fakultät für Ingenieurwesen.

Wenn Irene Bader auf Konferenzen spricht, dann häufig über ihr Lieblingsthema: den Austausch, die Verständigung. Jahrelang war ihr Fokus im Marketing die B2B-Kommunikation. Jetzt konzentriert sie sich auf H2H, Human to Human. In diesem Thema verbinden sich ihr Wissen über zielführende Kommunikation, ihr Talent für Verknüpfungen und ihre Leidenschaft für das Multikulturelle. H2H bündelt ihr Wissen aus 23 Jahren interkultureller Zusammenarbeit. Da kommen deutsche und japanische Tugenden zusammen. H2H steht für das freundliche Lächeln, das Türen öffnet, weil es Vertrauen schafft. H2H steht für eine gesunde Fehlerkultur, die bei der Aufarbeitung nicht nach Schuldigen, sondern nach guten Lösungen sucht. H2H heißt, wertschätzend zu bleiben, auch wenn Kritik geäußert wird. Es bedeutet langfristige, authentische Partnerschaften, die auf gegenseitigem Verständnis und Respekt aufbauen.

In Japan gibt es ein Wort für die Suche nach dem Lebenszweck: Ikigai. Es ist ein Prozess, kein Moment. Für Irene Bader bedeutet Ikigai, japanische Weisheiten mit europäischen und globalen Blickwinkeln zu vermengen. Die Vorständin baut Brücken und schöpft Wert aus den Verbindungen, die entstehen.

VONEINANDER LERNEN

1
RUHE BEWAHREN

Beobachte und mache dir ein Bild, bevor du mitredest. Lerne die Menschen, die Gegebenheiten kennen. Es ist doch so: Die, die am schnellsten und lautesten oder am meisten reden, haben nicht immer den fundiertesten Beitrag.

2
DIE EIGENE KULTUR IST NICHT DAS MASS ALLER DINGE

Das gilt für verschiedene Länder, aber auch für Unternehmen. Es gibt immer gute Gründe, sich zu fragen: „Was kann ich von meinem Gegenüber lernen?" Lass dich darauf ein.

3
NICHT VERKOPFEN

Es ist meiner Erfahrung nach eine weibliche Angewohnheit, sehr lange und gut über den nächsten Schritt nachzudenken. Nicht verkopfen, machen!

Über diese Themen tauscht sich Irene Bader gern aus:
Kultur, Technologie, Leadership im internationalen Kontext.

Wen sich Irene Bader als Mentee wünscht:
Eine Mentee, der am besten Folgendes mitbringt: ein internationales Unternehmen oder internationales Mindset, Interesse an Austausch mit unterschiedlichen Kulturen, unabhängig von der Branche.

AUSTAUSCH

PRINCIPAL EXPERT EMPLOYER BRANDING
ATRUVIA AG, KARLSRUHE

Isabel Eisinger

Isabel Eisinger ist die erste Expertin für Employer Branding bei Atruvia, dem Digitalisierungspartner der Genossenschaftlichen FinanzGruppe. Es war eine Herausforderung, der brandneuen Rolle Form und Inhalt zu verleihen. Was Isabel Eisinger dabei geholfen hat, sind ihr Mut für Neues, ein feines Gespür für Zwischenmenschliches und die Zusammen arbeit mit einem besonderen Mentor.

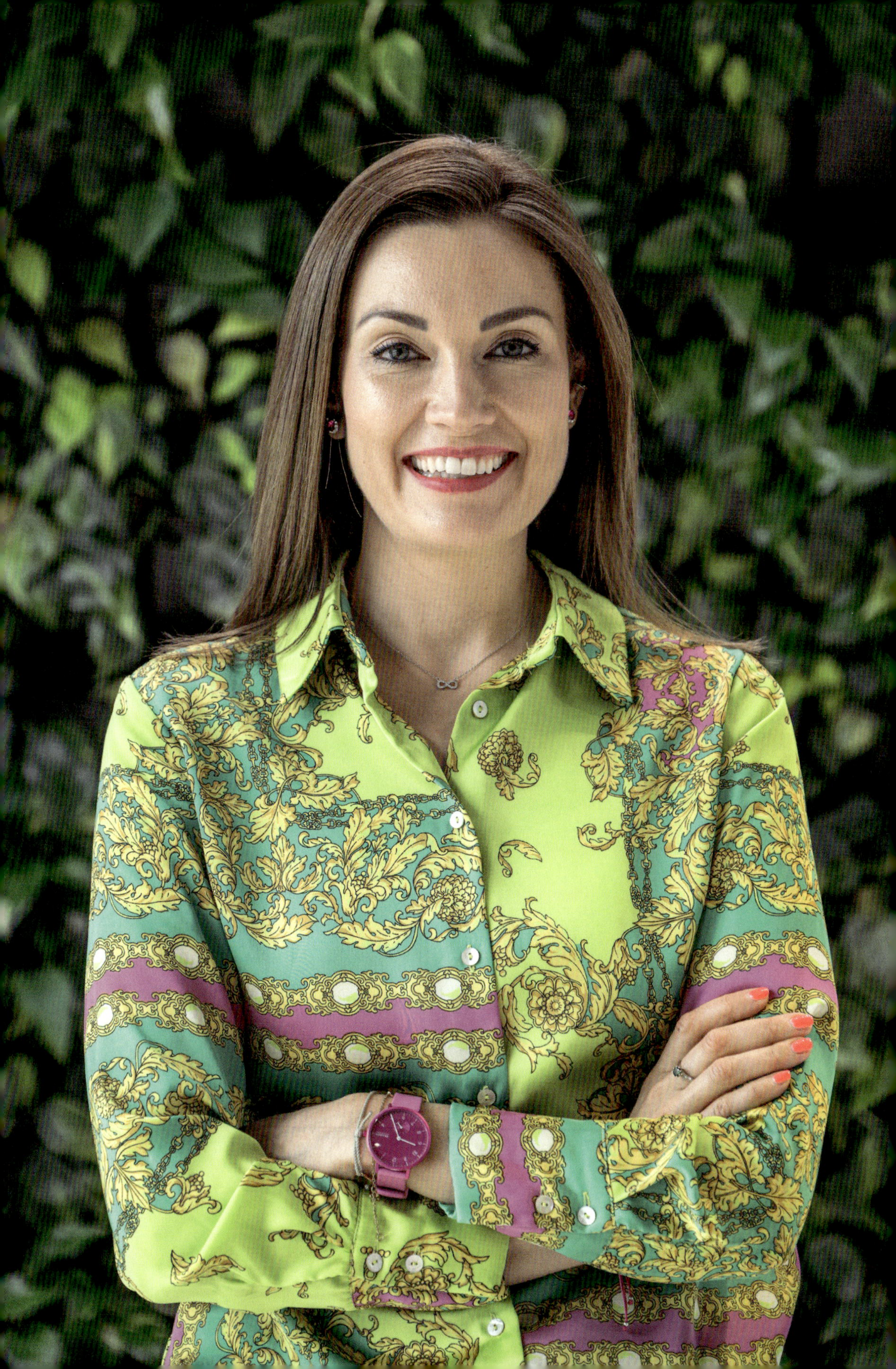

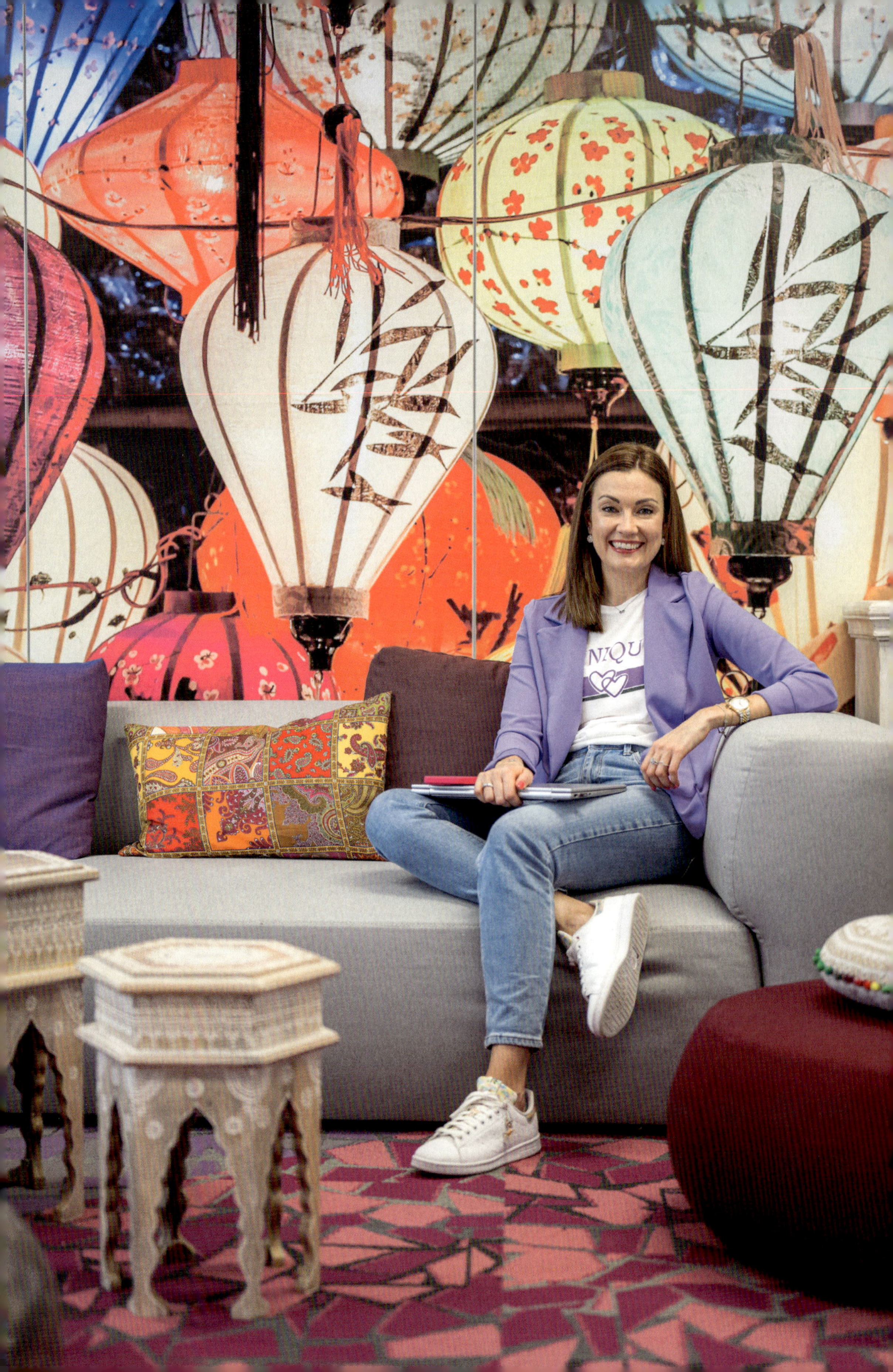

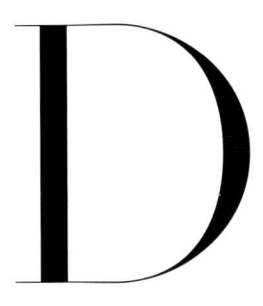

Das Kerngeschäft der Atruvia AG sind IT-Dienstleistungen, Isabel Eisingers Kerngeschäft sind bei Atruvia Menschen und ihre Geschichten. Die Aufgabe ihres kleinen crossfunktionalen Teams ist es, die Attraktivität des Unternehmens herauszuarbeiten und es dauerhaft spannend für seine Fachkräfte zu machen. Seit November 2021 ist sie Atruvias erste Employer-Branding-Expertin und hatte seitdem die Freiheit, diese Rolle selbst zu gestalten. Anfangs war es nicht ganz einfach. Ohne lange Schonfrist musste sie Entscheidungen treffen und in vielen Bereichen Stellung beziehen. Heute fällt ihr das leichter. Auch deshalb, weil ihr Chef ihrer Arbeit klare Richtung gibt, aber dabei kreativen Freiraum lässt.

Eisinger sieht ihren Auftrag darin, die DNA der Firma sichtbar zu machen. Employer Branding bei Atruvia sei ein Gemeinschaftswerk – gemäß dem Motto der Genossenschaftlichen FinanzGruppe: „Was einer alleine nicht schafft, das schaffen viele." Mittlerweile laufen zahlreiche der Maßnahmen, die Eisinger mit ihrem Team implementiert hat, rund: ein professionelles „Look and Feel" der Arbeitgebermarke, ein crossmediales Hochschulmarketing und natürlich Social-Media-Content. Ihr Einsatz zeigt Wirkung: Das Unternehmen hat ein starkes Arbeitgeberprofil auf kununu, die Arbeitgebermarke hat Wiedererkennungswert und Atruvia gewinnt zum Beispiel den Deutschen Personalwirtschaftspreis. Darüber hinaus hat Eisinger ein Corporate-Influencer-Programm ins Leben gerufen. 30 Influencer sind in der Nutzung von LinkedIn geschult worden und schreiben dort über ihren Alltag bei Atruvia, aber auch über ihre Fachthemen. Das Konzept ist für einige Beschäftigte gewöhnungsbedürftig. Warum sind firmeninterne News und Veranstaltungen leichter auf LinkedIn zu finden als im hauseigenen Intranet? Warum gibt es nicht mehr Guidance, Kontrolle und einheitliche Freigabeprozesse?

> Was einer allein nicht schafft, das schaffen viele.

Eisinger respektiert diese Kritik, steht jedoch für ihren Kurs ein. Als Expertin weiß sie: „Authentisches Arbeitgebermarketing funktioniert nur durch echte Geschichten. Das Programm ist freiwillig!" Natürlich unterstützt Atruvia bei Bedarf mit Themenideen, aber sie will ein nahbares Bild der Menschen und Aufgaben im Unternehmen vermitteln und keine glattgebügelten Werbebotschaften. Klar, der eine oder die andere ist dabei schon in Fettnäpfchen getreten. „Doch damit", sie zuckt mit den Schultern, „müssen wir ein Stück weit leben und leben lernen." Und „wir" meint in diesem Fall sowohl ihr Team als auch das Haus und die Influencer selbst.

Ihr Selbstverständnis bringt Eisinger aus ihrer vorherigen Rolle mit. Gute drei Jahre hatte sie als Vorstandsassistentin bei Jörg Staff, damals CHRO der Atruvia AG, verbracht. Die Zusammenarbeit ermöglichte ihr tiefe und ehrliche Einblicke ins Vorstandsleben – und Staff ist heute noch ein wertvoller Mentor für sie. „Sein Kalender war ständig von oben bis unten voll. Aber er hat trotzdem immer Zeit und Raum für die Bedürfnisse der Mitarbeitenden gefunden", erinnert sie sich. „Und er hat wahnsinnig viel Wert auf meine Entwicklung gelegt." Staff führte von Anfang an regelmäßige Entwicklungsgespräche mit Eisinger, und die seien eine harte Schule gewesen. „Gefühlt weiß doch die ganze Welt besser, wer man ist und was man tun sollte, oder? Diese Antwort hat er mir nicht ein einziges Mal gegeben. Er wollte, dass ich meine eigenen Entscheidungen treffe." Das hilft heute, denn als Principal Expert

> „Gefühlt weiß doch die ganze Welt besser, wer man ist und was man tun sollte, oder?

st sie in einer Position, in der sie häufig Entscheidungen trifft.

Neben ihrem Mentor beschreibt Isabel Eisinger ihren Bruder als ihren wichtigsten Trainer. Er habe sie Mut, Resilienz und Durchhaltevermögen gelehrt – und ihr, der gebürtigen Karlsruherin, den badischen Akzent abtrainiert. Weil er sich bereits in jungen Jahren als schwul geoutet hatte, begann sie schon als Mädchen, sich mit Rollenbildern und Stereotypen auseinanderzusetzen. Sie beschloss früh, sich nicht für andere zu verbiegen, und übte es immer wieder. Es gab eine Zeit, da war es ihr unangenehm, dass sie ihre Gefühle nur schwer verbergen kann. Verwirrt, belustigt oder enttäuscht, man sehe es ihr sofort an. „Aber mittlerweile will ich mir das gar nicht mehr abgewöhnen, zumindest nicht in Gänze", sagt sie. Ihr Chef bestärkt sie in ihrer Authentizität: „Es ist toll, dass du so bist, wie du bist!" So setzt sich Eisinger selbst für ein Arbeitsumfeld ein, in dem andere die Freiheit haben, sich von anderen unterscheiden zu dürfen. Darum kommen ihre Influencer auch aus allen Bereichen des

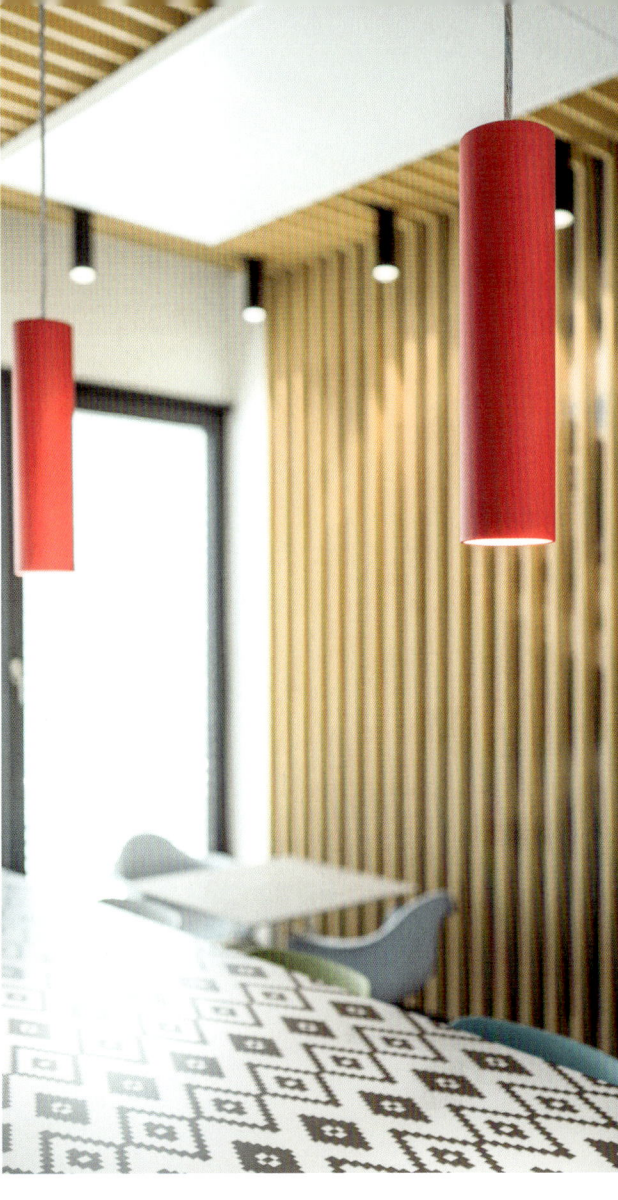

↑ Employer Branding macht die DNA von Atruvia sichtbar.

← „Love it, change it or leave it" ist eine von Eisingers Prämissen.

↖ Mit der Sichtbarkeit der eigenen Rolle hat sie kein Problem. Eisinger hat 18 Jahre lang Theater gespielt.

↑ Menschen ansprechen und in ihnen ein Feuer entfachen – das kann Eisinger gut.

Hauses: etwa aus der IT, dem Druckzentrum oder dem People-Sektor.

Eisinger wirkt wie einer dieser Menschen, die bei anderen immer gute Laune verursachen. Gibt es Dinge, die sie nerven? Sie überlegt: langwierige unternehmenspolitische Entscheidungsprozesse. Die fressen einfach zu viel Zeit. Drei Jahre Employer Branding im Alltag haben gezeigt, dass sie weniger oft kreativ arbeiten kann, als sie es sich wünscht. Der Job besteht aus viel Abstimmung mit anderen Bereichen, aus Konfliktmanagement und Planung. Ein Video für Social Media wird dann eben schnell und routiniert „weggedreht". Kreativität lässt sich aber nicht auf Anhieb anknipsen, wenn mal zufällig ein freies Zeitfenster da ist.

Sie hofft, dass sie sich irgendwann mehr Zeit nehmen kann für gedankliche Freiräume. Die holt sie sich so lange in der Freizeit. Seit einem Südtirolurlaub mit ihrem Partner im vergangenen Jahr ist sie begeisterte Gravelbike-Fahrerin. Ihre Augen blitzen auf, als sie vom langen Anstieg und den 30 Minuten herrlicher Fahrt ins Tal erzählt. Das Paar verbringt jetzt gemeinsam viel Zeit auf den Rädern und besonders bei schönem Wetter und langen Ausfahrten kann Isabel Eisinger ihre Gedanken uneingeschränkt kreisen lassen. Frei sein, unabhängig sein – das treibt die 34-Jährige an, die sich schon mit 14 den ersten Nebenjob gesucht hatte, weil sie nicht vom Geld anderer abhängig sein wollte. Es ist ihr größter Erfolg bisher: Sie steht auf eigenen Beinen, sie hat sich die Freiheit erarbeitet, Themen zu gestalten, die ihr wichtig sind.

VONEINANDER LERNEN

1
TALENT ≠ LEIDENSCHAFT

Nur, weil du etwas gut kannst, musst du es noch lange nicht lieben. Höre auf dich selbst. Hast du Spaß an deinen Aufgaben? Dann mach weiter. Wenn nicht, orientiere dich um.

2
SICH NICHT ABSTEMPELN LASSEN

Vielleicht bist du introvertiert und eher Beobachter als Plaudertasche. Lass dir von anderen keinen Stempel aufdrücken. Versuche nicht zu sein, wie jemand anderes es gern hätte. Es wird dir wichtige Energie rauben. Sei dir bewusst, was du kannst, was nicht und wofür du stehst – so wirst du überzeugen.

3
NICHT UM JEDEN PREIS

Man darf sich hohe Ziel stecken, aber es ist wichtig, auch die Demut und Vernunft zu entwickeln, seine Ziele unterwegs anzupassen. Ich habe mein BWL-Studium abgeschlossen, weil ich dachte, ich muss es durchziehen. Aber es hat mich nicht glücklich gemacht. Verfolge deine Ziele nicht um jeden Preis. Du darfst einen „Schlenker" machen, du darfst deine Meinung ändern und du darfst immer auf deine Bedürfnisse hören.

Über diese Themen tauscht sich Isabel Eisinger gern aus:
Mut und Zutrauen, Durchsetzungsstärke, Selbstbewusstsein und Selbstwertgefühl, Arbeitsatmosphäre für eine positive Leistungskultur.

Wen sich Isabel Eisinger als Mentee wünscht:
Eine junge Frau, die neu in ihrer Rolle ist.

AUSTAUSCH

GRÜNDERIN UND GESCHÄFTSFÜHRERIN
DAS KONTAKTWERK – DKW CONSULTING GMBH, HAMBURG

Jasmin Ohme

Zusammenkommen, Zusammenarbeiten, Zusammenbleiben. So lautet die Mission der Personalberatungsagentur Das Kontaktwerk. Genau so pflegt Jasmin Ohme, die Gründerin und Geschäftsführerin der DKW Consulting GmbH, auch ihr Netzwerk. Ob mit Kunden, ehemaligen Kollegen oder den Talenten, die sie vermittelt – sie geht Partnerschaften auf Augenhöhe ein.

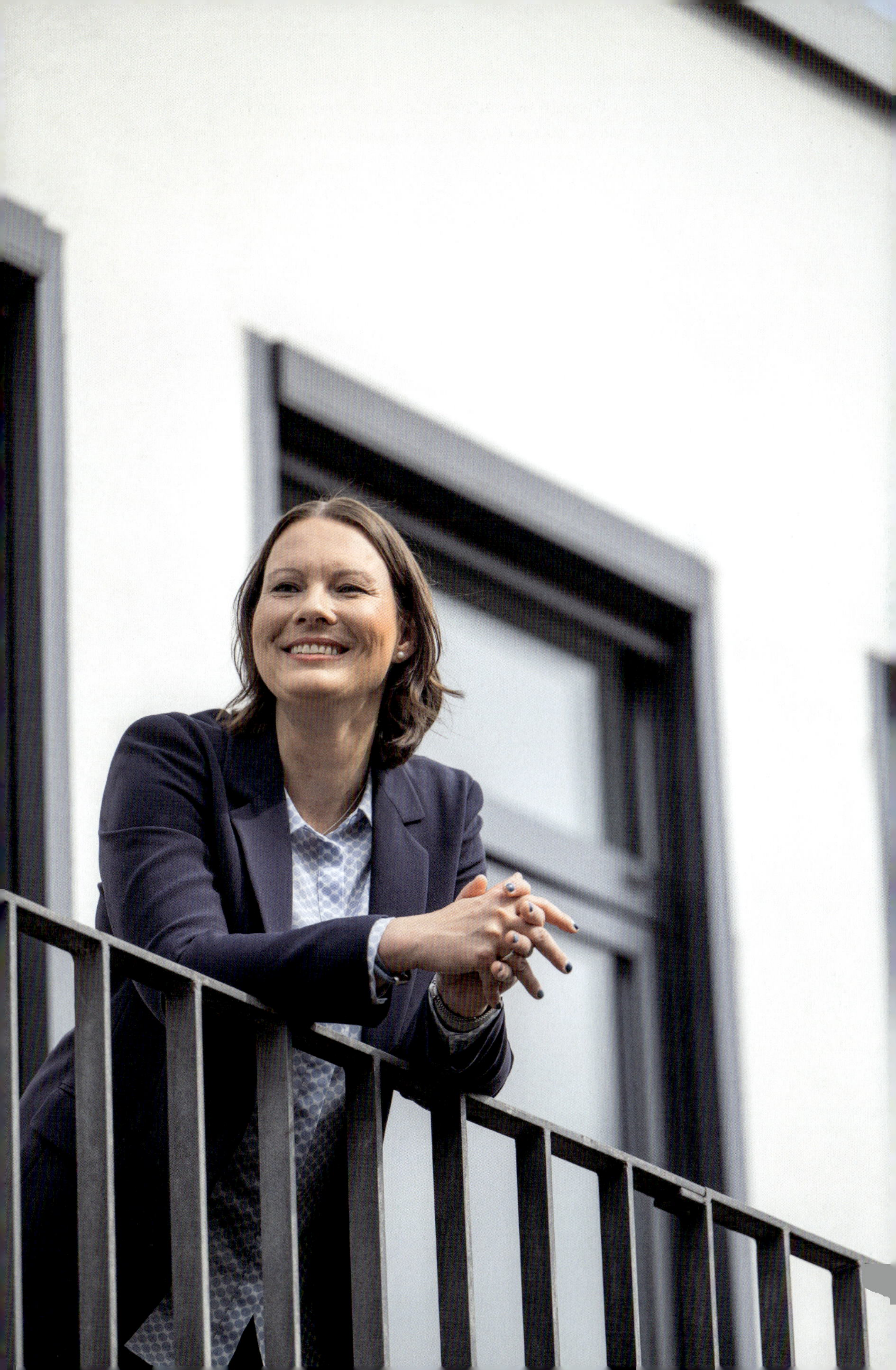

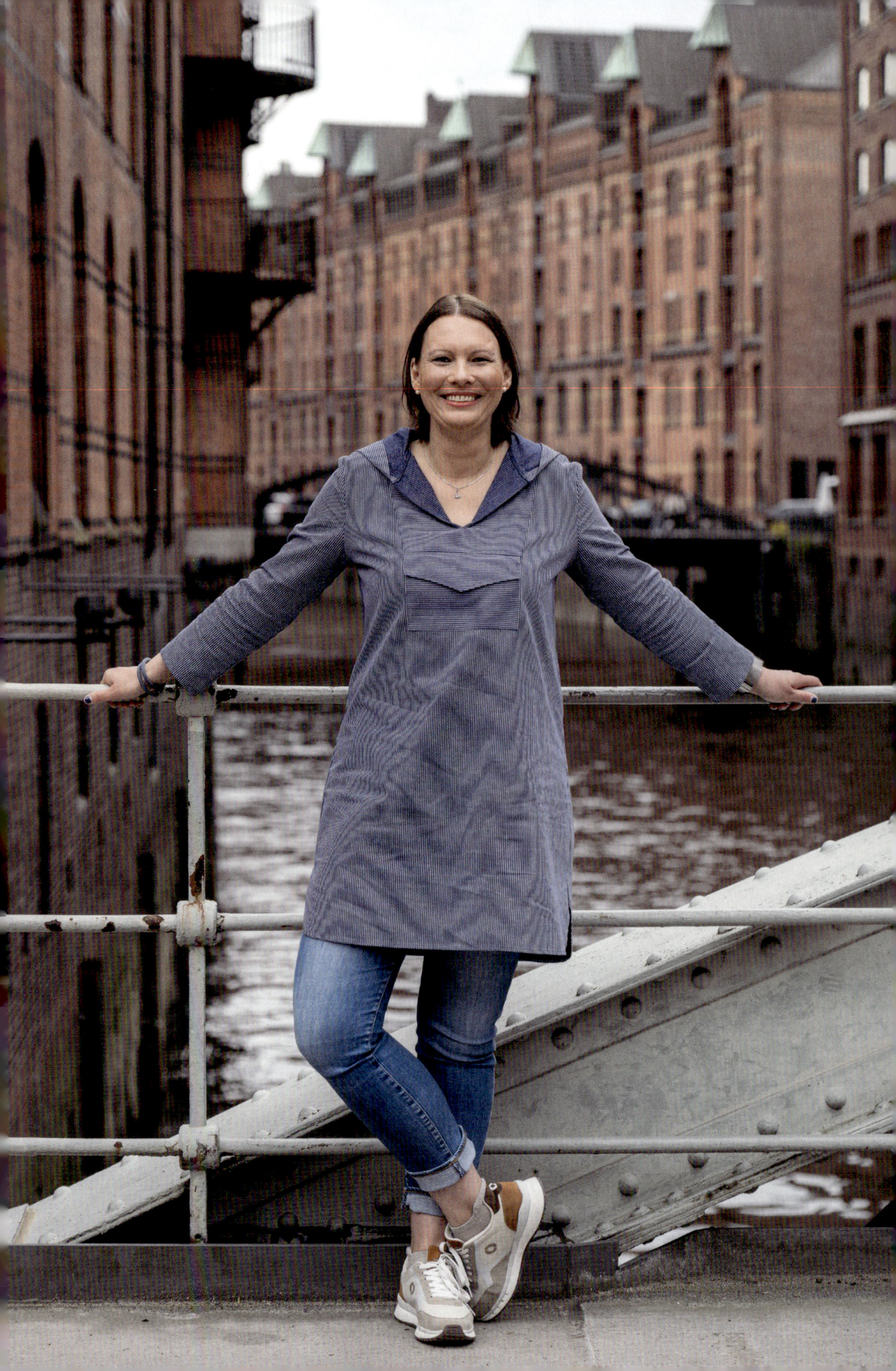

W„Wir bringen zwei Parteien zusammen, die zusammengehören", beschreibt Jasmin Ohme, die Gründerin von Das Kontaktwerk, den Kern ihres Unternehmens und lehnt sich in ihrem Stuhl zurück. Was romantisch klingt, ist angesichts des akuten und branchenübergreifenden Fachkräftemangels knallhartes Business. Das Kontaktwerk vermittelt dahingehend vor allem Kandidaten an Firmen aus dem Kanzlei-, IT- und dem kaufmännischen Bereich und konzentriert sich dabei auf Schlüssel- und Führungspositionen.

Jasmin Ohme hat Erfahrungen im Rechts- und Personalwesen sowie im Fördermittel- und Projektmanagement von internationalen Kanzleien, Forschungsinstituten und Hochschulen gesammelt, bevor sie 2015 ihre Personalberatungsagentur Das Kontaktwerk in Hamburg gründete. „Wir betreuen als kleines Unternehmen sehr große Unternehmen, das ist eher ungewöhnlich." Was bietet DKW, was andere Personalberatungen nicht bieten? „Wir kommunizieren offen und transparent, stecken den gegenseitigen Erwartungshorizont sehr genau ab und tauschen uns regelmäßig mit unseren Kunden aus. Durch unsere papierlose Arbeitsumgebung sind wir sehr schnell." DKW betreibt kein Massengeschäft – hier wird nach Kandidaten gesucht, die nicht nur zum Kunden, sondern auch zur Unternehmenskultur und ins Team passen. Das zahlt sich aus: „92 Prozent der von uns vermittelten Talente bleiben in der Firma, jeder zweite Kunde empfiehlt uns weiter", fasst die 41-jährige gebürtige Brandenburgin stolz zusammen. „Vor allem von neuen Kunden erwarten wir eine aktive Mitarbeit", fährt sie fort, „sie gelten für mich während des Recruitingprozesses als Teil des Teams." Weil sie ein gutes Vertrauensverhältnis mit ihren Kunden pflegt, können die Geschäftsführerin und ihre Crew im Vermittlungs-

> **„**
> Vor allem von neuen Kunden erwarten wir eine aktive Mitarbeit, sie gelten für mich während des Recruitingprozesses als Teil des Teams.

prozess auch inspirieren und sensibilisieren: Sie können weibliche Talente vorschlagen, sich für berufstätige Mütter stark machen, eine Lanze für Berufseinsteigende brechen oder sich für Menschen einsetzen, die kurz vor der Rente stehen. Wie hervorragend sich diverse Profile ergänzen, weiß Jasmin Ohme aus erster Hand. „Bei uns arbeiten drei Generationen zusammen. Zwischen unserer 20-jährigen dualen Studentin und unserem 60-jährigen Kollegen findet ein großer Wissensaustausch statt."
Natürlich achtet Jasmin Ohme in ihrem eigenen Team ebenfalls sehr genau auf einen guten Fit. „Früher habe ich Leute gesucht, die zum Unternehmen passen. Jetzt suche ich Menschen, die darüber hinaus auch zu mir passen." Sie beschreibt sich selbst als fordernd, fair und flexibel. „Ich lege die Latte hoch, aber ich bin gleichzeitig immer bereit, coachend zu unterstützen." Damit das mit dem Team-Fit auch klappt, absolvieren Bewerber bei DKW einen Persönlichkeitstest. „Wenn wir eine Beraterin suchen, sollte sie extrovertiert sein. Wenn wir einen Recruiter suchen, darf er auch introvertiert sein. Der Test hilft uns, das passende Puzzleteil für unser Team zu finden." Eineinhalb Stunden investiert die Geschäftsführerin in Bewerbungsgespräche, organisiert ein Kennenlernen des Teams und lässt die Potentials zum Probearbeiten kommen. Wenn es um den Erfolg von DKW und eine gute Atmosphäre im Team geht, überlässt sie nichts dem Zufall. Dennoch dauern Recruitingprozesse in ihrem Unternehmen nicht länger als zwei Wochen.

> **Bei uns arbeiten drei Generationen zusammen.**

Das passt zu ihr, denn Jasmin Ohme hat ein ungeheures Tempo. Sie geht schnell, redet schnell, entscheidet schnell. Außerdem hat sie eine hohe Konzentrationsfähigkeit – liest oft mehrere Bücher gleichzeitig, legt Ildikó von Kürthy für die neueste Ausgabe der Personalwirtschaft beiseite, beginnt mit einem alten Lieblingsbuch von Erich Kästner, kreuzt zu einem Fachartikel über Personal Branding und liest dann bei Kürthy weiter. Eine Fähigkeit, die ihr auch dabei hilft, Unternehmensführung, Personalmanagement und den Überblick über die laufenden Projekte unter einen Hut zu bringen. Wenn sie abends als Letzte im Büro ist, macht sie Musik an und dreht Eric Clapton oder die Rolling Stones auf und gibt noch einmal Gas. So bekommt sie den Kopf frei für alles, was außerhalb des Tagesgeschäfts zusätzlich anfällt. Zur Ruhe kommt sie eigentlich nur am Meer oder beim Imkern. Obwohl, wenn sie die Bienen beobachtet – das perfekte Team –, dann ist sie in Gedanken gleich wieder beim Job.

Das Kontaktwerk sei ihr Baby, meint die Wahlhamburgerin. Sie finanzierte den

← *Fest verankert: 92 Prozent der Talente, die DKW vermittelt, bleiben auch im neuen Unternehmen.*

↑ *Der Co-Working-Space in Altona bietet genau die Flexibilität, die Ohme für sich und ihr Team braucht.*

↖ *Das Arbeitspensum ist hoch. Hüpfen hilft, den Kopf frei zu bekommen, laute Musik auch.*

Betrieb von Anfang an selbst und steckte einen Großteil ihrer Zeit und Energie in den Erfolg der Firma. Allerdings arbeitet sie gerade daran, im Tagesgeschäft entbehrlicher zu werden. Sie investiert mehr Zeit in ihre Rolle als CEO, spricht auf Podien über Personalmanagement und modernes Recruiting. Networking ist für sie nicht mehr in erster Linie Verkauf und Kontaktpflege, sondern dient auch ihrer persönlichen Weiterentwicklung. „Dieses Jahr bin ich dem Frauennetzwerk Strive beigetreten, nächstes Jahr möchte ich bei Mission Female aktiv werden." Bei solchen strategischen Entscheidungen steht ihr Mann beratend zur Seite. Im wahrsten Sinne, denn er ist als selbstständiger IT-Unternehmensberater in denselben Büroräumen tätig. „Er ist mein bester Freund und wichtigster Berater", sagt sie.

Jasmin Ohme hat die Veränderungen auf dem Berufsmarkt in den vergangenen Jahren hautnah miterlebt. Sie hat beobachtet, wie selbst traditionell anmutende Kanzleien ihre Arbeits- und Führungskultur stark verändert haben und wie sich das Machtgefüge zwischen Talenten und Arbeitgebenden verschoben hat. Sie sitzt am Puls und bleibt als Arbeitgeberin bewusst flexibel, geht ständig neue Wege: Sie entwickelt neue Benefits, verlangt keine Kernarbeitszeiten mehr, testet die 4-Tage-Woche. „Ich bin stolz drauf, nach neun Jahren und mehreren gesellschaftlichen Krisen noch am Markt zu sein", sagt sie resolut. Und gerade weil DKW nach wie vor steht und sogar wächst, kann Jasmin Ohme der Zukunft gespannt entgegenblicken.

Über diese Themen tauscht sich Jasmin Ohme gern aus:
Unternehmensgründung, Unternehmensführung, Unternehmensentwicklung.

Wen sich Jasmin Ohme als Mentee wünscht:
Ich bin völlig offen! Mal schauen, was kommt.

VONEINANDER LERNEN

1
IN BEWEGUNG BLEIBEN

Bleib beweglich, besonders in deinem Denken. Ich bin seit bald zehn Jahren Unternehmerin, aber mache jetzt eine Weiterbildung für Unternehmertum. Ich möchte das, was ich mir erarbeitet habe, mit theoretischem Wissen ergänzen. Ich bin ein großer Fan des lebenslangen Lernens.

2
VERÄNDERUNGSBEREIT-SCHAFT

Der Markt ändert sich schnell. Deine Bereitschaft und Fähigkeit, dich weiterzuentwickeln, zu lernen und dich flexibel den Marktgegebenheiten anzupassen, ist enorm wichtig.

3
GRÜNDE IMMER ZU ZWEIT

Ich habe allein gegründet, aber mit meinem Mann teile ich blindes Vertrauen. Er gibt mir Rat, wir tauschen uns aus und ich weiß, wenn ich mal plötzlich ausfallen sollte: Jemand führt in meinem Sinne weiter.

4
PERSÖNLICHKEITSTESTS

Kompetenz- und Persönlichkeitstests können eine große Hilfe sein, wenn man Teams bestmöglich besetzen will. Für optimale Teams sucht man ein konkretes Puzzleteil und dabei können gute mehrdimensionale Tests unterstützen. Auch dich! In jeder Lebensphase durch einen Test gespiegelt zu bekommen, wo man steht und wo man hin will, ist ein großer Gewinn.

**FACHGEBIETSLEITUNG QUALITÄTSSICHERUNG
HARD- UND SOFTWARE**
DEKRA, STUTTGART

Katharina Keck

Katharina Keck war ganz lange „die Einzige". Die einzige Frau in ihrem Studiengang Maschinenbau, in der Grundausbildung zur Prüfingenieurin und schließlich in der Prüfhalle. Als Fachgebietsleitung in der Qualitätssicherung der Hard- und Software bei DEKRA ist sie jetzt nicht mehr die einzige Frau in einer Führungsrolle, ihre Laufbahn ist trotzdem ziemlich einzigartig.

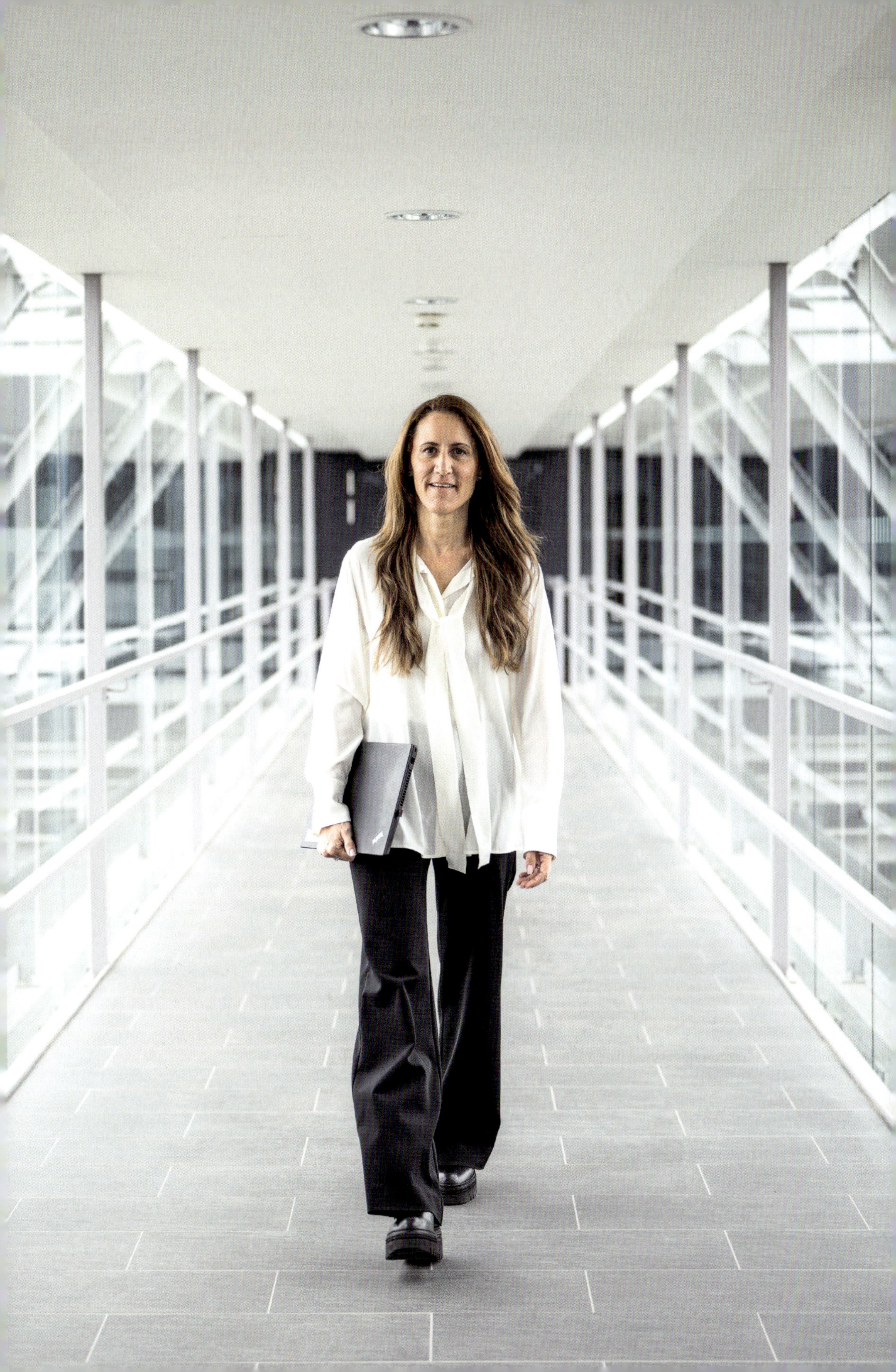

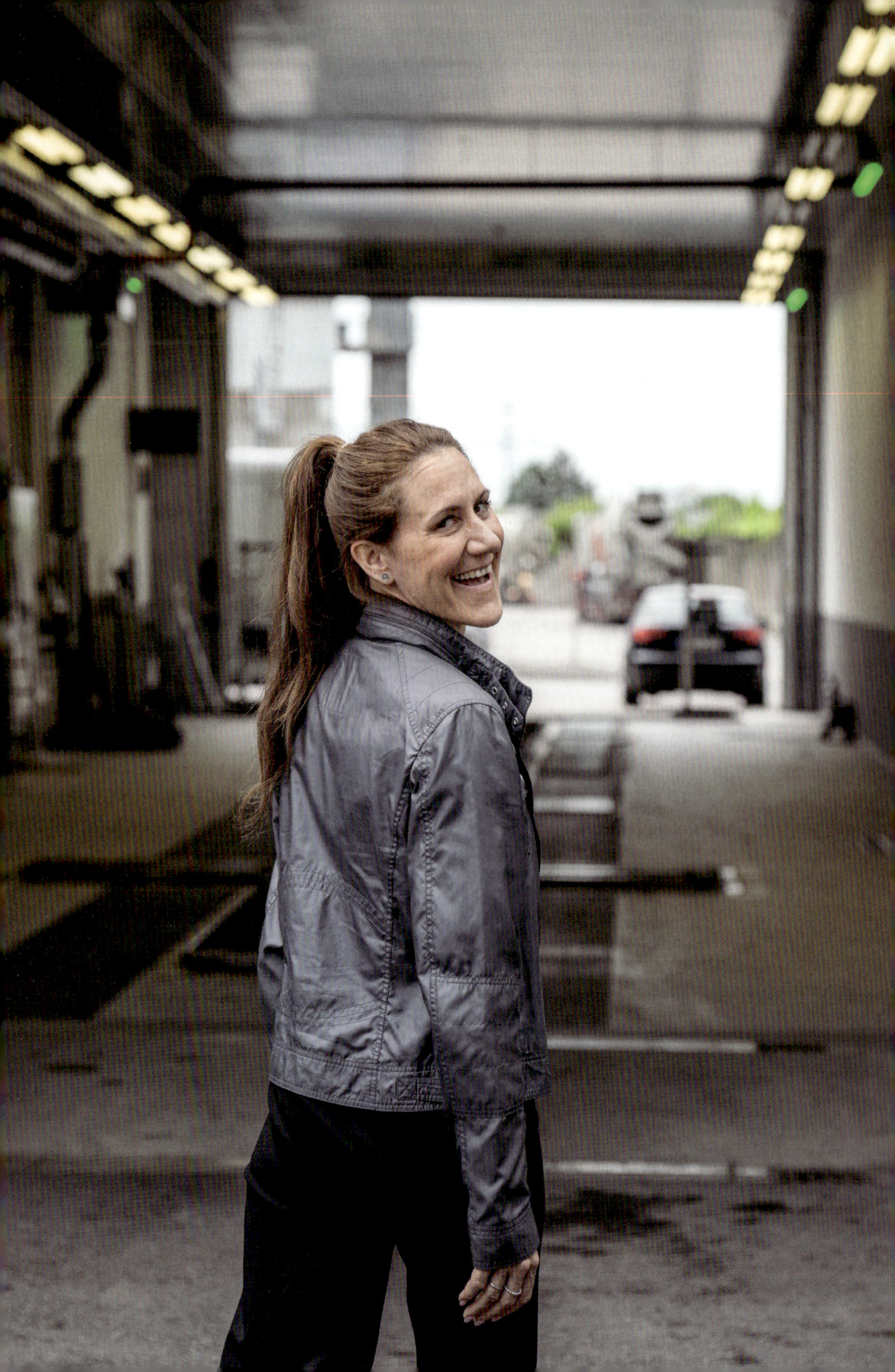

Zu Beginn war das DEKRA-"Testcenter" ein Zimmer im Stuttgarter Headquarter, in dem Katharina Keck mit Kollegen tüftelte. Sie war diejenige, die eine erste Teststraße für elektronisches Equipment plante und umsetzte. Heute nutzt sie mit ihrem Team ein professionelles Testcenter mit 300 Quadratmetern. Dort wird jedes elektronische Endgerät, das im Unternehmen genutzt wird, zuvor von ihrem Team geprüft und getestet: Auslesegeräte für Automobilprüfungen, aber auch EC-Kartenleser und Geschäftshandys. Wenn es Probleme mit einem Gerät gibt, sorgt ihr Team dafür, dass es schnellstmöglich wieder in Gebrauch genommen werden kann.

Aber zurück zu den Anfängen: „Mach du doch den Chef", hieß es da eines Tages. Fachlich hatte die Ingenieurin das Team und die Prozesse längst geleitet, den disziplinarischen Teil dagegen, den hatte ihr Chef inne, und das fand Keck eigentlich auch gut so. Nur, das Geschäft war explodiert, nicht zuletzt, weil sie das Center so effizient aufgestellt hatte. Die Maschinenbauingenieurin hatte noch nie einen Schreibtischjob gehabt, egal ob als Kfz-Prüfingenieurin in der Prüfhalle, als Entwicklerin in der Technik oder als Testmanagerin. Sie hatte auch keine BWL-Kenntnisse – alle anderen im Management schon. „Kann ich das? Das kann ich nicht!" Ihr Chef war anderer Meinung und so einigten sie sich auf eine unabhängige Einschätzung – Katharina Keck ging ins Assessment Center. Außer ihr waren da noch drei Männer. Die strotzten vor Selbstbewusstsein, erinnert sich die Schwäbin. Sie dagegen fühlte sich fehl am Platz: „Das pack ich net."

Der erste Tag des Assessments bestand aus einer Aneinanderreihung von Fallbeispielen, sie kamen Schlag auf Schlag. Die Dynamik erinnerte Keck an ihre Arbeit im Testcenter: Alles in Bewegung, ständig will jemand eine Antwort, dauernd passiert etwas. Routine also. Während sie abends im Hotel noch mit anderen Gästen über den Ausbau eines VW-Buses fachsimpelte, schlief einer ihrer Mitstreiter vor Erschöpfung am Tisch

99
Mach du doch den Chef!

ein. „Das werd ich nie vergessen", lacht sie. Nach zwei Tagen stand offiziell fest: Sie hat Führungskompetenz.
Als Fachgebietsleitung in der Qualitätssicherung Hard- und Software bei DEKRA, der weltweit größten nicht-börsennotierten Sachverständigenorganisation, führt Katharina Keck heute elf Mitarbeitende, zehn davon sind IT-Fachkräfte. Sie besitzt Sinn fürs Detail, kann Probleme schnell identifizieren und auch lösen und bringt Arbeitserfahrung als Prüfingenieurin mit. Somit kennt sie die Bedürfnisse ihrer Kolleginnen und Kollegen, die sich auf funktionierende Geräte verlassen müssen, sie kennt das Tempo im Tagesgeschäft.
Klingt fast so, als wäre immer alles glattgelaufen? Stimmt aber nicht, sie hat sich einfach nicht unterkriegen lassen. Denn so sehr sie heute von ihrem Team und ihren Führungskräften respektiert wird, so oft wurde ihr suggeriert, es gäbe keinen Platz für sie. In ihrer weiterführenden Schule gab es drei Fachrichtungen: Sprachen, Hauswirtschaft und Technik. „Ich wollte so gern Französisch lernen", erzählt Keck. Leider fiel das Urteil der Lehrerin vernichtend aus und sie wurde in den Hauswirtschaftskurs versetzt. „Das Probekochen ging auch in die Hose, dann blieb nur noch Technik." Und siehe da, die junge Katharina hatte eine Begabung. Sie wechselte ins Technische Gymnasium, um danach an der Fachhochschule Maschinenbau zu studieren. Einer ihrer Professoren schenkte ihr nur einen Blick und verkündete: „Sie verzichten hier auf Ihre Anrede!", und eröffnete jede Vorlesung mit den Worten: „Guten Tag, meine Herren." Erst im siebten

> „Das Probekochen ging auch in die Hose, dann blieb nur noch Technik."

Semester hatte sie bewiesen, dass sie ihren Platz verdient. Dann hieß es: „Guten Tag, Frau Hauch (ihr Mädchenname), guten Tag die Herren." Geheiratet hat sie später übrigens einen Kollegen, Maschinenbauingenieur bei DEKRA und leidenschaftlicher Motorradfahrer, genau wie sie. Die Geschichte damals mit der Anrede nimmt sie noch heute mit einem Schulterzucken hin. Die Kommilitonen hätten es ihr nicht schwergemacht, sagt sie. Die haben gern mit ihr gelernt und gearbeitet.
Genauso geht es ihr bis heute mit den Kollegen. Katharina Keck hat eine positive Energie, mit der sie direkt den Raum einnimmt. Sie ist bodenständig, humorvoll und nahbar – sie kann mit Menschen. Die ersten Arbeitserfahrungen als Kfz-Prüfingenieurin bei DEKRA beschreibt sie als „kuschelig", die Arbeitsatmosphäre familiär. Problematisch war es mit Fremden: Ein weiblicher Prüfer war zwar immer eine schöne Anekdote für ihre Kunden, doch nur solange die Autos beanstandungslos durch die Prüfung kamen. Wehe, Keck stellte Mängel fest.

↑ Als Führungskraft hat Katharina Keck immer ein Ohr für ihre Mitarbeitenden offen.
↖ Keck forscht nach und findet schnell heraus, was die Prozesskette bremst.
← Die Lieblingstasse hat sie immer mit dabei.

Über diese Themen tauscht sich Katharina Keck gern aus:

Empowerment, Neues wagen, mit den eigenen Voraussetzungen arbeiten, auch wenn sie nicht „passend" erscheinen.

Wen sich Katharina Keck als Mentee wünscht:

Frauen, die sich von meiner Geschichte inspiriert fühlen oder sich in ihr wiederfinden. Ich bin für alle offen.

Dann musste das eine oder andere Mal ein männlicher Kollege ihre Arbeit bestätigen. „Ich werd net oft sauer. Aber wenns ungerecht zugeht, dann kann ich schon mal ausflippen."

Den Rest trägt sie mit Fassung. Zum Beispiel die Herausforderung durch ihre geringe Körpergröße. Der kleinste Prüfkittel etwa kam damals in Größe M: „Ich sah aus wie ein Kind." Als Kfz-Prüfingenieurin muss man alle Fahrzeugtypen fahren können, die man prüft, also auch Lastwagen und Motorräder. Aber mit 50 Kilo Körpergewicht erreichte sie das erforderliche Mindestmaß nicht und die Hydraulik im Fahrersitz ihres 40-Tonners sprang überhaupt nicht an – sie musste den Sitz mit Ziegelsteinen beschweren. Auch die Arbeit in der Grube war eine körperliche Herausforderung für eine zierliche Person. Den Wagenheber hieven, Reifen über Kopf auf ihren Sitz kontrollieren – die männlichen Kollegen haben das einhändig erledigt, sie brauchte beide Arme dafür, die Taschenlampe im Mund. Heute arbeite man mit individuell einstellbaren Hebebühnen, und Kittel in Frauengröße gehören zur Norm. Es sei eine gute Zeit gewesen, aber nach einigen Jahren suchte Keck Entlastung für den Körper und wieder mehr Beschäftigung für den Kopf. Gut so. Denn sonst gäbe es das Stuttgarter Testcenter so nicht und Keck hätte nie erfahren, dass sie neben Technik ein Händchen für Führung hat. Sie wollte nie einen Schreibtischjob. Den hat sie zwar jetzt, aber gleichzeitig ist da auch immer ein Platz für sie frei in ihrem Testcenter.

VONEINANDER LERNEN

1
IMMER EIN OHR OFFEN

Mir ist es sehr wichtig, nah am Team zu sein. Mehr als nur Führungskraft, auch eine Kollegin. Deshalb stand mein Schreibtisch zu Beginn mitten im Testcenter, so hatte ich ständig ein Ohr im Raum. Ich konnte beobachten, wie die Prozesse funktionieren, wusste, wo es hakt, und hatte immer ein Gespür für die Stimmung.

2
ERSCHÖPFT UND WÜTEND?

Lass dich nicht unterkriegen von dem, was dir körperlich mitgegeben wurde. Es kann sein, dass du physisch unterlegen bist, es kann sein, dass dir Wissen oder Training fehlt. Was dir dagegen nicht fehlt, sind der Wille und die Kompetenz. Lass dich nicht von deinem Ziel abbringen.

3
GEH NICHT IN DIE SAUNA

Es war der Ratschlag meines Chefs, bevor ich in die Grundausbildung für die Prüfer gegangen bin. Es war Tradition, im Hotel abends die Sauna zu besuchen. Aber ich war die einzige Frau. Es ist anders, sobald man zu zweit ist. Es ist immer eine individuelle Entscheidung, aber mein Tipp ist: Kenne den Zeitpunkt zu gehen. Man kann als Frau (noch) nicht alles mitmachen, und das musst du auch nicht.

4
LERNE BWL

Wenn ich eine Sache anders machen würde in meiner Laufbahn, dann wäre es, mir die nötigen betriebswirtschaftlichen Grundlagen zu schaffen, die für meine Rolle wichtig waren. Was bei mir BWL war, kann bei dir etwas anderes sein. Aber lieber früh lernen, als später damit kämpfen.

HEAD OF TALENT ACQUISITION | SPECIALIST COMPANY MARKETING
CIRCET DEUTSCHLAND SE, BERGISCH GLADBACH

Monika Mahns

Die Circet Deutschland ist seit ihrer Gründung im Jahr 2018 gigantisch schnell gewachsen. Jetzt werden mittelfristig Prozesse, Strukturen und vor allem die Unternehmenskultur nachgeschärft. Mit transparenter Kommunikation und einer Menge Sportsgeist navigiert Monika Mahns mit ihrem Team knapp 2.000 Mitarbeitende aus über 36 Nationen durch unruhige Gewässer in die Zukunft.

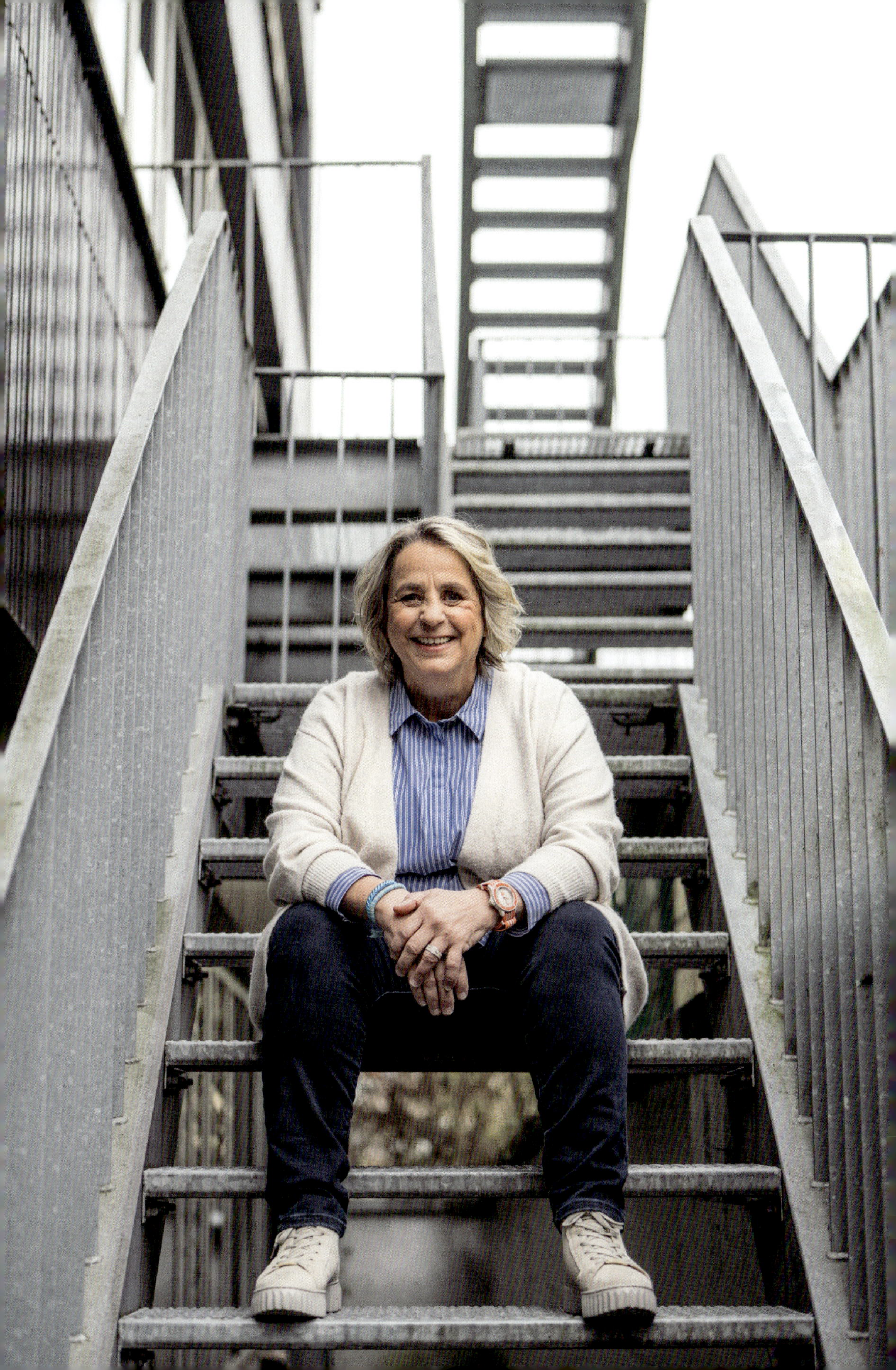

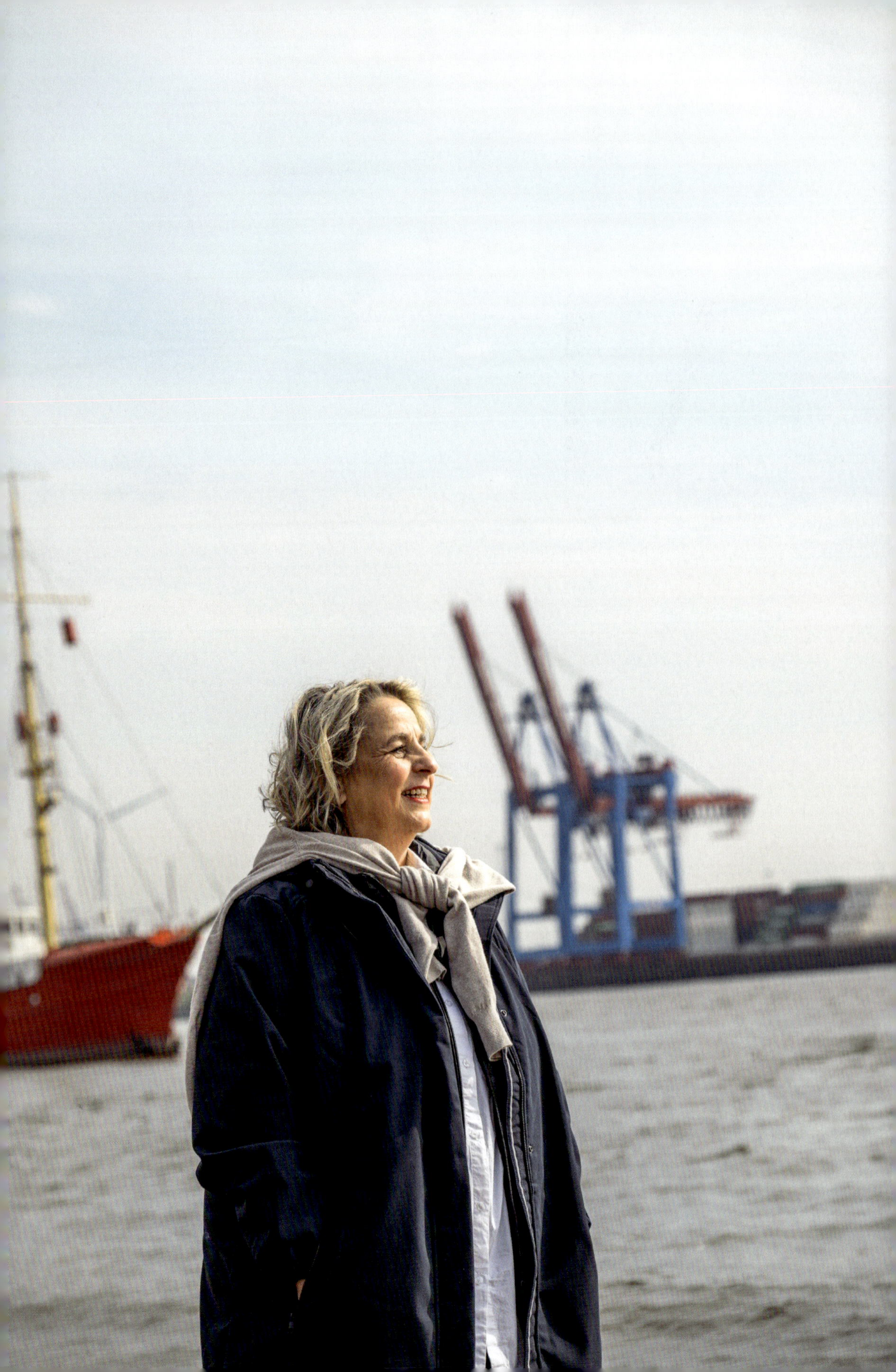

Mit Veränderung kennt sich Monika Mahns aus. Als diplomierte Werbefachfrau hat sie in fast allen namhaften Agenturen Deutschlands gearbeitet, der Job trug die gebürtige Bonnerin nach London, New York und Sydney. „Immer am Wasser", wirft sie ein – wo sie mit ihrer Frau auch heute lebt: an der Ruhr, also am Wasser. Und nach Positionen in Essen, Offenburg und Düsseldorf ist sie mittlerweile nicht mehr nur im Marketing, sondern ebenso im Personalwesen zu Hause. Heute ist die 59-jährige Head of Talent Acquisition bei der Circet Deutschland SE, einem weltweiten Anbieter von Telekommunikationsinfrastruktur-Diensten. Bedeutet: Sie macht jetzt in Glasfaser.

Was begeistert ausgerechnet daran? „Es geht für mich mehr um meine Leidenschaft für die Mitarbeiter, die dieses komplexe Thema bewältigen", erklärt Mahns, die zuweilen zwei Brillen auf hat. Sowohl metaphorisch gesprochen als auch tatsächlich: Eine steckt in den Haaren, die andere sitzt auf der Nase, manchmal sind beide nach oben geschoben. So betrachtet sie auch beides als spannend, die Arbeit mit dem Team und mit Glasfaser. „Glasfaser rückt die Welt näher zusammen, schafft Verbindung, ermöglicht Austausch und bringt Wissen." Der Blick durch zwei Brillen zeigt sich auch hier wieder, denn so faszinierend die Möglichkeiten, so komplex gestaltet sich die Branche. „Das schnelle Wachstum ist vorbei", beschreibt sie die aktuelle Marktlage. Der erste Meilenstein der Glasfaserabdeckung sei geschafft, aber der Markt sehe sich mit Herausforderungen konfrontiert. Dazu gehören einerseits allgemeine Risikofaktoren wie Preissteigerungen, Lieferengpässe und die hohe Inflation, bedingt durch den Angriffskrieg auf die Ukraine und die Pandemie. Zum anderen kämpft die Branche mit Fachkräftemangel auf allen Ebenen. Diese Faktoren verringern die Ausbaugeschwindigkeit, und es könne sein, dass die Ausbauziele nur mit Verzögerung erreicht werden. Es herrscht Druck.

> Glasfaser rückt die Welt näher zusammen, schafft Verbindung, ermöglicht Austausch und bringt Wissen.

Die Circet Deutschland SE ist die Tochter eines französischen Konzerns, von dem man viel lernen kann: „Frankreich, wie auch manches andere Land in der Circet Group, bringt ein anderes Team-Verständnis mit", erklärt Mahns, die außerdem im International Board of Communications der Circet Gruppe sitzt. Die Franzosen wissen, wie man Frauen im Unternehmen nachhaltig stärkt, dort werde selbstverständlicher geduzt als in Deutschland, man begegne sich auf Augenhöhe, auch mit dem Vorstand. „Die Franzosen sind derzeit auch im Bereich ESG, CSR und in Diversity-Fragen besser aufgestellt als wir." Sie nimmt eine ihrer Brillen vom Kopf, lehnt sich zurück und fährt sich durch die Haare. Das Unternehmen sei stark gewachsen, so stark, dass manche Prozesse und Strukturen nicht so schnell wie erwünscht mitgewachsen sind. Jetzt befindet sich die Circet Deutschland SE in einer Neuausrichtung. „Mein Team hält den Laden nicht nur zusammen, sondern arbeitet auf allen Ebenen an Themen wie der Prozess-Digitalisierung und einem neuen Miteinander in unserem Unternehmen", sagt sie. Beim Experten-Stammtisch und vielen Fachveranstaltungen tauscht sie sich mit Kollegen und Wirtschaftstreibenden aus der Branche aus. Der Konsens ist: Das Management einzelner Unternehmen und deren Fachbereiche erkennen oft die Brisanz der Situation nicht. Darum hat Monika Mahns ein regelmäßiges Get-together mit dem Management einberufen. „ZDF" nennt sie diese Meetings: Zahlen, Daten, Fakten zum Wandel am Markt, neuen Standards und den Bedürfnissen der jüngeren Generationen und insbesondere der weiblichen Arbeitskräfte. Wichtig ist ihr vor allem, dass sich die Belegschaft persönlich und beruflich weiterbilden und entwickeln kann. Für den beruflichen Part gibt es die Circet-Akademie: Hier kann man auch die neuen Berufe erlernen, die der Glasfasermarkt braucht, die dort aber noch gar nicht verfügbar sind.

Vielleicht sind es ihre Erfahrungen als Leistungssportlerin – sie hat auf hohem Niveau Tennis gespielt –, vielleicht sind es auch prägende Schicksalsschläge aus der Vergangenheit. Eins ist sicher: Vor Konfrontation schreckt Mahns nicht zurück. Mittlerweile wisse sie, den richtigen Zeitpunkt abzuwarten, das sei nicht immer so gewesen. Eine der Brillen hält sie nun in der Hand und unterstreicht damit ihre Gestik. Aber sie wisse auch, dass die Dinge ausgesprochen werden müssen. „Wenn was schiefläuft, muss es adressiert werden, zum Wohl der Mitarbeitenden und des Unternehmens."

Ihr Führungsstil überzeugt, ihre Maßnahmen greifen, es hagelt Preise: „Arbeitgeber der Zukunft 2023", verliehen vom

> „Wenn was schiefläuft, muss es adressiert werden, zum Wohl der Mitarbeitenden und des Unternehmens.

← Grund zur Freude: Für ihr zukunftsfähiges Personalmanagement wurden Mahns und die Circet mehrfach ausgezeichnet.

↑ In Hamburg besucht Monika Mahns regelmäßig einen Personaldienstleister.

↖ Sie setzt sich dafür ein, dass die Bedürfnisse von Beschäftigten, insbesondere von Nachwuchskräften, mehr Gehör finden.

Deutschen Innovationsinstitut für Nachhaltigkeit und Digitalisierung etwa. Oder der „LEADING EMPLOYER Deutschland" 2022, 2023 und 2024, der die Circet Deutschland SE offiziell zu den Top 1 Prozent aller Arbeitgebenden in Deutschland zählt.

Bei ihr finden 30 Jahre Marketing und eine angeborene Fähigkeit für zwischenmenschliche Kommunikation zusammen. Egal ob sie im Krisenmeeting sitzt, auf einer Baustelle alte Bekannte trifft oder Fremde im Restaurant. Wo sie auftaucht, verwickelt sie Menschen ins Gespräch. Ihre Neugierde ist echt, ihre Freude an anderen Menschen auch.

Und wenn sie von Menschen mal zu viel hat, dann zieht es Monika Mahns in die Natur. Mit ihrem Pudelmix Chester geht es in den Wald oder mit ihrer Frau auf das eigene Segelboot. „Wir müssen gar nicht ablegen. Wir nehmen ein Picknick mit, schauen aufs Wasser und genießen." Wasser. In ihren Erzählungen taucht immer wieder Wasser auf. Über ihrem Schreibtisch hängt die Fotografie einer Küste. Wasser ist ihr Element: „Wasser hat Tiefe, ist immer in Bewegung. Es ist aber auch unberechenbar und fordert Respekt." Mit Abstand betrachtet ist Monika Mahns selbst wie Wasser. Respekteinflößend, sicher. Aber sie ist gleichzeitig transparent, passt sich ihrem Umfeld an und höhlt stetig den Stein. Und sie trägt. Je größer das Gewicht, desto stärker der Auftrieb. Sie ist wie Wasser und trägt die Mitarbeitenden und ihr Team in eine neue Zeit bei der Circet.

↑ *Ihr Herz schlägt für Hamburg, wo ihre Karriere begann. Hier gibt es Wind und vor allem: Wasser!*

VONEINANDER LERNEN

1
BAUCHGEFÜHL

Mein Vater hat immer zu mir gesagt: „Lass dir nicht den Verstand abkaufen. Hör auf dein Herz und deinen Instinkt." Das hat für mich durchweg funktioniert, im Privaten wie auch im Geschäft.

2
DURCHATMEN

Schreibe nie wütend E-Mails. Wenn ich mal sauer bin, dann gebe ich mir eine Nacht, schlafe drüber. Dann schaue ich am nächsten Tag noch einmal drauf. Diese Zeit ist es auf jeden Fall wert.

3
FEHLER ZULASSEN

Gib deinem Team die Chance, Fehler zu machen. Die Teammitglieder müssen daran wachsen und sie müssen auch lernen, damit umgehen zu können. Am Umgang mit Fehlern erkennst du, ob jemand seine Aufgaben mit Leidenschaft ausübt.

Über diese Themen tauscht sich Monika Mahns gern aus:
Nachhaltigkeit, Diversität und Inklusion, Unternehmensethik, Förderung und Weiterbildung junger Talente, Corporate Social Responsibility.

Wen sich Monika Mahns als Mentee wünscht:
Wer gern zu mir möchte – ich habe keine Präferenz.

AUSTAUSCH

GRÜNDERIN UND VORSITZENDE
MÜNCHNER FREIWILLIGE – WIR HELFEN E.V., MÜNCHEN

Marina M. Lessig

Seit 2015 knapp 70.000 Geflüchtete am Münchner Hauptbahnhof ankamen, ist Marina Lessig eine zentrale Figur des deutschen Ehrenamts. Sie gründete mit dem Verein Münchner Freiwillige – Wir helfen e. V. sowohl Deutschlands erste Spontanhilfe-Organisation als auch einen Innovationshub für ehrenamtliche Projekte. Das Ganze macht sie nebenher, denn die Vereinsvorständin ist im Erwerbsberuf Strategieberaterin.

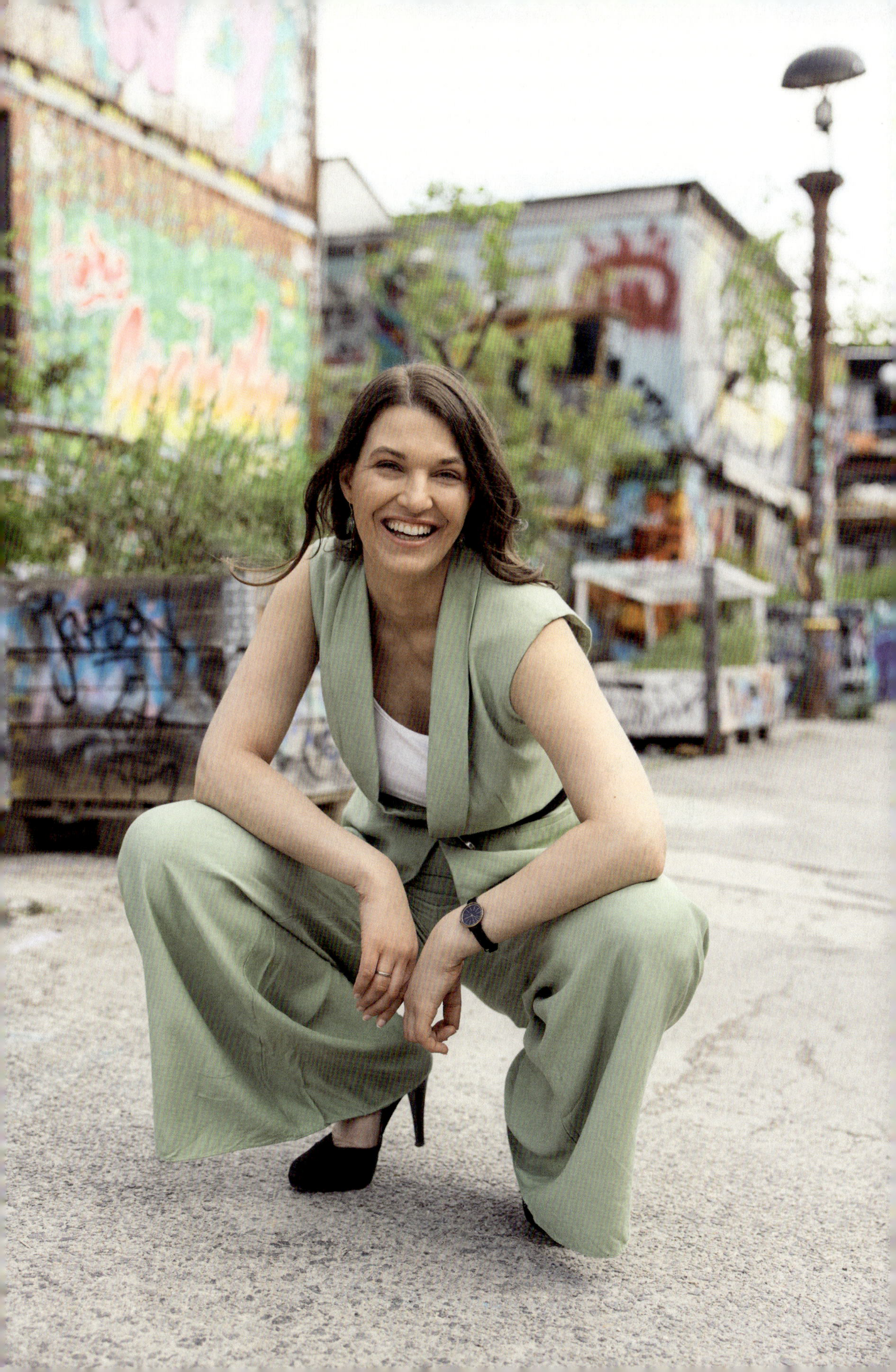

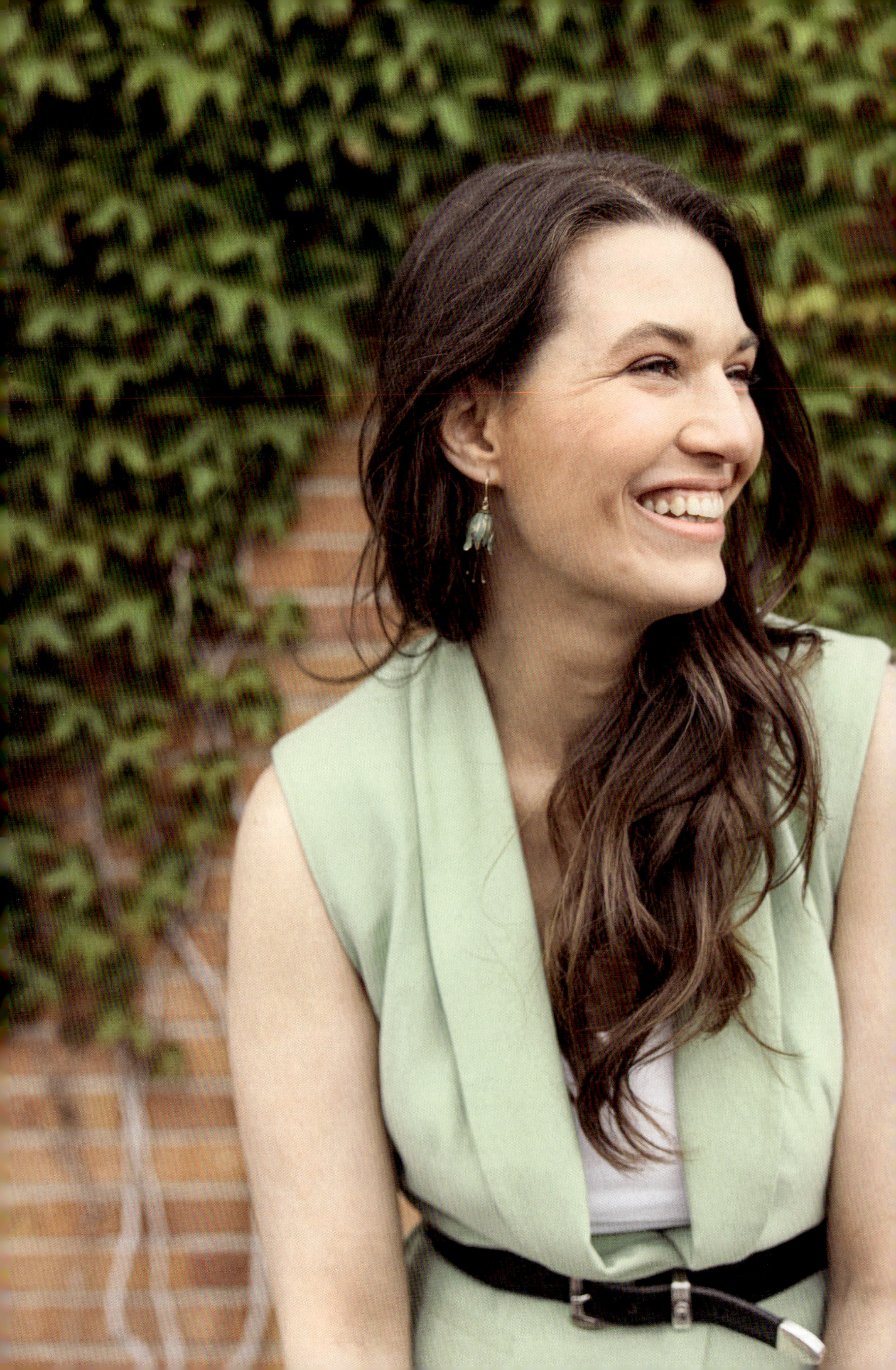

Der Herbst 2015 war ein Schlüsselmoment in Marina Lessigs ehrenamtlicher Laufbahn. 67.000 Geflüchtete kamen in Zügen über die Grenzen nach München und suchten in einer von fünf Notunterkünften Zuflucht. Lessig war 26 Jahre alt und hatte gerade ihr Studium der Philosophie abgeschlossen. Als Vorstandsmitglied des Münchener Kreisjugendrings wurde sie um Hilfe gebeten. Die Situation: Viele Tausende Helfende vor Ort, alle steuern bei, aber niemand koordiniert das Ganze. „Ich bin erst mal hingefahren und habe mir das angeschaut", sagt sie. Sie identifizierte Helfende, sprach sie an, stellte Fragen. Dann kam die Praktikerin in ihr durch und sie traf einige Entscheidungen: Ein Sammelpunkt für die Freiwilligen wurde eingerichtet. Sie kaufte Handys, Handschuhe und Bananen, organisierte Laptops. Sie knüpfte die Mobiltelefone an Rollen, nicht an Menschen, und schaffte so Erreichbarkeit rund um die Uhr. Online-Schichtpläne wurden erstellt, damit Menschen auch Pausen machten, es entstanden Zuständig- und Verbindlichkeiten.

Marina Lessig vertrat die Spontanhelfenden fünfmal täglich im Krisenstab. Sie sagt, sie habe eine Grundstruktur geschaffen – rückblickend hat sie vielmehr eine Blaupause für zivile Spontanhilfe entworfen. Diese drei Wochen im Spätsommer 2015 machten sie zur ersten und damals einzigen Spontanhilfe-Expertin in Deutschland. Heute nehmen die ersten Bundesländer Spontanhilfe in ihre Gesetze auf.

Nachdem die Akutsituation vorbei war, ließ eine Frage Marina Lessig nicht mehr los: Warum gibt es kein Framework für schnelle Hilfe? Warum wird Menschen das Helfen so schwer gemacht? Als Antwort auf ihre eigenen Fragen gründete sie die Organisation Münchner Freiwillige – Wir helfen e. V. und baut den Verein seitdem sukzessive auf. Dabei gibt es zwei

> Warum gibt es kein Framework für schnelle Hilfe? Warum wird Menschen das Helfen so schwer gemacht?

Schwerpunkte. Erstens, natürlich, Spontanhilfe: Der Verein hat schon in der Coronakrise und bei der Versorgung ukrainischer Geflüchteter 2022 akute Hilfe geleistet. In der letzten Krise koordinierte ihr Verein rund 10.000 Spontanhelfende, betrieb eine eigene Unterkunft für vulnerable Gruppen und brachte gut 30.000 Menschen temporär im Raum München privat unter. „Wir wissen, dass in Zukunft Krisen auf uns zukommen werden, die wir uns vor wenigen Jahren noch nicht vorstellen konnten", erklärt sie. Und auch wenn klassische Krisenhilfe nicht in jeder Situation wohlwollend auf Spontanhelfende reagiert, weiß Lessig aus erster Hand: „Das Land ist auf resiliente Krisenhilfe und das Innovationspotenzial seiner Bürger angewiesen. Es gibt immer weniger Menschen, die ein konstantes Ehrenamt leisten können oder möchten. Aber im akuten Fall wollen viele beisteuern." Wie das zielführend und kooperativ funktioniert, kann man dank des Vereins nun im kostenfreien Spontanhilfe-Handbuch nachlesen. Es erläutert auf knapp 160 Seiten Selbstorganisation, Materialbedarfe und die Abwicklung solcher Einsätze.

Der Verein Münchner Freiwillige agiert außerdem als Inkubator und Treuhänder für soziale Ideen, die erst ausprobiert werden wollen. Er teilt Wissen, Material und langjährige Erfahrung „von Helfenden für Helfende". Marina Lessig erzählt von SocialRide: Dem Projekt liegt die Idee zugrunde, dass Menschen nur unabhängig sein können, wenn sie sich auch autark bewegen können. SocialRide macht gespendete Fahrräder wieder fit

> „Wir wissen, dass in Zukunft Krisen auf uns zukommen werden, die wir uns vor wenigen Jahren noch nicht vorstellen konnten."

und stellt sie sozial Benachteiligten zur Verfügung. Anfangs gab es außerdem einen Fahrradkurs für Frauen. Den übernimmt nun ein Kooperationspartner. „Das ist mir wichtig", erklärt die gebürtige Münchnerin, die bis heute in der Stadt lebt und arbeitet. „Wir schaffen keine Doppelstrukturen, wir schließen Lücken! Lieber verweisen wir auf einen Kooperationspartner, als Ressourcen zu verschwenden." Es sei eine der größten Schwächen des sozialen Sektors – besonders in politischen Sparjahren –, dass ähnliche Projekte in Konkurrenz zueinander stehen, statt sich zusammenzuschließen. Man hebele sich gegenseitig aus, statt fruchtbare Kooperationen einzugehen. Die 35-Jährige wirkt streng und leidenschaftlich zugleich.

Ein anderes Beispiel für den Impact und Erfolg des Vereins ist das Wohnprojekt. Der Name ist pures Understatement, denn es ist durch seinen Perspektivenwechsel

← *Das Spontanhilfe-Handbuch ist auf der Website zum Download verfügbar.*

↑ *Vorübergehend hatte Lessig den Vorsitz aus zeitlichen Gründen an Petra Mühling abgegeben und als Stellvertreterin fungiert. Nun ist sie wieder Vorsitzende der Münchner Freiwilligen und hat allen Grund zu strahlen.*

hochinnovativ. Das Wohnprojekt denkt nicht aus Sicht der Bedürftigen, sondern der Vermietenden. Es gebe viele Menschen, die sozial vermieten wollen, aber durch diverse Rahmenbedingungen gehindert werden. Mit nutzerzentrierten Ansätzen hat Lessigs Münchner Freiwillige e.V. das Rundum-Sorglos-Paket für Vermietende entwickelt: Der Verein mietet die Wohnungen an und vermietet sie dann an sozial Bedürftige unter. Dabei geht er bis zu mehrere Monate in Vorleistung, wissend, dass die Anträge, Bewilligungen und Auszahlungen über das Jobcenter Zeit brauchen. Zeit, die Eigentümer auf dem freien Wohnungsmarkt nie in Kauf nehmen würden. In fünf Jahren hat das Projekt 180 Wohnungseinheiten vermittelt und gut 700 Menschen sicher untergebracht. Mit ihrer tiefen, ruhigen Stimme sagt Lessig: „Ich beanspruche ungern den Erfolg für mich allein, denn ein Verein ist Gemeinschaftsleistung. Aber wenn ich auf eines stolz bin, dann dass ich in meiner Freizeit 15 krisensichere, unbefristete Arbeitsplätze im Sozialsektor geschaffen habe."

Ihre geschäftsführenden Tätigkeiten macht sie tatsächlich nebenher, denn die Arbeit für den Verein geschieht samstags oder abends. Zeitweise gab sie den Vorsitz an Petra Mühling ab und war ihre Stellvertretung. Nun ist sie wieder Vorsitzende. Im Erwerbsleben ist Marina Lessig in Vollzeit als Managerin in einer Strategieberatung tätig. Hört man sie sprechen, werden die Parallelen in beiden Arbeitsfeldern deutlich: Sie hat den Blick aufs große Ganze, sie erkennt Schwachstellen schnell, findet effektive und effiziente Lösungen. Auch das Führungsverständnis decke sich: „Es ist wichtig, eine Vision zu haben und diese zu vermitteln, damit Menschen merken, dass die Arbeit, die sie investieren, nicht umsonst ist." Die Visionen für den Verein werden immer größer, denn er hat seine ursprünglichen Ziele längst überholt. Als Nächstes will er ein Blueprint für zivile Spontanhilfe in anderen deutschen Städten werden, irgendwann Münchens größter sozialer Wohnungsgeber sein und mit seiner Starthilfe einen echten Unterschied für soziales Miteinander in dieser Stadt machen.

VONEINANDER LERNEN

1
JOB VERSUS BERUFUNG

Ich brenne für meinen Job als Strategieberaterin und habe mich sehr bewusst gegen ein Social-Start-up entschieden. Ich muss manchmal einen Schritt zurück machen vom Münchner-Freiwilligen-Verein. Ich muss mir und den Dingen Zeit geben – und heute weiß ich, dass man seine Berufung auch neben dem Job finden kann. Dein Job muss nicht alles für dich sein.

2
MEHR WUT

Wenn ich darüber nachdenke, warum ich die Welt verändern will, dann lautet die Antwort: weil ich über Dinge wütend bin. Wut gilt bei Frauen aber als unschicklich, irrational oder hysterisch. Der Faktor Wut hat gesellschaftlich gesehen ein riesiges Potenzial zur positiven Veränderung. Seid wütender, eure Wut wird viel Kraft freisetzen.

3
SEI EMOTIONAL UNABHÄNGIG

Diesen Rat habe ich im Praktikum von einem Bankmanager bekommen. Er sagte, es sei wichtig, dass alle mitbekommen, dass du leidenschaftlich bei der Sache bist. Genauso wichtig sei es, das Gefühl zu vermitteln, dass du dir auch Arbeit woanders vorstellen könntest. Menschen spüren diese Gelassenheit und werden dich genau deshalb halten wollen.

Über diese Themen tauscht sich Marina Lessig gern aus:
(Partizipative) Führung, Social Entrepreneurship/Soziale Innovation, Katastrophenschutz und Krisenmanagement.

Wen sich Marina Lessig als Mentee wünscht:
Frauen mit Ideen für Soziale Innovationen, Frauen die einen Wechsel von sozialer Arbeit in die freie Wirtschaft machen wollen.

AUSTAUSCH

BEREICHSLEITERIN R & D STRATEGY AND STEERING
MAN TRUCK & BUS SE, MÜNCHEN

Nadine Müller

Seit fast 20 Jahren arbeitet Nadine Müller beim Nutzfahrzeughersteller MAN Truck & Bus. Eintönig wurde es nie, denn die Maschinenbauingenieurin hat immer wieder neue reizvolle Chancen innerhalb des Konzerns ergriffen. Heute koordiniert die zweifache Mutter die großen Veränderungsprozesse bei MAN mit, sowohl am Produkt als auch im Konzern.

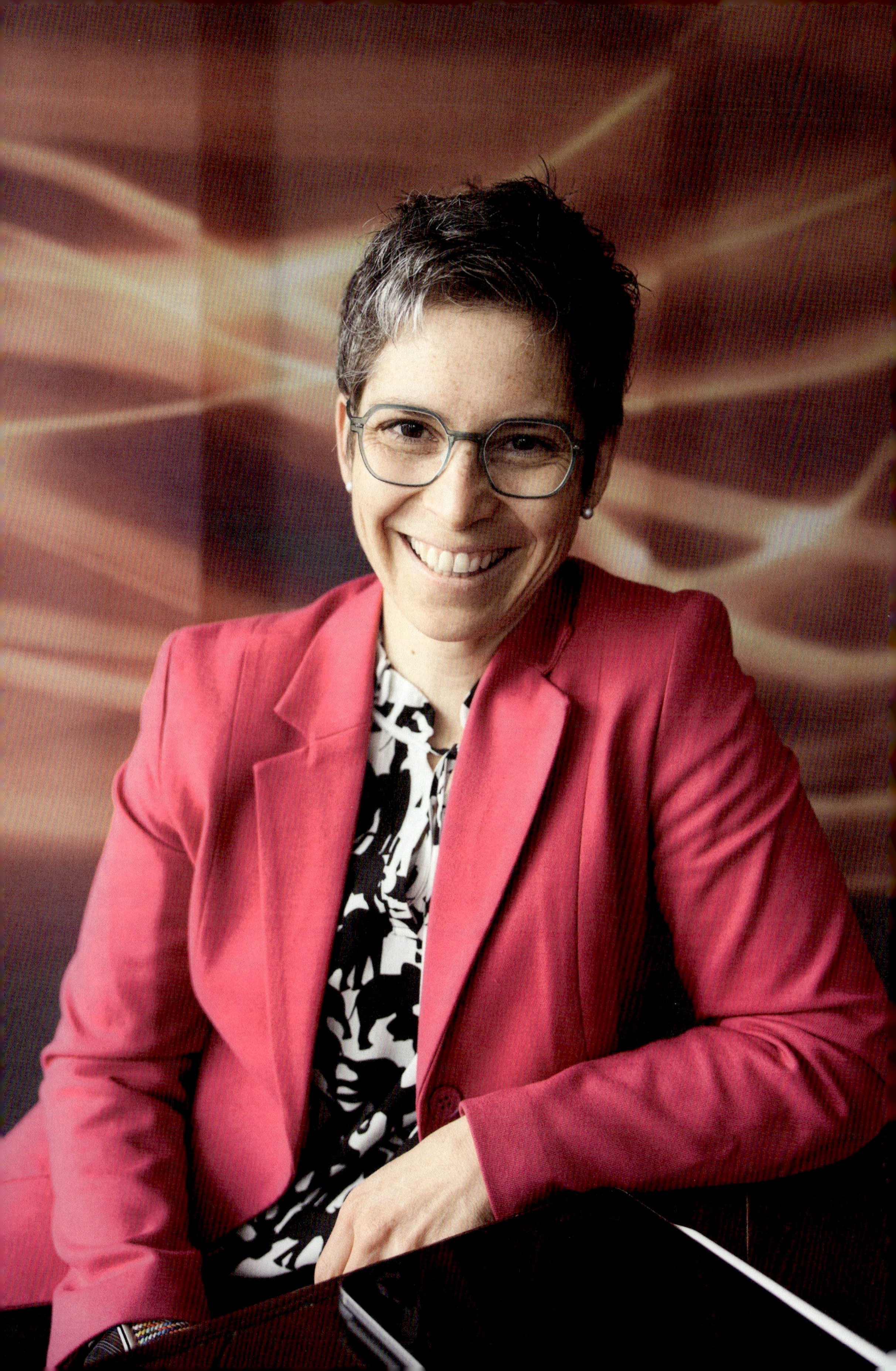

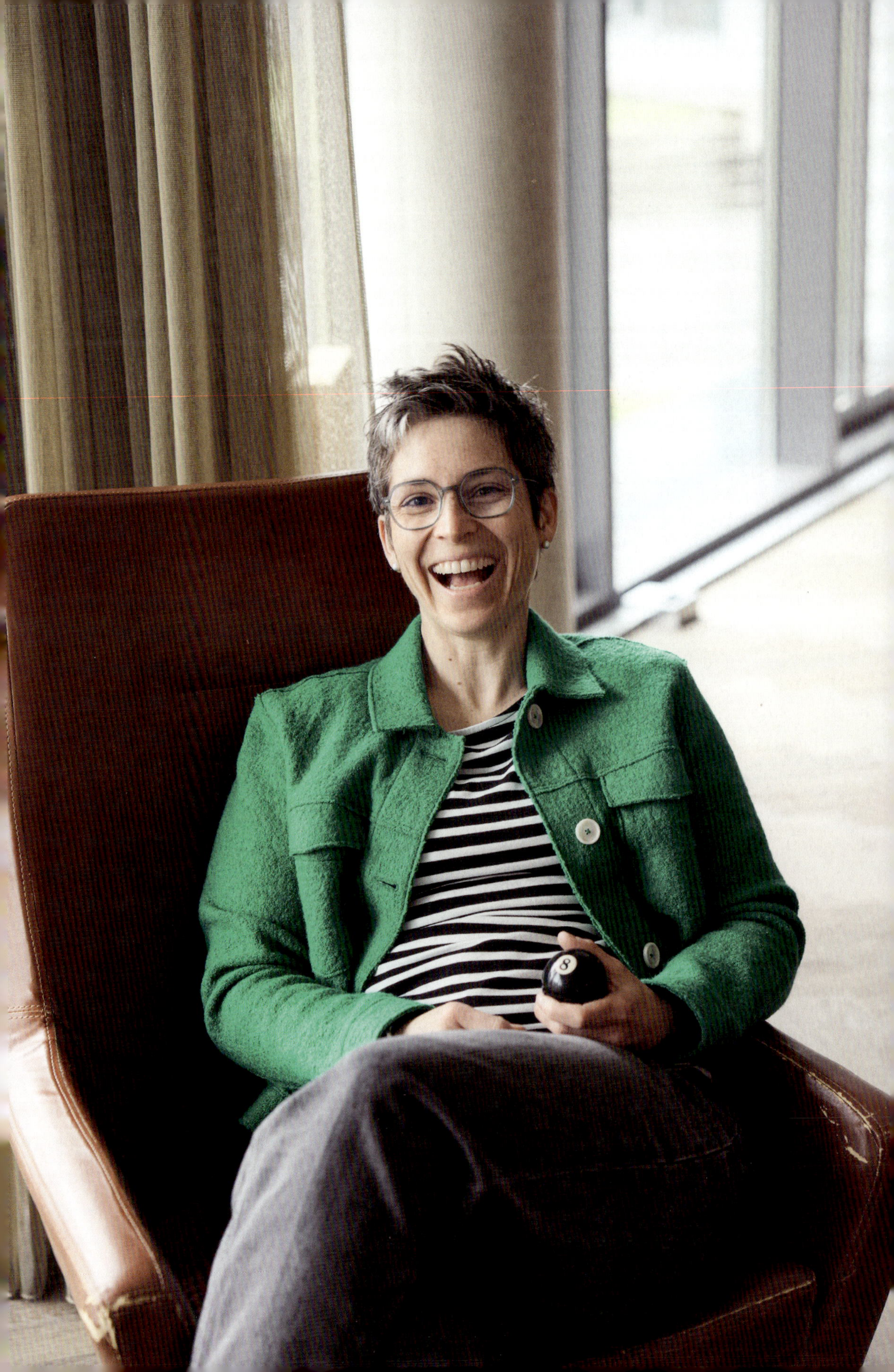

Schon im Vorschulalter schraubte und bastelte Nadine Müller gern mit ihrem Großvater in dessen Schlosserwerkstatt. Gemeinsam bauten sie aus einem alten Einkaufswagen eine Seifenkiste. „Einmal habe ich den kaputten Videorekorder meiner Eltern auseinandergenommen und repariert. Eine defekte Sicherung musste ersetzt werden." Als Beruf hatte sie die Tüftelei später gar nicht in Erwägung gezogen. Sie dachte an ein Sport- und ein Lehramtsstudium, aber schließlich besann sie sich auf ihre echten Interessen und Neigungen und studierte Maschinenbau – als Erste in ihrer Familie, die eine Hochschule besuchte.

Direkt nach dem Studium in München startete Nadine Müller im Sommer 2005 bei MAN, war zunächst im Einkauf und wechselte dann in die Entwicklung und das Produktmanagement. In ihrer heutigen Position gibt es nicht mehr viel zu tüfteln, die Maschinenbauingenieurin ist jetzt vor allem Change Managerin, Strategin und Mediatorin. Heiße Eisen gibt es viele: Die zentrale Herausforderung ist der Wandel vom Verbrennungs- zum Elektromotor. Während der Pkw-Markt bereits mittendrin ist, wird es im Nutzfahrzeugbereich noch länger dauern, bis man weltweit auf Altbewährtes verzichten kann. Die Beobachtung des Marktes darf Nadine Müller ebenfalls nicht aus den Augen verlieren: Wohin entwickelt sich der Wettbewerb? Was bedeutet das für die MAN? Daraus ergibt sich außerdem die Frage: Wo können wir sparen oder uns optimieren?

Ihre derzeit größte Aufgabe ist ein echtes Mammutprojekt: die Zusammenführung der Entwicklungsbereiche von vier Nutzfahrzeugmarken unter dem Dach der VW-Tochter TRATON SE, die MAN, Scania, Navistar und Volkswagen Truck & Bus in einer Gruppe bündelt. Hier sollen im Bereich Forschung und Entwicklung die Strukturen, Prozesse und auch die Unternehmenskulturen von vier Marken zusammenwachsen, während die Identität jeder einzelnen bestehen bleiben

„ Die zentrale Herausforderung ist der Wandel vom Verbrennungs- zum Elektromotor.

soll. Um das Ganze zu erschweren, operieren die vier Player in weit mehr als vier Länderkulturen. „Das bietet viel Raum für Missverständnisse oder sogar Unverständnis. Es gibt großen Diskussionsbedarf über ein gemeinsames Zielbild, das das Arbeitsleben von 8.000 Mitarbeitenden beeinflussen wird." Warum bekam sie diese Aufgabe? Sie lacht und sagt: „Diese Frage habe ich auch schon gestellt und als Antwort bekommen: ‚Du kannst das.'" Zum einen hat sie bereits mehrere globale Projektteams mit über 100 Mitarbeitern erfolgreich geführt. Außerdem verfügt die 44-Jährige über fast 20 Jahre Nutzfahrzeug- und MAN-Erfahrung. Sie kennt die Produkte, die Strukturen und die Prozesse.

Aber wahrscheinlich traut man ihr diese Aufgabe auch zu, weil sie ein gutes Gespür für Menschen hat. Mitarbeitende beschreiben sie als „sehr nahbar". Sie gebe einem das Gefühl, mit ihr auf Augenhöhe diskutieren zu können.

Was ist die größte Herausforderung in diesem Projekt? Kompromisse! „Ich werde in diesem Prozess nicht erfolgreich sein, wenn ich meine Meinung oder die Bedürfnisse einer Marke durchsetze. Es geht darum, Lösungen zu finden, die allen Marken gerecht werden."

Wie komplex die Vereinbarkeit von verschiedenen Bedürfnissen sein kann, weiß die zweifache Mutter auch von zu Hause. Nadine Müller arbeitet in Vollzeit, ihr Mann – ebenfalls Ingenieur – seit der Geburt ihres Sohns vor zehn Jahren in Teilzeit. „Mein Sohn ist Autist und Autisten brauchen sehr viel Stabilität, Planungssicherheit und Klarheit – das ist

> „ Es geht darum, Lösungen zu finden, die allen Marken gerecht werden.

unsere größte Herausforderung. Sonntags sitzen mein Mann und ich mit vier Kalendern auf dem Sofa und planen die kommende Woche." Doch auch darauf kann man sich nicht immer verlassen: Als Mitglied des sogenannten Top60-Management-Kreises arbeitet sie sehr nah am Vorstand. Das bedeutet, dass ihr Tagesgeschäft äußerst volatil ist und oft von den Terminen anderer bestimmt wird.

Nadine Müller ist zwar die Hauptverdienerin, will aber nicht nur am Wochenende Mutter sein. Sie schmunzelt und sagt: „Ich fände es wichtig, wenn Väter und Mütter öfters sagen würden: ‚Ich will meine Kinder abholen', und nicht: ‚Ich muss meine Kinder abholen.' Das würde allen Eltern helfen."

Bei MAN sind 10 von circa 60 Bereichsleitern Frauen, doch Nadine Müller ist die einzige, die einen technischen Bereich leitet. Seit 2022 hat MAN eine Frau im Vorstand. Nadine Müller, die den Konzern seit 2005 kennt, kann bezeugen, welchen Effekt das hat. Seit Inka Koljonen im Vorstand ist, sei die erste Füh-

↑ Die Managerin mag es bunt.
↖ Der Löwe ist immer mit dabei, selbst als USB-Stick.
← Bei MAN Truck & Bus ist sie für schweres Gerät zuständig. Im Alltag fährt sie lieber mit dem Fahrrad.

rungsebene sichtbar weiblicher geworden. „Frauen ziehen Frauen nach. Ich habe die Signalwirkung unterschätzt, die von einer Frau in einer solchen Führungsposition ausgeht. Ich habe vorher nie darüber nachgedacht, aber mir wird oft gespiegelt, dass auch ich in meiner Position andere Frauen ermutige, sich weiterzuentwickeln." Macht sie das stolz? Sie muss nachdenken: „Wenn ich in mich gehe, bin ich eher stolz auf die kleinen Dinge im Leben. Wenn zum Beispiel Mitarbeiter etwas richtig gut machen. Oder als meine Tochter das erste Mal allein zum Bäcker gegangen ist. Und dass mein Sohn jetzt ohne Begleitung mit öffentlichen Verkehrsmitteln von der Schule nach Hause fährt."

Das Leben mit ihrem Sohn habe ihr gezeigt, dass Inklusion niemals bedeute, Menschen durch ein etabliertes System zu schleifen, sagt die Münchnerin. Man müsse auf die Bedürfnisse Einzelner eingehen und sie individuell unterstützen: „Was braucht jemand, um sich gut konzentrieren zu können? Ist ein Großraumbüro das Richtige? Können wir eine ruhigere Ecke anbieten oder mehr Heimarbeit ermöglichen?" Auch ihre Kommunikation hat sich verändert: „Ich habe gelernt, eindeutig zu sein, keinen Interpretationsspielraum zu lassen. Das ist nicht nur für neurodiverse Menschen wichtig." Klarheit gibt die Richtung und Sicherheit, die in Transformationsprozessen so elementar ist.

Nadine Müller beschreibt sich als zielorientierten Menschen. Das gilt für Prozesse und Ergebnisse, aber auch für die Personalentwicklung. Sie spricht viel mit ihren Mitarbeitenden: „Wo sehen sie sich selbst? Wo sehe ich sie? Was können sie gut und wo wollen sie sich entwickeln?" Das Wichtigste dabei: „Man muss mit den Menschen reden und nicht über sie!" Und wahrscheinlich ist sie gerade wegen dieser Einstellung die richtige Frau für den aktuellen Konsolidierungsprozess.

VONEINANDER LERNEN

1

MENSCHEN SIND IN JEDER HINSICHT VIELFÄLTIG

Geh nicht davon aus, dass andere so ticken wie du. Geh auch nicht davon aus, dass andere deinen Wissensstand oder deine Verarbeitungsgeschwindigkeit haben. Deine Aufgabe als Führungskraft ist es, die Stärken und Herausforderungen deiner Mitarbeiter zu erkennen und sie zu unterstützen.

2

ENTSCHEIDUNGSHILFE

Ich habe gelernt: Wenn ich mich lange nicht für etwas entscheiden kann, ist es nicht das Richtige. Diesen Tipp habe ich schon vielen gegeben: Schreib eine Bewerbung für einen Job, der dich reizt, der dir angeboten wird – nur für dich: Was interessiert dich, warum bist du der oder die Richtige? Wenn du da eine Stunde vor einem leeren Blatt Papier sitzt, kannst du sicher sein: Es ist nicht der richtige Job für dich.

3

EIN GROSSES NETZWERK

Ich habe ein großes Netzwerk, weil ich ein kontaktfreudiger Mensch bin. Heute weiß ich, dass es wichtig ist, sich breit aufzustellen und viele gute Kontakte zu haben. Gute Führungskräfte und Mentoren sind toll, aber sie können sehr schnell weg sein, weil sie sich auch weiterentwickeln – und dann fehlt ein wesentliches Standbein.

Über diese Themen tauscht sich Nadine Müller gern aus:

Technik in vielerlei Kontext, Sport und Outdoor – alles, was an der frischen Luft stattfindet, Menschen und ihre Vielfältigkeit.

AUSTAUSCH

NACHHALTIGKEITSMANAGERIN
DZ HYP, HAMBURG

Sabine Kerse

Nachhaltigkeit ist das Thema der Stunde. Start-ups mit nachhaltigen Entwicklungen schießen aus dem Boden, die ESG-Berichtspflicht zwingt Konzerne zum Umdenken. Aber Immobilien? Banken? Sabine Kerse gestaltet eine nachhaltigere Zukunft bei der Immobilienbank DZ HYP.

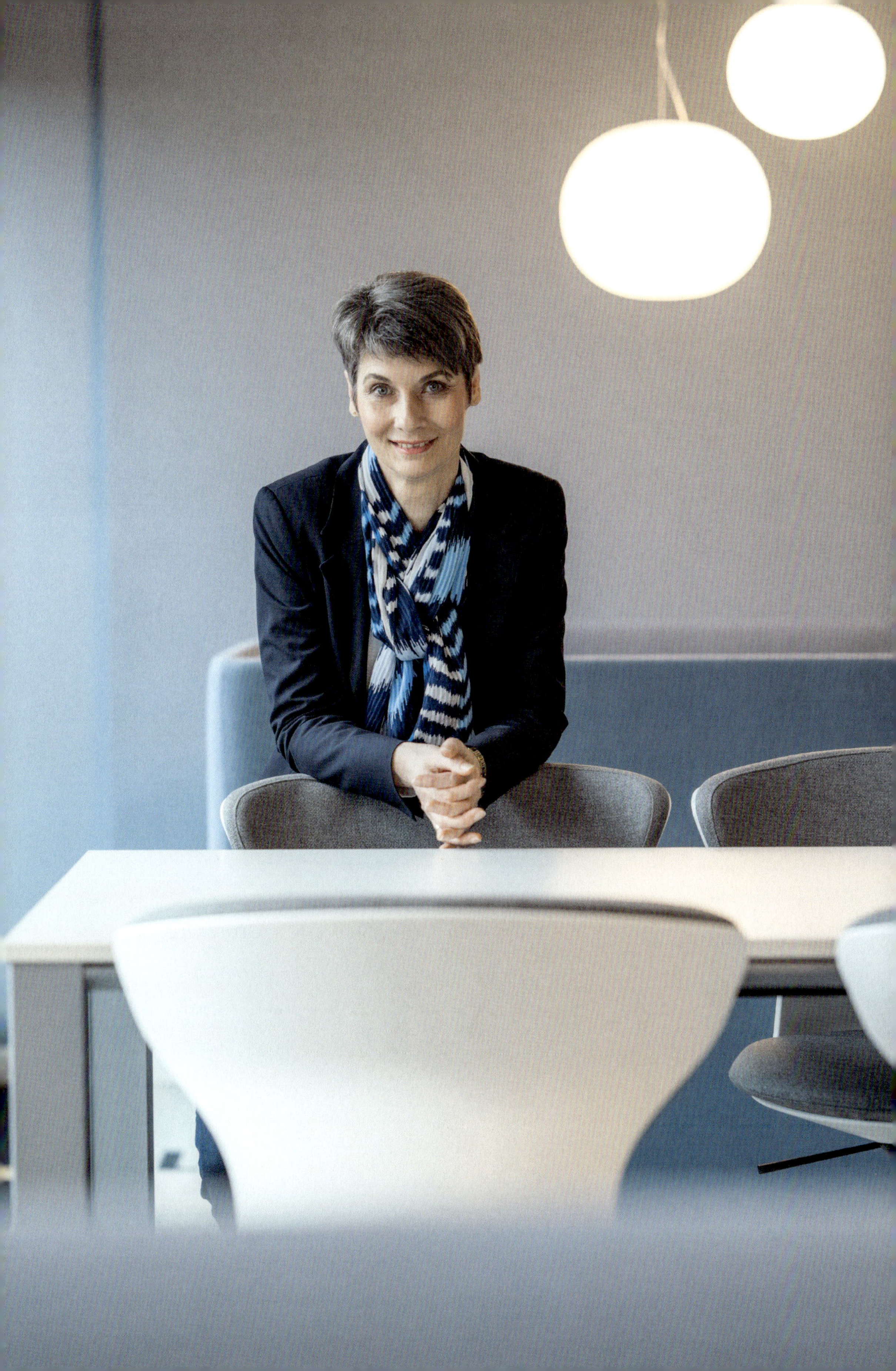

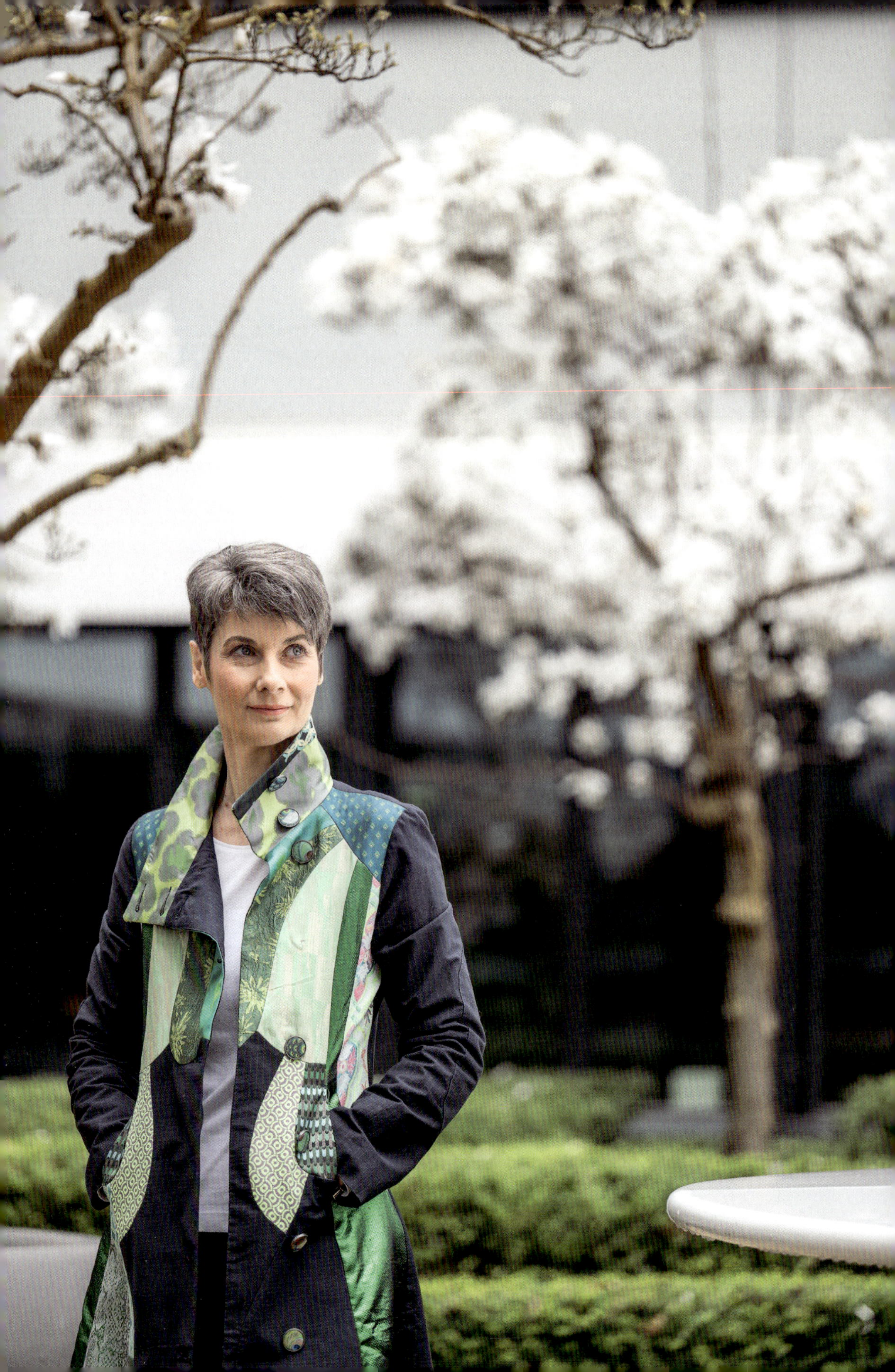

Sabine Kerse versucht, die graue Theorie zur grünen Realität zu machen: Die 50-jährige gebürtige Niedersächsin arbeitet als Nachhaltigkeitsmanagerin bei der DZ HYP in Hamburg. Mit den neuen ESG-Richtlinien sind die Ziele gesteckt und die Anforderungen klar. Doch wie wird eine Immobilienbank nachhaltig oder wenigstens nachhaltiger? Die Antwort auf diese Frage liegt in Sabine Kerses Job.

Das Kerngeschäft der DZ HYP ist die Kreditvergabe für private, gewerbliche und wohnwirtschaftliche Immobilien. Mit ihren Finanzierungsauflagen haben Banken nur einen eingeschränkten Einfluss auf die Nachhaltigkeit von Immobilien. Aber immerhin, die DZ HYP kann etwa Energieausweise und sonstige Nachweise erheben. Die Baubranche ist für rund 40 Prozent des weltweiten CO_2-Ausstoßes verantwortlich, da ist jede Verbesserung ein Fortschritt. Sabine Kerses Kerngeschäft dagegen sind nicht etwa die Finanzierungsprodukte, sondern das Gesamtkonzept der Bank im Hinblick auf Nachhaltigkeit. Zum Beispiel hinterfragt sie Bestehendes: Wie betreibt die Bank den Fuhrpark, wie reisen die Mitarbeitenden, welche Emissionen werden durch den Postversand und Veranstaltungen verursacht? Aber ihre wichtigste Aufgabe im Jahr 2024 wird es sein, die CSRD umzusetzen, die Corporate Social Responsibility Directive. Die EU-Richtlinie soll die Nachhaltigkeitsberichterstattung verbessern, vereinheitlichen und erweitern.

Das Projekt ist bei Kerse gut aufgehoben, denn sie ist explizit aus der Nachhaltigkeitskommunikation ins -management gewechselt. Sie wollte nicht mehr nur über Sustainability-Ansätze sprechen, sie will etwas bewegen. Und das muss sie jetzt auch: Die regulatorischen Anforderungen treffen auf einen hohen Selbstanspruch der DZ HYP, die zuletzt etwa Vorstöße bei der Etablierung eines grünen Angebots für Privatkunden ma-

SABINE KERSE

„ Wie betreibt die Bank den Fuhrpark, wie reisen die Mitarbeitenden, welche Emissionen werden durch den Postversand und Veranstaltungen verursacht?

chen und ein ESG-Ranking für Kommunen auf den Weg bringen konnte. Neben dem Jour fixe mit dem Ressortvorstand sind mittlerweile auch die anderen Bankvorstände immer wieder involviert – für Kerse ein Zeichen, dass die Arbeit der Abteilung wirklich ernst genommen wird trotz einer herausfordernden Marktsituation, der die DZ HYP – wie die gesamte Branche – gegenübersteht. Kerses spezifische Herausforderungen als Nachhaltigkeitsmanagerin sind völlig andere. Nachhaltigkeit tangiert den Einkauf, das Risikocontrolling, das Gebäudemanagement, den Vertrieb. „Das ist ein ganzer Blumenstrauß von Abteilungen und Kolleginnen und Kollegen, die involviert sind – und involviert sein müssen! Wir holen uns Input, fragen Mitarbeit an und sind auf ihre Bereitschaft zu Veränderung angewiesen." Und das in jedem Schritt: Bevor die Umsetzung der CSRD überhaupt starten konnte, musste Kerse mit ihren Kolleginnen und Kollegen die Ressourcen aller beteiligten Abteilungen abfragen und den Status quo ermitteln. Also: Wo stehen wir, was muss getan werden und wie viel Personal und Zeit haben wir, um es anzugehen?

Und dafür braucht sie eine Menge Geduld. Die große Frau wirkt geerdet. Ihre Gestik ist zurückhaltend, aber ihr Auftreten präsent. „Nachhaltigkeitsmanagement ist eine Ausdauerdisziplin", erklärt sie. Sie leistet jeden Tag Überzeugungsarbeit. „Das ist nicht immer einfach, weil jede Abteilung eigene Interessen, eigene Themen und ein Tagesgeschäft hat, an denen sie weiterarbeiten muss." Diese Diskrepanz muss Kerse navigieren, sie

> „Nachhaltigkeitsmanagement ist eine Ausdauerdisziplin."

muss um Zeit und Aufmerksamkeit für ihr Thema werben – zunächst lediglich, um den Istzustand zu ermitteln, aber bald außerdem, um die neue Richtlinie zu implementieren. Es sei kein Kampf gegen Windmühlen, doch es erfordere eben sehr viele Gespräche. Diese Zeit müsse sie investieren, denn Nachhaltigkeitsmanagement sei auch eine Mannschaftssportart. „Ich muss vertrauensvolle Beziehungen zu den Teams aufbauen. Ich muss auf sie zugehen und sie da abholen, wo sie sind." Klingt nach einer Geduldsprobe. Ist es auch. Sie hätte die Möglichkeit, auf Rückenwind von Vorgesetzten zurückzugreifen. Aber ihr Anspruch ist es, selbst konstruktive Lösungen zu erarbeiten. „Emphatisch", „konstruktiv" und „zugewandt" sind Attribute, die ihre Kolleginnen und Kollegen ihr zuschreiben.

Klar wird Kerse auch ungeduldig. Im Frühjahr steckte sie in der Projektaufsatzplanung: „Ich brauchte aus den Abteilungen die Rückmeldung, ob sie ihre Ressourcen so bereitstellen können, wie wir sie gemeinsam geschätzt und eingeplant haben. Aber ich musste manchmal mehrfach nachfragen", seufzt sie. Doch Aufregung bringt die Sache nicht voran, weiß sie: „Da geht es dann drum, das auch mal auszuhalten." In ihrer Freizeit

← *Etage für Etage wird das Gebäude der DZ Hyp in Hamburg gerade umgestaltet*

↑ *Immer im Gleichgewicht: Der Buddha macht Sabine Kerse gute Laune, wenn sie gestresst ist.*

↖ *Nachhaltigkeitsmanagement ist eine Geduldsprobe, die sie locker besteht.*

← Äußerlich ruhig, innerlich voller Tatendrang. Die Managerin freut sich auf die Ergebnisse einer nachhaltigeren DZ HYP.

macht sie Qigong, hilft ihr das dabei, diplomatisch zu bleiben? „Zumindest hält es meine innere Perfektionistin im Zaum", sagt sie lächelnd. Gelernt hat sie die Bewegungs- und Meditationspraxis bei einem Kuraufenthalt. Sie war so begeistert, dass sie sich zur Trainerin ausbilden ließ. Und was hilft ihr sonst, Ruhe zu bewahren? Einfach mal Dampf ablassen. Bei lieben Kolleginnen und Kollegen, die alle ein offenes Ohr für sie haben – und bei ihrem Mann. Zu Hause in Ahrensburg bei Hamburg kann sie auch sonst Ausgleich schaffen, wenn im Job wieder irgendwo was hakt. Sie backt, sie näht, sie arbeitet im Garten. Egal was, Hauptsache, es produziert ein sichtbares Ergebnis.

Mittlerweile ist Sabine Kerse im Innern meist so, wie sie nach außen wirkt: geerdet. Sie versucht, sich und andere zu reflektieren und ruft sich dabei ihr Role Model vor Augen, eine frühere Vorgesetzte, die es stets geschafft hat, ihrem Gegenüber die volle Aufmerksamkeit zu schenken. Egal wie viel Chaos herrschte, im One-on-One war diese Chefin immer präsent, voll da, und Sabine Kerse fühlte sich gesehen.

Vielleicht ist sie auch viel zu pragmatisch, um sich wirklich aus der Ruhe bringen zu lassen, denn sie geht einfach ein weiteres Mal auf die Abteilungen zu, fragt, was sie brauchen, wo es klemmt, wie sie gemeinsam im Team den Prozess erleichtern können. In solchen Momenten wird sichtbar, welch starker innerer Antrieb in der nach außen so gelassenen Managerin steckt. Da ist eine produktive Ungeduld, die vermittelt: nicht reden – machen!

VONEINANDER LERNEN

1
VERGISS DICH NICHT SELBST

Ich ecke selten an. Wenn es doch passiert, dann hat jemand meine Grenzen wirklich überschritten. Bei allem Engagement für den Job – du hast deine Limits, achte darauf.

2
SCHRITT FÜR SCHRITT

Mach kleine Fortschritte, denn alles auf einmal geht nicht! Sei geduldig, setze einen Fuß vor den anderen. Wenn ein Projekt zu viel Geschwindigkeit aufnimmt, kann viel mehr kaputt gehen.

3
SCHAU ÜBER DEN TELLERRAND

Vielleicht hast du einen klaren Wunschberuf. Aber es lohnt sich, in verschiedene Rollen zu schlüpfen, verschiedene Funktionen zu übernehmen. Denk dich in neue Themen ein und du wirst wachsen.

Über diese Themen tauscht sich Sabine Kerse gern aus:
Nachhaltigkeit, Stakeholder-Management, ungewöhnliche Werdegänge.

Wen sich Sabine Kerse als Mentee wünscht:
Eine Frau, die gerade den nächsten Schritt überlegt und sich gegebenenfalls fragt, wie dieser zu ihrem bisherigen Werdegang passt.

AUSTAUSCH

TEST CENTER MANAGER RECYCLING EU
TOMRA SORTING GMBH, MÜLHEIM-KÄRLICH

Stefanie Mayer

Stefanie Mayer ist diplomierte Entsorgungsingenieurin und leitet die TOMRA-Testzentren in Deutschland, Italien und derzeit auch in China. Die TOMRA Sorting GmbH entwickelt Sortiersysteme zur Wertstoffrückgewinnung. Auf dem Weg zur optimalen, individuellen Produktlösung für Kunden führt kein Weg an Stefanie Mayer und den Teams in den Testzentren vorbei.

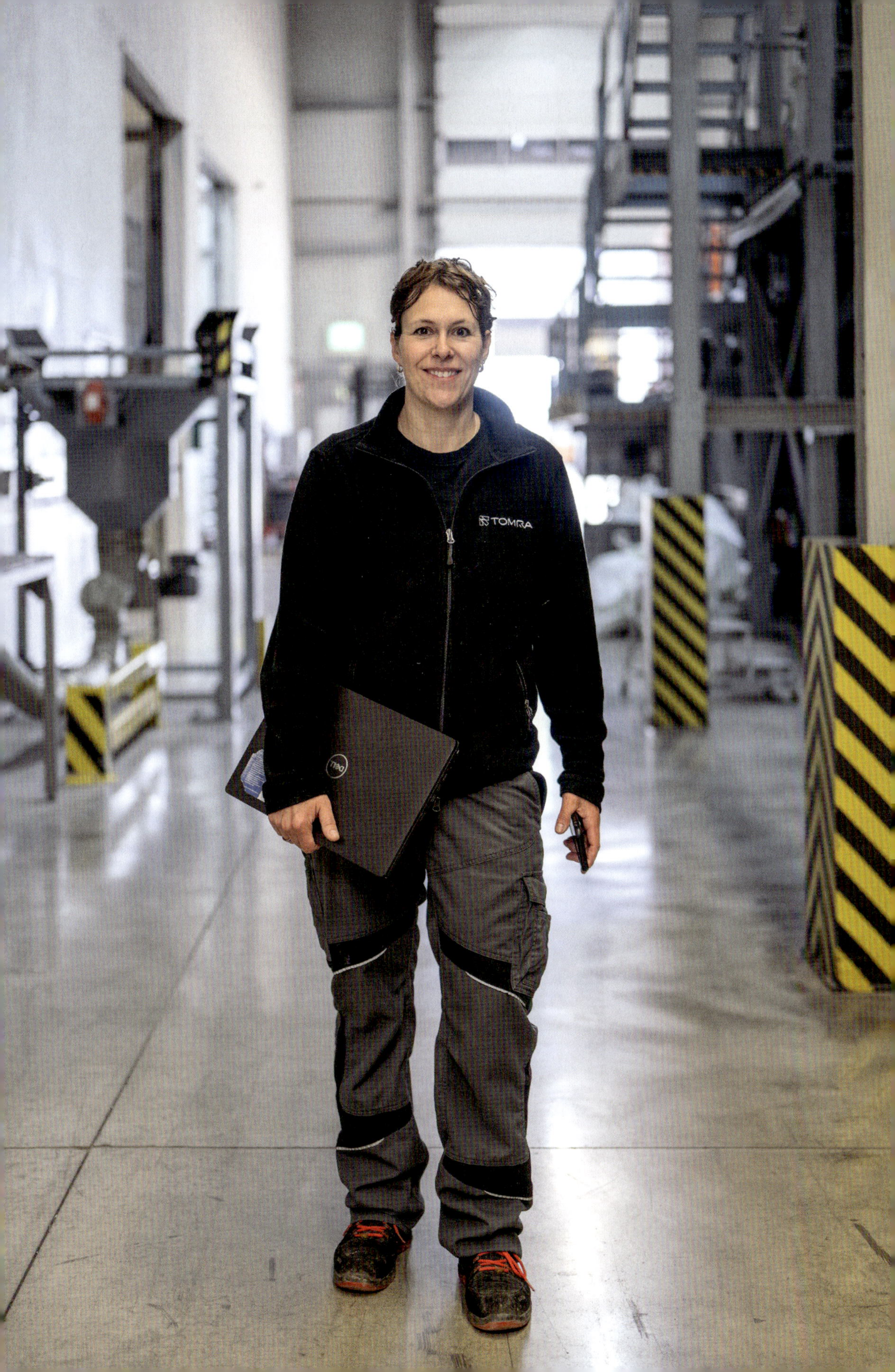
TOMRA

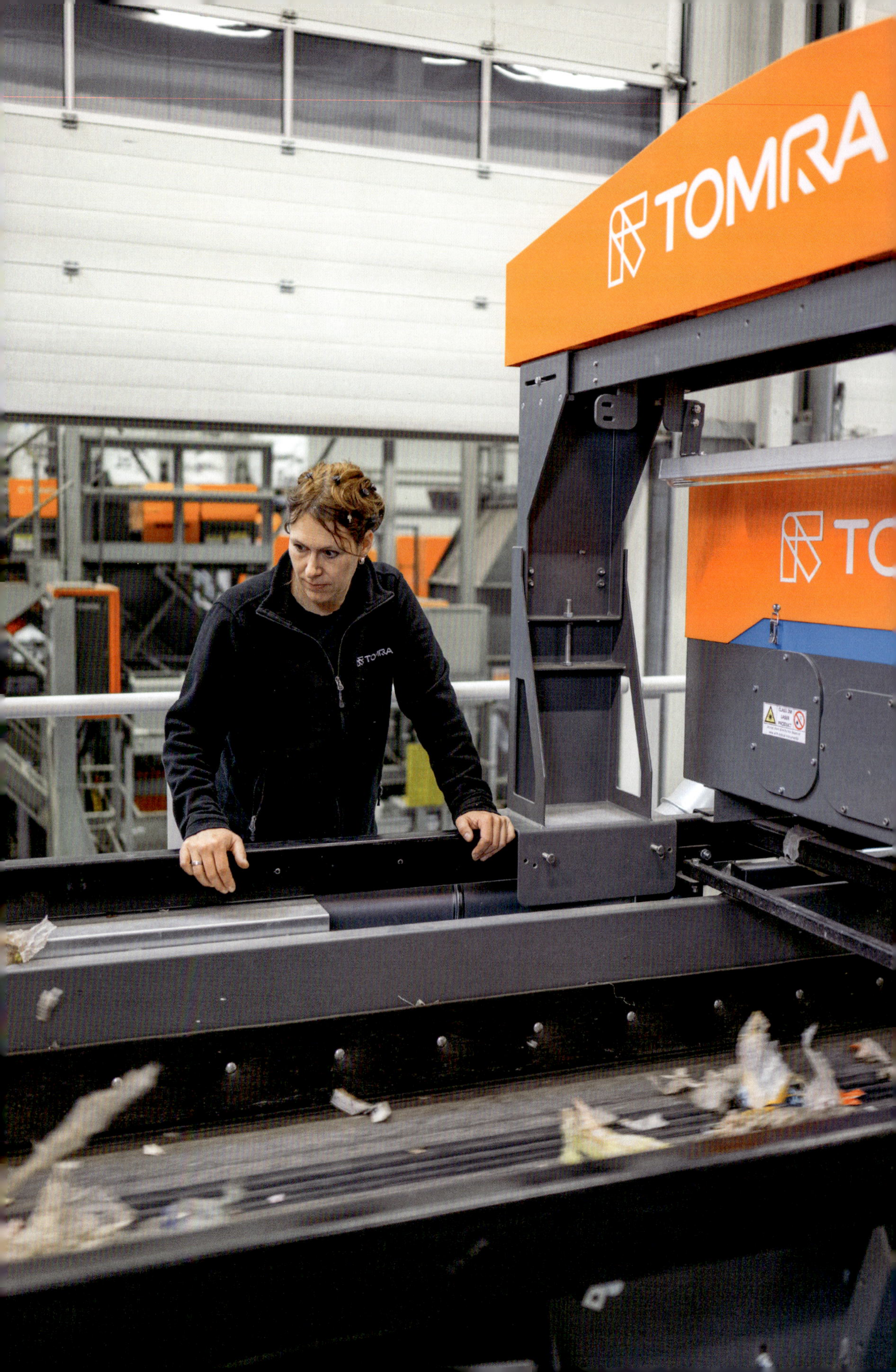
TOMRA
TOMRA
TO

U

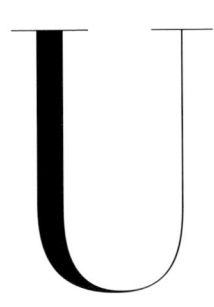

„Unsere Testzentren sind im wahrsten Sinne des Wortes das Zentrum von TOMRA", beschreibt die 43-jährige in Aachen geborene und heute mit ihrem Mann und ihren zwei Kindern in Rheinland-Pfalz lebende Ingenieurin ihr Wirkungsfeld. Hier kommen alle zusammen, hier treffen diverse Bedürfnisse aufeinander: „Die Kollegen der Forschung & Entwicklung testen neue Software oder Hardware bei uns. Der Vertrieb leitet uns Probleme vom Kunden weiter, die wir lösen sollen. Der Service trainiert zusammen mit uns neue Mitarbeitende an den Testmaschinen." Vor allem aber kommen potenzielle Kunden aus der ganzen Welt unter anderem nach Mülheim-Kärlich, um herauszufinden, ob die TOMRA-Maschinen ihren Abfall zufriedenstellend sortieren können.

Man muss sich das so vorstellen: Der Abfall in jeder Entsorgungsanlage ist einzigartig in seiner Zusammensetzung und Beschaffenheit. Genauso arbeitet jede Entsorgungsanlage weltweit unter anderen Bedingungen. Und weil kein Materialstrom und keine Anlagenanforderung gleich sind, bietet TOMRA der Kundschaft Testzentren auf der ganzen Welt an, um das Kundenmaterial – ihren Müll – vor der Anschaffung einer Maschine zu testen. Und wie geht das? „Die bringen den Müll mit. Manchmal sind es wenige Teile, manchmal mehrere Tonnen." Von Biomüll bis zu Elektroschrott, da ist alles dabei. Wenn die Maschine im Test überzeugt, wird sie gekauft.

Die Arbeit ist komplex. In den Produkten trifft Mechanik auf verschiedenste modernste Sensortechnologie, Teams aus Ingenieuren mit Materialexpertise sorgen dafür, dass die Maschinen im Testzentrum optimal auf die Wünsche der Kundschaft angepasst werden. Eines dieser Teams leitet Stefanie Mayer.

Wo getestet wird, geht auch mal was schief. Etwa: Das Förderband reißt und der Kunde ist extra aus Japan eingeflogen, um beim Test im Headquarter

STEFANIE MAYER

„
Hier kommen alle zusammen, hier treffen diverse Bedürfnisse aufeinander.

dabei zu sein. Wenn Stefanie Mayer so einen Anruf bekommt, bleibt sie als Erstes cool. „Wenn ich angerufen werde, ist die Aufregung natürlich groß. Aber ich gehe dann erst mal hin und schau mir das vermeintliche Desaster an." Im zweiten Schritt ist Mayer lösungsorientiert: Kann es geklebt werden? Können sie auf eine andere Maschine ausweichen? „Dinge passieren halt. Unangenehmer wäre es, wenn einer unserer Testingenieure die Maschine nicht richtig eingestellt bekäme."

Bis 2012 hat Stefanie Mayer selbst getestet, seitdem ist sie für die Planung und Organisation der Testzentren zuständig: Sie sorgt dafür, dass alle Ressourcen – die richtige Maschine, der richtige Ingenieur oder die richtige Ingenieurin, der designierte Müll und die potenzielle Kundschaft – zur richtigen Zeit im richtigen Testzentrum zusammenkommen. Da treffen viele Variablen, aber auch viele Menschentypen aufeinander. Wenn sie sich von irgendetwas stressen lässt, dann sind es die zwischenmenschlichen Dinge, jedoch selten die technischen Probleme.

Sie kam 2007 als Applikationsingenieurin ins Unternehmen. In enger Zusammenarbeit mit ihrem Chef baute sie das erste TOMRA-Testzentrum mit auf. Damals gab es nur zwei Frauen in der gesamten Technikabteilung, heute ist die Hälfte ihres 16-köpfigen Teams weiblich. Das sei allerdings Zufall, sagt sie mit einem Schulterzucken, sie achte nur auf Leistung.

Wenn sie über ihre eigenen Anfänge im lauten, staubigen Testzentrum erzählt,

> „Technik, das konnte ich immer, aber Wirtschaftlichkeit, Führung, Präsentation, damit hatte ich ja keinerlei Erfahrung."

schwingt ein wenig Nostalgie mit. 2012 übernahm sie die Führung eines Testzentrums und kehrte nach der ersten Elternzeit 2018 auf die Stelle zurück. Während ihrer zweiten Elternzeit 2021 bekam sie das Angebot für die Europa-Leitung. Die Führungskräfte sahen das Potenzial, von dem Mayer noch nicht wusste, dass sie es hat. „Technik, das konnte ich immer", sagt sie, „aber Wirtschaftlichkeit, Führung, Präsentation, damit hatte ich ja keinerlei Erfahrung." Doch so bescheiden und zurückhaltend, wie sie ist, ist Mayer eben auch einfach im besten Sinne unbeeindruckt. Sie stellt sich den Herausforderungen mit einem pragmatischen Schulterzucken. Ob jetzt ein Förderband reißt oder ob sie neue Strategien im Managementkreis vorstellt. „Man wächst halt mit seinen Aufgaben", lacht sie.

Ihr Führungsstil ist eine Mischung aus ihrer nahbaren Art, TOMRAs hochkarätigem Führungskräfte-Training und dem Einfluss ihres langjährigen Chefs und Mentors. „Ich konnte mit allem zu ihm

← *Der geschredderte Kunststoff ist nun bereit für die Wieder- oder Weiterverarbeitung.*

↑ *„Waste into Value". TOMRA macht aus Abfall wertvolle Ressourcen.*

↖ *Einer der Lieblingsorte von Stefanie ist das Testcenter – dort treffen Kundenbedürfnisse auf Innovation.*

kommen, er war immer da, immer erreichbar." Das handhabt sie heute genauso. Sie ist immer ansprechbar für ihr Team, gleichzeitig schenkt sie ihren Leuten Vertrauen, damit sie handlungsfähig bleiben, wenn sie im Rahmen ihrer verkürzten Arbeitszeit frei hat. Was macht sie da gern? Zum Beispiel mit den Kindern im Garten raufen oder sich auspowern. „Wir haben einen Naturgarten, wenn ich da grabe oder mähe, dann komme ich gut runter." Wenn es etwas gibt, worauf Stefanie Mayer stolz ist, dann wie sie die Führungsrolle mit den reduzierten Stunden vereinbart. Als Ingenieurin an der Maschine könnte sie einen laufenden Test nicht einfach verlassen. Aber als Managerin kann sie den Schreibtisch dieser Tage um 14 Uhr verlassen, weil sie ein „verdammt gutes Team" hat. Die 32-Stunden-Woche hat sie selbst gewählt: „Ich könnte auch eine Kinderbetreuung bis 16 Uhr durchsetzen." Doch sie möchte diese Jahre ganz bewusst mit den Kindern verbringen. „Wenn ich die beiden am frühen Nachmittag abhole, dann sind wir draußen, gehen auf den Spielplatz, haben noch was vom Tag." Und sie muss mit den Kindern an die frische Luft – sie lacht trocken –, denn draußen seien die beiden nicht annähernd so anstrengend, wie wenn sie sich zu Hause zanken.

Will sie mittelfristig wieder zurück in die Technik? Nein, denn die Rolle als Führungskraft gefällt ihr gut. Aber sie kann sich vorstellen, sich mehr mit TOMRAs Strategie zu beschäftigen. „Wir müssen ja auf dem neuesten Stand bleiben und was in der Strategie schriftlich festgehalten ist, muss in den Testzentren auch implementiert werden." Oder sie übernimmt mehr Verantwortung für weitere Testzentren an anderen Standorten – eine Rolle, die sie bisher aus zeitlichen Gründen noch ablehnt. „Wenn die Kinder größer sind, dann geht das vielleicht – und dann fliege ich endlich mal nach China ins Testzentrum." Sie zuckt mit den Schultern und lacht, wie es ihre Art ist – eben im besten Sinne unbeeindruckt.

VONEINANDER LERNEN

1
ALLE ANHÖREN

Menschen sind sehr unterschiedlich kommunikativ. Als Führungskraft ist es deine Aufgabe, alle wichtigen Informationen einzuholen, und dafür musst du auch die Meinung aller einholen. Deshalb frage ich in Meetings aktiv bei denen nach, die von alleine wenig beitragen. Die lautesten Menschen haben nicht immer die besten Ideen.

2
REDEN

Früher haben wir mehr geredet, heute kommunizieren wir fast ausschließlich schriftlich. Aber in Mails oder Chats können Missverständnisse entstehen, darum: öfter miteinander reden! Ist sicherer und spart Zeit.

3
OFFEN BLEIBEN FÜR ANDERSARTIGKEIT

Der Kollege aus dem italienischen Vertrieb schimpft leidenschaftlich, die Kollegen in China geben mir nie eine kritische Einschätzung. Heute weiß ich, dass beide Temperamente und Haltungen nichts mit mir zu tun haben. Es ist wichtig, ein Verständnis für andere Kulturen und Kommunikationstypen zu entwickeln. Sonst wird es anstrengend.

Über diese Themen tauscht sich Stefanie Mayer gern aus:
Technik, Ingenieurwesen, Führung, Vereinbarkeit.

Wen sich Stefanie Mayer als Mentee wünscht:
Gern eine Frau mit technischem Interesse, eine Ingenieurin vielleicht, die in Führung gehen möchte oder Rat bei Vereinbarkeitsfragen braucht.

AUSTAUSCH

TEAM MANAGER INFOR DEVELOPMENT
KONICA MINOLTA BUSINESS SOLUTIONS DEUTSCHLAND GMBH

Tereza Křižková

Tereza Křižková war Quereinsteigerin und Autodidaktin im IT-Sektor. Heute leitet sie ein Development-Team bei Konica Minolta. Mit endlosem Pragmatismus, einem sicheren Bauchgefühl und einem ungetrübten Selbstverständnis lernte die alleinerziehende Mutter, ihre Care-Arbeit mit einer Karriere im Softwarebereich zu vereinbaren. Mit Erfolg, aber nicht ohne Abstriche.

RETHINK
WHAT'S
POSSIBLE

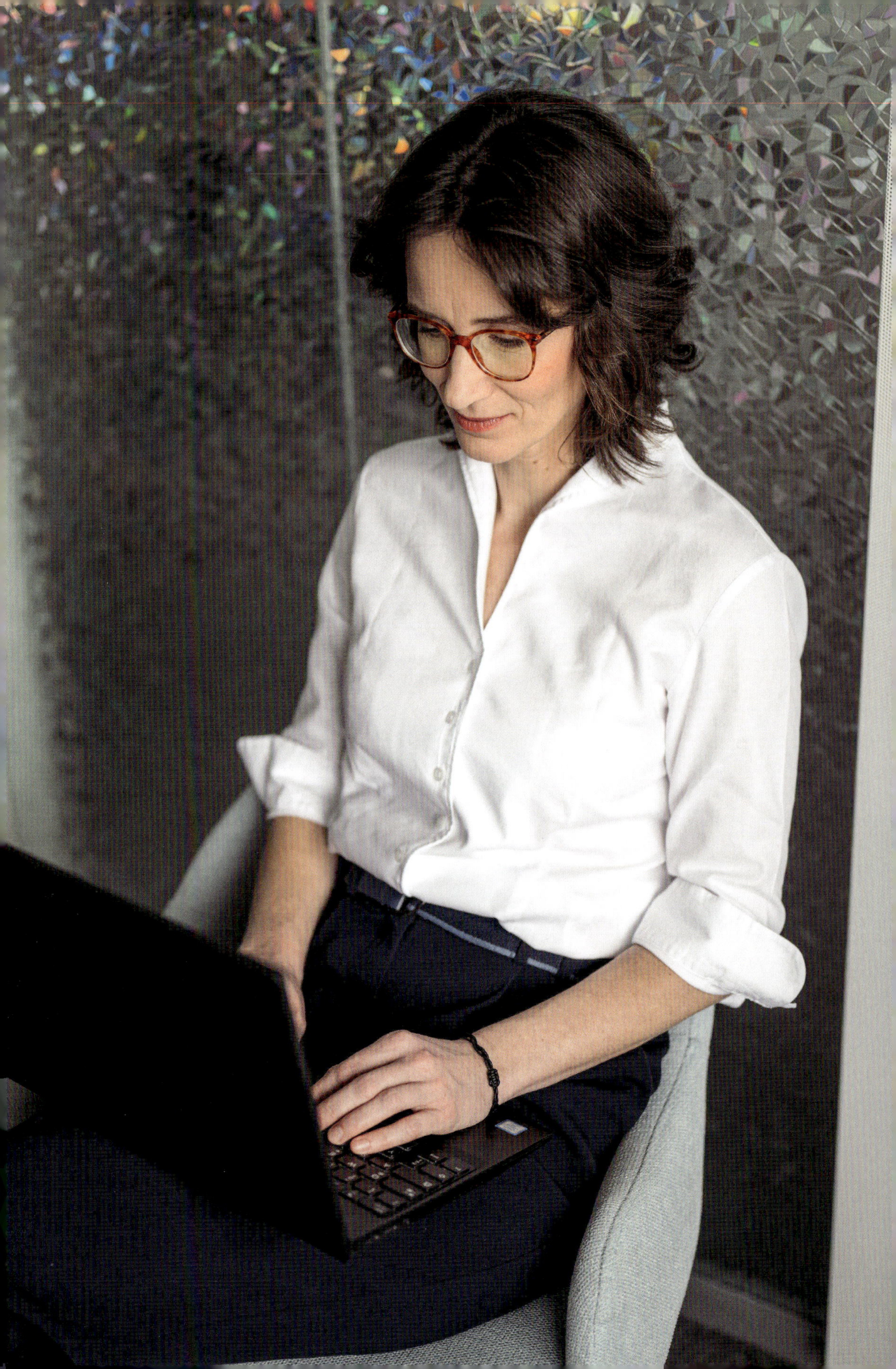

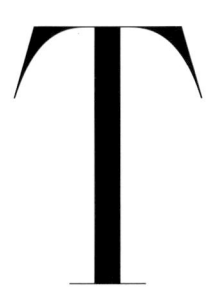

Tereza Křižková stammt aus Tschechien, wo sie mit vier Geschwistern in einer kleinen Stadt an der slowakischen Grenze aufwuchs. Dort gab es für sie nur zwei Möglichkeiten, na ja, vielleicht drei: glücklich heiraten, unglücklich heiraten oder in irgendeinem Supermarkt Lebensmittel kassieren. „Nö, will ich nicht", ist sie sich schon damals sicher. So kommt es, dass sie mit 18 nach Prag zieht und dort als Assistenz bei einer deutschen Firma beginnt, die unter anderem Enterprise Resource Planning-Software (ERP) im Einsatz hat. ERP sind Programme, die alle Prozesse in einem Unternehmen steuern können, von Logistik, Fertigung und Planung bis zu Finanzen. „Aber mein Job damals war im Grunde Kaffee kochen", lächelt sie. Doch nicht lange: Während der folgenden sieben Jahre lernt die junge Frau alle Bereiche des Unternehmens kennen, lernt alles, was es zu lernen gibt. Dann wechselt sie zum Hersteller der ERP, mit der sie gearbeitet hat, denn nun will sie das Produkt selbst kennenlernen und verstehen. Ohne es geplant zu haben und ohne eine entsprechende Ausbildung wird Křižková Expertin für Baan, die ERP-Software, mit der sie auch bei ihrem aktuellen Arbeitgeber Konica Minolta arbeitet.

Anfangs war sie eine der wenigen Frauen im Team. „Wenn ich bei Terminen vor Ort war, saßen da lauter Männer, irgendwo zwischen 50 und Rente, und die haben erst mal nur mit meinem männlichen Kollegen gesprochen", erinnert sie sich. Eine Frau, nicht deutsch und noch dazu sehr jung, was wollte die da? Křižková sah schon damals keinen Anlass, sich groß zu erklären. Sie bleibt lässig: „Meine Fragen, meine Einwürfe und meine Expertise haben schnell den nötigen Eindruck gemacht. Es hat mir einen Kick gegeben, wenn die Konversation irgendwann zu mir geschwenkt ist." Wenn man die Tschechin fragt, was zu der Zeit Erfolg für sie bedeutet hat, dann war es das: die Anerkennung ihrer Kunden für gute, verlässliche Arbeit.

TEREZA KŘIŽKOVÁ

> Meine Fragen, meine Einwürfe und meine Expertise haben schnell den nötigen Eindruck gemacht.

2009 suchte Tereza Křižková eine neue Herausforderung. Sie packte das Auto und fuhr nach Berlin, ohne festen Job, ohne feste Wohnung. War das eine Flucht aus Tschechien oder eher der Ruf der weiten Welt? „Beides ein bisschen. Ich wollte unbedingt ins Ausland – aber nach Berlin wollte ich nur für ein halbes Jahr. Daraus sind jetzt mehr als 15 Jahre geworden." Einer der Gründe: Vor zwölf Jahren kam ihr Sohn zur Welt, den sie von Anfang an allein großzog. Ein Jahr Elternzeit, ein weiteres Jahr lang 30-Stunden-Teilzeit und dann kehrte sie Vollzeit zurück ins Geschäft. Wie war das möglich mit einem Kleinkind? „Ich musste meine Dienstreisen zusammenlegen", erinnert sie sich. „Dann setzten sich meine Schwester oder meine Mutter in den Zug, fuhren 800 Kilometer nach Berlin und kümmerten sich um meinen Sohn." Oder umgekehrt, sie brachte ihn für einige Wochen nach Tschechien. In Berlin gab es zwei Freundinnen, die selbst Kinder, aber auch Partner hatten, die konnten spontan mal einspringen. Ohne sie wäre das alles nicht gegangen. „Ich war so neidisch auf meine männlichen Kollegen", erinnert sie sich. „Die konnten einfach losfahren."

Mit der Zeit wurde Tereza Křižková klar, dass berufstätige Mütter nicht alles haben können – irgendwo musste sie Abstriche machen. Die ersten gingen zulasten der Dienstreisen: Sie wechselte aus der reiseintensiven Beratung ins Software-Development, denn Coding bedeutete, dass sie ihre Arbeitszeit freier einteilen konnte. Sie reckt ihr Kinn und sagt trocken: „Wenn du als Mann Vater

> **Wenn du als Mann Vater wirst, hast du einfach ein Kind. Ich hatte jetzt ein anderes Leben.**

wirst, hast du einfach ein Kind. Ich hatte jetzt ein anderes Leben." Männliche Kollegen flogen spontan zu Schulungen in den USA, sie wurde davon automatisch ausgeschlossen. „Nicht böswillig", wirft sie ein, „sondern einfach ganz pragmatisch." Da wäre niemand gewesen, der spontan 14 Tage ihr Kind hätte übernehmen können. Sie zuckt mit den Schultern: „Ich habe auch keine Lösung für diese Situationen, aber was mir helfen würde, wäre mehr Anerkennung." Anerkennung der Tatsache, dass da was auf der Strecke bleibt für arbeitende Mütter. Nach gut drei Jahren als Senior Developer und Supervisor bei Konica Minolta ist Tereza Křižková jetzt Teamleiterin im Development. Sie hat sich immer als reine Praktikerin gesehen, doch ihre Vorgesetzten erkennen auch die Führungskraft in ihr. Ihr Team ist in ganz Deutschland und darüber hinaus verteilt – sie führt es aus dem Homeoffice. Dass ausgerechnet ihr Team zu 40 Prozent aus Frauen besteht, sei Zufall, sagt sie. Für sie zähle nur, ob jemand den Job wirklich will. Ist es möglich, dass sie durch ihre eigene Geschichte einfach keinen Bias gegen Mütter oder Quereinsteigerinnen hat? Wahrscheinlich.

← *Die Fassade der Europazentrale von Konica Minolta in Langenhagen*

↑ *Als Teamleiterin für Softwareentwicklung muss Křižková nur noch selten reisen.*

↖ *Früher suchte sie Anerkennung. Heute ist Erfolg, wenn die Work-Life-Balance stimmt.*

↑ Křižková sieht der Zukunft gelassen entgegen.

Die 43-Jährige strahlt eine Klarheit aus, selbst wenn ihr mal die Antworten fehlen. Sie sagt, dass sie immer schon aus dem Bauch heraus entschieden hat und damit, zumindest bei den großen Entscheidungen, noch nie falsch lag. Sie besitzt ein tiefes Vertrauen in ihre Intuition, auch dann, wenn andere Leute ihre Impulse nicht besonders klug finden. „Als mein heutiger Partner und ich voriges Jahr zum vierten Mal in Rumänien im Urlaub waren, haben wir gesagt: ‚Hier kaufen wir ein Haus.'" Sie lacht laut auf und beteuert: „Ich weiß, es klingt verrückt, doch ich weiß auch, dass ich es nicht bereuen werde!" Gibt es beruflich noch Impulse, denen sie gern folgen möchte? Wenn sie sich noch einmal verändern würde, dann, sagt sie, würde sie etwas völlig anderes machen. In Rumänien vielleicht, wo ihr das Grundstück gehört. Im Tourismus, möglicherweise? „Ich habe mit einer Reisetasche und 100 Euro meinen Heimatort verlassen. Heute habe ich einen Sohn, der sich zu einem guten Menschen entwickelt hat, ich bin gut in meinem Beruf, ich verdiene gutes Geld. Ich stehe gut da." Aber, sagt sie gelassen, sie habe auch 20 Jahre lang getan, was sie tun musste. „Ich musste Geld verdienen. Ich musste mein Kind ernähren. Ich musste meinen Job meinem Leben anpassen." Wenn Tereza Křižková noch einmal etwas Neues machen würde, dann in Selbstständigkeit und nur etwas, das sie wirklich, wirklich will. Aber bereuen? Tue sie nichts.

VONEINANDER LERNEN

1
VERÄNDERUNGEN VORNEHMEN

Im privaten wie im beruflichen Leben. Meine Entscheidungen, auch Kündigungen haben mich immer weitergebracht. Jeder neue Job hat mich Neues gelehrt, an jedem neuen Job bin ich gewachsen. „Wer zu sehr darauf bedacht ist, nichts falsch zu machen, tut am Ende gar nichts." Das hat ein Chef mir gesagt, den ich bis heute sehr schätze. Veränderungen sind Meilensteine in der Entwicklung. Und wenn man freiwillig ein neues Kapitel aufschlägt, ist das immer gut.

2
ES WIRD BESSER

Mütter, habt Geduld. Das Leben als berufstätige Mutter kann hart, es kann oft unfair sein. Aber es kommt die Zeit, wenn die Kinder sich die Pizza selbst in den Ofen schieben und abends allein ins Bett gehen. Dann wird es besser.

Über diese Themen tauscht sich Tereza Křižková gern aus:
Das Thema Restart finde ich spannend. Frauen, die nach 20 Jahren Berufserfahrung noch einmal den Fachbereich gewechselt haben oder zum Beispiel selbstständig geworden sind.

Wen sich Tereza Křižková als Mentee wünscht:
Frauen, die den starken Willen haben, etwas zu verändern, aber erst an der Kreuzung stehen. Und da ich über 20 Jahre Erfahrungen im IT-Bereich habe, bietet sich jemand als Mentee an, der auch in der IT arbeitet oder der dorthin wechseln möchte.

3
KEINE REUE

Mach immer das, was du willst, oder was notwendig ist. Sei pragmatisch oder sei leidenschaftlich – Hauptsache, du bereust nichts.

AUSTAUSCH

SENIOR VICE PRESIDENT COMMUNICATIONS & POLITICAL AFFAIRS
E.ON ENERGIE DEUTSCHLAND, MÜNCHEN

Ulrike Schiermeister

Als Senior Vice President Communications gestaltet Ulrike Schiermeister seit 2013 die Beziehung des Vertriebs des größten deutschen Energieversorgers E.ON zur Öffentlichkeit und zu seinen Beschäftigten. Die Kommunikationsarbeit hat sie von der Pike auf gelernt, die Leidenschaft für die Führungsarbeit ist mit ihren Aufgaben gewachsen.

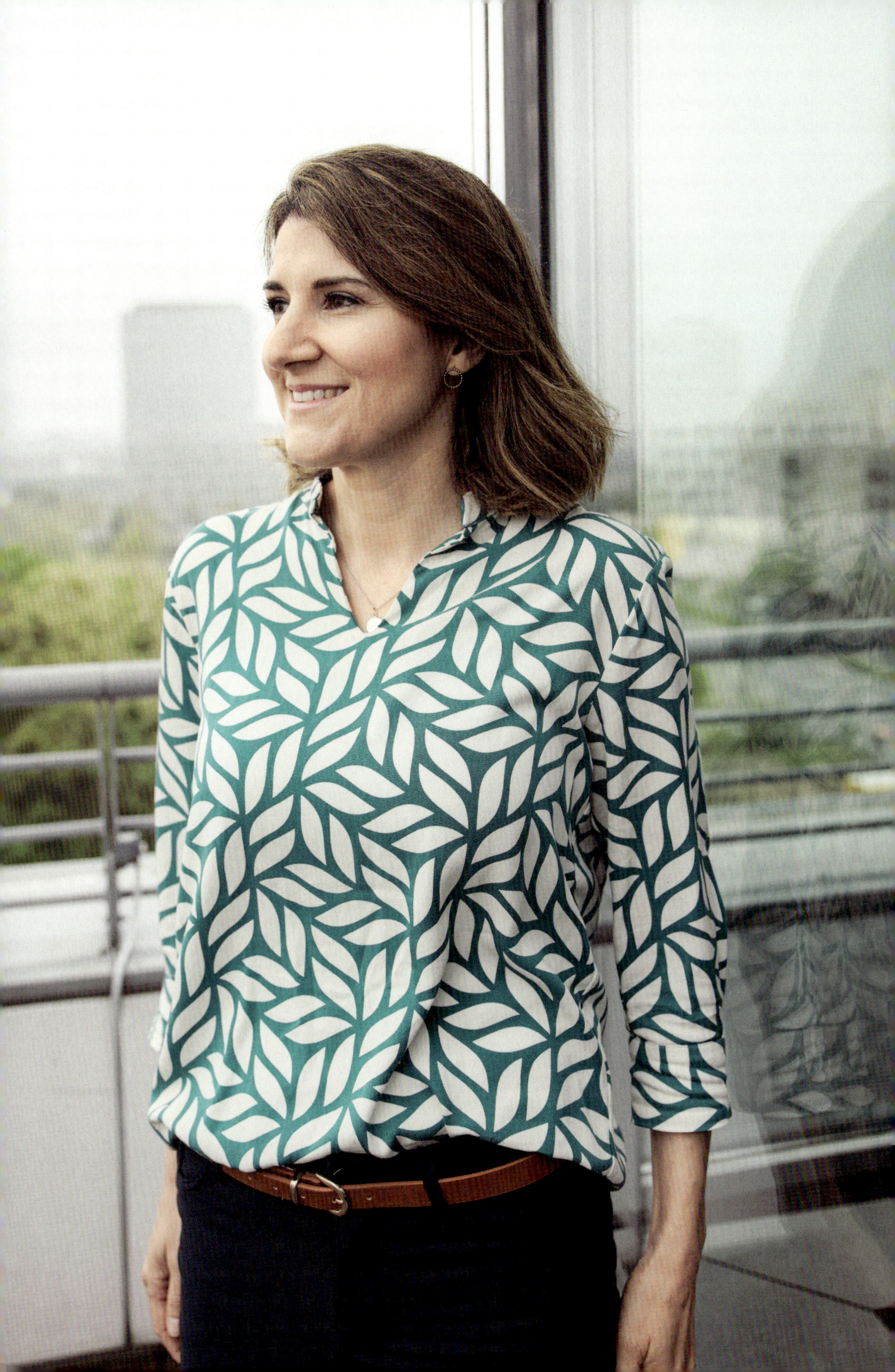

it's
on
us

W

Wie sehr sie die Zusammenarbeit mit ihrem Team liebt, wurde Ulrike Schiermeister so richtig bewusst, als sie 2016 von ihrer ersten Elternzeit zurückkehrte. Ihre Vertretung schlug ihr damals vor, die Rolle im Jobsharing weiterzuführen, und im ersten Moment fand Ulrike Schiermeister die Idee reizvoll. Aber als es darum ging, die Aufgaben zu verteilen, Ressorts abzustecken und gemeinsame Prozesse zu erarbeiten, wehrte sich alles in ihr. Sie merkte: „Ich will das gar nicht! Ich habe dieses Team zwei Jahre lang aufgebaut, ich möchte wieder die volle Verantwortung übernehmen, auch wenn ich jetzt Mama bin!" Sie erinnert sich: „Ich war mir so sicher, dass ich mit genau diesen Menschen große Ideen noch größer machen könnte."

In erster Linie ist der Kommunikationschefin wichtig, dass die Kollegen gut informiert sind: „Alle sollen in ihrer Rolle sprech- und handlungsfähig sein." Sie ist transparent und vermittelt neben Zahlen und Fakten auch immer ihre persönliche Einschätzung zu einer Situation. Als Kommunikationsexpertin ist Schiermeister außerdem dafür zuständig, das Unternehmen und seine Produkte in der Öffentlichkeit optimal zu positionieren. Das war insbesondere in den vergangenen zwei Jahren eine enorme Herausforderung – seit dem Angriffskrieg auf die Ukraine und der daraus resultierenden Energiekrise bestand das Tagesgeschäft monatelang aus Krisenkommunikation. Der Druck war groß.

Schiermeister spricht schnell und klar. Die Baden-Württembergerin, die heute mit ihrem Mann und ihren zwei Kindern in München lebt, lehnt sich vor und sagt, wie froh sie sei, dass sie zu Beginn der Krise schon gut 15 Jahre Erfahrung im Job und im Unternehmen hatte. Sonst hätte sie das nicht so sportlich genommen: Jeden Morgen Lagebesprechung – denn die Situation war jeden Tag eine andere. Ulrike Schiermeister ist durch diese Krise deutlich geworden, dass sie in ihrer Position nicht nur die Verantwor-

,,

Alle sollen in ihrer Rolle sprech- und handlungsfähig sein.

tung gegenüber den zahlenden Kunden trägt. Die ganze Bevölkerung blickte auf den großen altvertrauten und in Krisenzeiten standhaften deutschen Energieversorger, nach dem Motto: Wenn E.ON das nicht packt, packt's keiner.

Obwohl, E.ON sei auch nicht mehr der Konzern von vor 10 oder gar 20 Jahren. Die 43-Jährige lächelt: „Und das ist gut so!" Als sie 2006 als Marketing-Managerin beim Konzern anfing, war der Energiemarkt zum Teil noch ein Oligopol. Einige Mitarbeitende waren ziemlich traditionsliebend und schon sehr lange dabei. „Mittlerweile ist der Markt riesig, der Wettbewerb schnell und die Kundschaft immer anspruchsvoller", so Ulrike Schiermeister. In 18 Jahren habe sie die Transformation in eine datengetriebene, flexible Organisation erlebt, die eine vielfältige Produktpalette anbietet. E.ON übersetzt den Wandel am Energiemarkt in ein neues Selbstverständnis und präsentiert sich seit 2024 mit dem Claim „it's on us" als eine Schlüsselfigur der Energiewende. Es sind aufregende Zeiten für die Kommunikationschefin.

Auf die Frage, ob sie nie ein Branchenwechsel gereizt habt, schmunzelt sie. „Da habe ich kürzlich erst mit einem guten Bekannten drüber gesprochen. Und ich dachte: Ach, so eine Kosmetikmarke, irgendwas nah am Menschen, etwas Emotionaleres als Strom, der aus der Steckdose kommt." Aber dann habe sie realisiert, dass dort nicht permanent die Deutsche Presseagentur anklopfen würde, die gesellschaftliche Relevanz wäre deutlich eingeschränkter und sie wäre nicht eine der Stimmen des deutschen

> „Ich geh rein in eine Situation, erfasse sie und breche sie schnell zielgruppengerecht runter."

Energiemarkts in der Krise gewesen. „Da habe ich die kurze Schwärmerei gleich beendet." Sie lacht auf. Ulrike Schiermeister wollte immer am Puls sein und die großen Räder drehen.

Ihr langjährigster Kollege beschreibt sie als erfolgsorientiert. Eine Kollegin sagt, sie treibe Themen stark voran. Darin erkennt sie sich wieder. „Ich geh rein in eine Situation, erfasse sie und breche sie schnell zielgruppengerecht runter." Schnell – das ist ihre Geschwindigkeit. Manchmal wünscht sie sich, nicht so ad hoc zu sein, sondern ein wenig besonnener. „Ich biete oftmals Lösungen aus dem Stegreif an. Ich könnte mir öfters mal einen Moment nehmen und sagen: Ich denke drüber nach und komme auf euch zurück!" Sie macht eine Wischbewegung mit ihren Händen und schießt hinterher: „Andererseits hätte ich die heißen Phasen der Energiekrise nicht annähernd so gut überstanden, wenn ich nicht aus dem Stegreif loslegen könnte." Was wurde noch über ihren Führungsstil gesagt? Man merke ihr den Spaß an der Sache an und bei Problemen stehe sie immer hinter ihren Mitarbeitenden. Diese

↑ Spaß an der Sache, aber auch am Team und an den Räumlichkeiten. Die Managerin arbeitet lieber im Büro als im Homeoffice.
↖ Die Kommunikationschefin zapft E.ON Strom.

↑ Sie ist stolz: Die Managerin hat ein besonders gutes Team um sich versammelt, auf das sie sich voll und ganz verlassen kann.

Einschätzung ist ihr besonders wichtig: Sie fordert Einsatz, aber es bereitet ihr auch Freude, ihn zu honorieren. „Ich habe ganz bewusst meine Leitungspositionen für die Abteilungen der Internen und Externen Kommunikation aus meinem Team heraus besetzt. Ich wollte ihnen und dem Rest des Teams zeigen, dass Leistung bei mir auch belohnt wird." Sie fördert und befähigt ihre Teammitglieder und schenkt ihnen einen satten Vertrauensvorschuss. „Ich kann als Working Mom nur so gut sein wie mein Team. Meine zeitliche Verfügbarkeit ist eingeschränkt und Notfälle gibt es immer. Kind krank und eine große Konferenz steht an? Da weiß ich, ich kann meine Mitarbeitenden hinschicken." Heißt das auch, dass sie gut abgeben kann? „Ja, ich kann abgeben, aber ich will weiterhin mitspielen. Ich möchte zumindest bei den Grundzügen wichtiger Projekte involviert sein." Teilhabe ist ihr genauso wichtig wie eine offene Zusammenarbeit. Das gilt auch mit ihrem Chef, den sie als sehr wertschätzend beschreibt, er gebe eine Menge Freiraum und Rückendeckung. Sie ist viel lieber im Büro als im Homeoffice. Da kann man gemeinsam an Ideen feilen, mit Kollegen Mittagessen gehen oder bei der Brotzeit nach dem großen Bereichs-Jour-Fixe einfach Zeit verbringen. Ulrike Schiermeister mag ihren Strom aus der Steckdose beziehen, aber ihre Energie schöpft sie aus der Zusammenarbeit mit Menschen.

VONEINANDER LERNEN

1

ALLES KOMMT ZU DEM, DER WARTEN KANN!

Das ist ein Rat meines Papas. Als Kind war es manchmal schwer zu verstehen, aber als Erwachsene sich der Satz bewahrheitet. Ich hatte ein Angebot hier bei E.ON, das ich ausgeschlagen habe, weil mein jetziger Posten mein Traumjob war. Ich habe ein halbes Jahr auf die Chance gewartet, mich darauf bewerben zu können, und es hat geklappt. Bleib geduldig.

2

DEINESGLEICHEN

Früher habe ich Menschen eingestellt, die wie ich getickt haben, das mache ich nicht mehr. Achte auf Diversität – und zwar auch im Verhalten, der Arbeitsweise und den Interessen. Tappe nie in die Falle, dein Spiegelbild einzustellen.

3

MÜTTER UND KARRIERE

Wenn ich gewusst hätte, wie kurz die Zeit ist, in der die Kinder mich wirklich hundertprozentig brauchen ... ich hätte mir weniger Gedanken über die Pause, den Wiedereinstieg und meine weitere Karriere gemacht. Du kannst diese Zeit in deine Familie investieren. Vertraue auf das, was du schon geleistet hast, und auf das, was du nach deinem Wiedereinstieg wieder leisten wirst.

Über diese Themen tauscht sich Ulrike Schiermeister gern aus:
Den Zusammenhalt von Frauen und wie wir ihn besser gestalten können.

Wen sich Ulrike Schiermeister als Mentee wünscht:
Eine mutige, frische, zielstrebige und lustige Frau.

AUSTAUSCH

SVP, HEAD OF CORPORATE STRATEGY, BUSINESS DEVELOPMENT, MERGERS & ACQUISITIONS
BSH HAUSGERÄTE GMBH, MÜNCHEN

Veronika Wellge

Veronika Wellge hat die neue Konzernstrategie bei der BSH Hausgeräte GmbH mitgeschrieben. Jetzt sorgt sie mit dem globalen Führungsteam der BSH dafür, dass sie weltweit implementiert wird. Sie setzt auf die Stärken des stabilen traditionsreichen Unternehmens und zielt darauf ab, die BSH in Zukunft schneller, innovativer und kundennäher aufzustellen. Der Gestaltungsbereich ist groß und genauso gefällt es ihr auch.

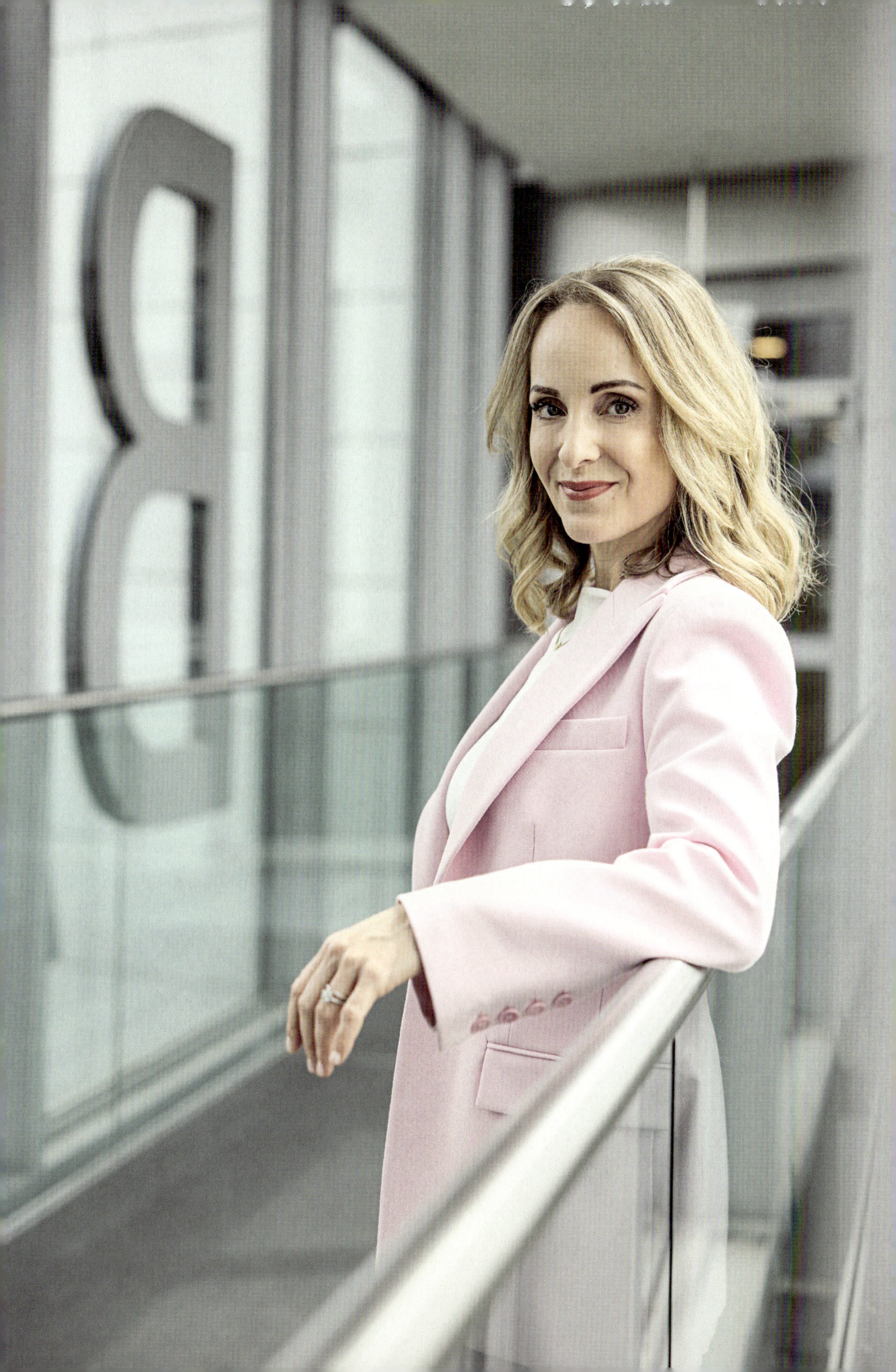

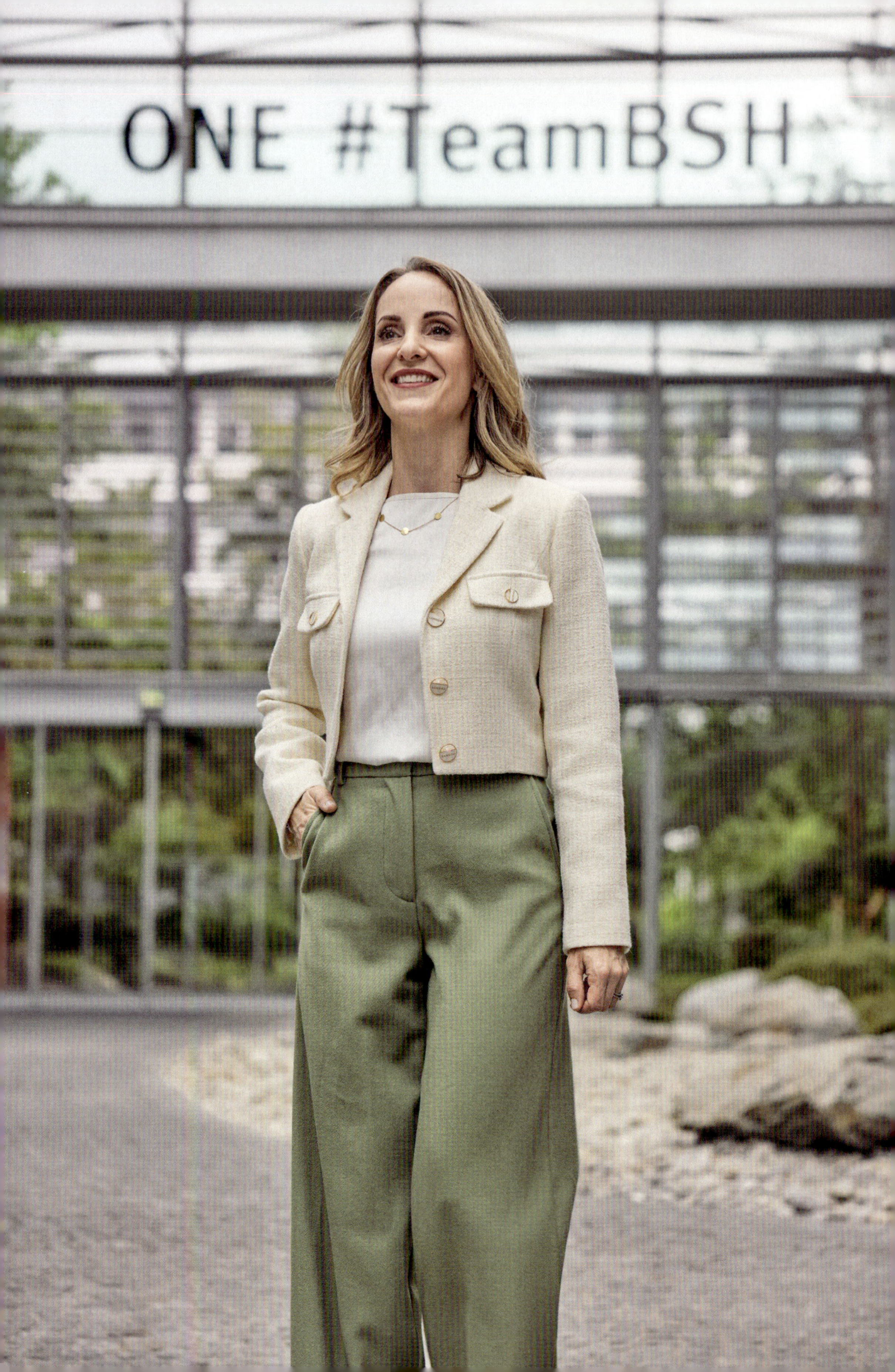
ONE #TeamBSH

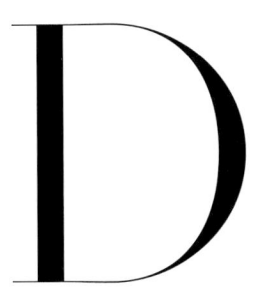

Das Angebot, die globale Strategie und M&A der BSH zu leiten, erhielt Veronika Wellge im Sommer 2021 in der Elternzeit. Viele in ihrem Umfeld rieten ihr damals davon ab: ein neuer Arbeitgeber, ein neues Aufgabengebiet, und das als frischgebackene Mutter – aber die Wahlmünchnerin wollte den Sprung wagen. Mit einem hohen Maß an Planung und Struktur und der Unterstützung einer Au-pair hat es sich gut eingespielt. Seit drei Jahren ist Wellge nun für die globale Strategie des Konzerns und auch für den Strategieprozess – also das Herunterbrechen der Strategie auf die Regionen und Geschäftsbereiche – verantwortlich. Ihr Team arbeitet außerdem als Inhouse-Beratung und setzt ganze Projekte im Sinne der Strategie um. Darüber hinaus ist sie für strategische Mergers & Acquisitions für das Markenportfolio der BSH zuständig. „Mein Scope ist breit, herausfordernd und ich muss in meiner Rolle dauernd am Puls der Zeit sein. Das macht es so spannend."

Spannung scheint eine Grundvoraussetzung zu sein. Die 42-Jährige hat sich immer wieder völlig neue Aufgabengebiete erobert. So hat sie sich über die Jahre ein besonders vielfältiges Skill-Set angeeignet: Nach dem Abschluss ihres BWL-Studiums 2008 begann sie in der Unternehmensberatung und lernte dort alle Grundlagen: Projektmanagement, analytische Fähigkeiten und zielgerichtete Kommunikation. Sie war gerade mal ein halbes Jahr als Beraterin bei Simon, Kucher & Partners tätig, als bei einem der großen Projekte die Leitung wegbrach und man ihr das Projekt mit den Worten „Mach mal" auf den Tisch legte. Hier sprang sie bewusst ins kalte Wasser: „Ich habe mich nicht gleich wohlgefühlt, aber ich habe es gewagt und dabei extrem schnell gelernt." Ihre Stimme ist ruhig und voller Überzeugung.

Sie sei schon seit jeher ziemlich zielstrebig und ehrgeizig gewesen: „Ich musste

>> Businessplanung, Fundraising, Investoren überzeugen, aber auch Produkte und Lösungen entwickeln und starke Teams aufbauen — das sind unternehmerische Skills, die ich heute noch anwende.

sehr früh selbstständig sein, weil mein Vater mich und meinen Bruder weitgehend allein erzogen hat." Dass sie sich im Herbst 2014 auch beruflich selbstständig machte, war nur konsequent. Als Gründerin und Geschäftsführerin von Caremondo, einer Plattform für Medizinreisen, erweiterte sie ihr Skill-Set exponentiell. „Das war eine Learning Journey, die ich nicht missen möchte", meint sie. Sie musste sich in ganz neue Arbeitsbereiche einarbeiten: „Businessplanung, Fundraising, Investoren überzeugen, aber auch Produkte und Lösungen entwickeln und starke Teams aufbauen – das sind unternehmerische Skills, die ich heute noch anwende und die ich in dieser Form in einem Unternehmen nicht hätte lernen können." Wenn sie über das Gestalten ihrer Vision spricht, den leidenschaftlichen Einsatz für eine Idee, kommt die Managerin leicht ins Schwärmen. Dabei ist es nicht so, dass immer alles glatt lief. Mit ihrer Mitgründerin ging sie getrennte Wege, und obwohl sie einen tollen Ersatz fand, musste sie den Betrieb im dritten Jahr, als die dritte Finanzierungsrunde nicht zustande kam, verkaufen. Die Unterstützung durch ihren Mann, enge Freunde und ihr berufliches Netzwerk hat sie damals darin bestärkt, nicht aufzugeben. Ganz im Gegenteil: „Jetzt erst recht. Nicht zurückziehen, sondern angreifen", fasst sie mit einem Lächeln zusammen.

Das Herz einer Unternehmerin werde immer in ihr schlagen, sagt sie. Deshalb sei 2017 der Schritt zum Weltkonzern Amazon nach Caremondo genau der richtige gewesen. Dort konnte und

> *Jetzt erst recht. Nicht zurückziehen, sondern angreifen.*

sollte sie als Unternehmerin im Unternehmen agieren. Bei Amazon habe sie gelernt, was es heißt, in einem schnellen, innovativen und datengetriebenen Umfeld zu arbeiten. Die Führungsprinzipien, die Konzernkultur und das Mindset sind dort auf Innovation, Wachstum und ganz besonders auf den Kunden ausgerichtet. Wieder ein Sprung: in eine Executive-Management-Position, die es ihr erlaubt, zu hinterfragen, zu innovieren, zu vereinfachen, zu optimieren oder auch mal ein Projekt zu stoppen.

Sie hat jeden ihrer Karriereschritte mit Bedacht gewählt – womit hat die BSH überzeugt? „Mit ihrem Purpose ‚We improve quality of life at home'. Ich wusste gleich, dass ich hier mit meinen Skills und Erfahrungen viel bewirken kann." Der Wettbewerb sei dynamisch und die Branche befinde sich im Umbruch. Das Business-to-Business-Geschäft der BSH wird durch den Direktvertrieb an die Konsumenten ergänzt und Onlinekanäle werden neben dem stationären Handel immer wichtiger. „Außerdem ergänzen sich Hard- und Software in den Produkten zu integrierten Lösungen für mehr Leistung und Komfort. Das ist für mich eine spannende Herausforderung", sagt die Strategin, „alles, was ich bisher gelernt habe, kann ich optimal in meiner

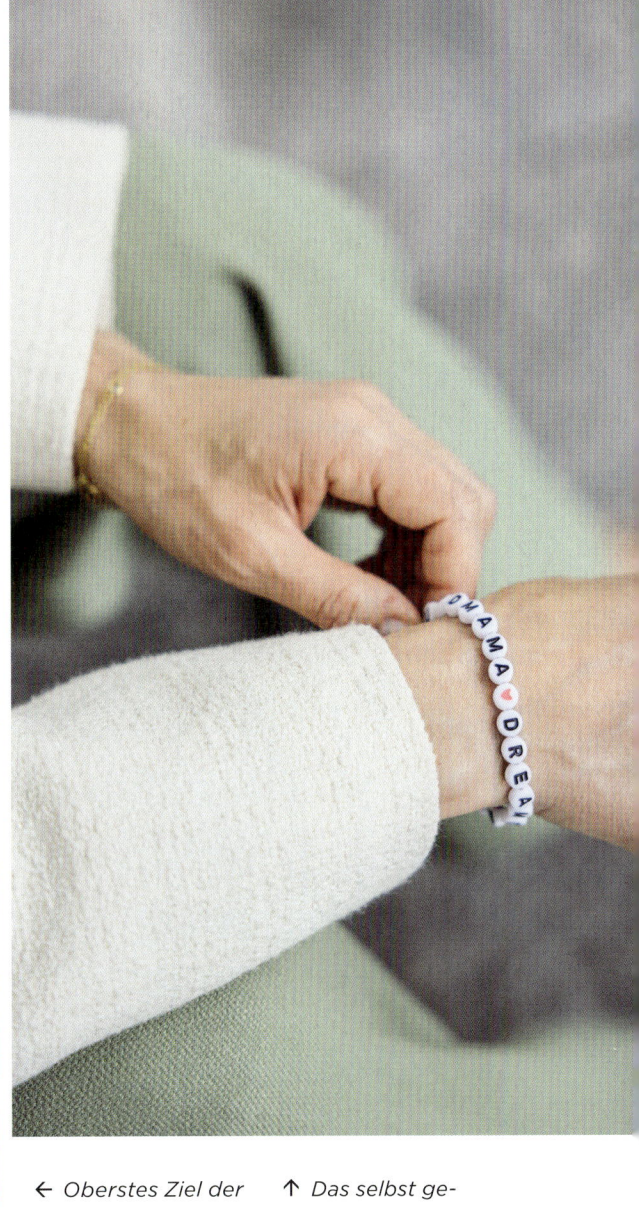

← Oberstes Ziel der BSH: Konsumenten mit innovativen Hausgeräten zu begeistern.

↑ Das selbst gemachte Armband „Leonie & Mama – Dreamteam" verbindet sie mit ihrer Tochter.

↖ Wellge versteht sich als Unternehmerin im Unternehmen: Chancen erkennen und aktiv angehen.

↑ *Bei ihren Projekten kommt Wellge ihr Hintergrund als Unternehmerin sehr zugute.*

Rolle einbringen." Sie beschreibt, wie Altes aufgebrochen wird, damit Neues entstehen kann: „Wir setzen neue Prioritäten, wollen schneller werden und noch näher an den Bedürfnissen der Konsumenten und Kunden sein." Die Geräte der BSH werden digitaler, KI gewinnt zunehmend an Bedeutung. Auch Beratung und Kauf werden auf analogen und digitalen Kanälen ständig komfortabler. Die Strategie hört nicht bei dem Produkt und dem Go-2-Market auf, ihr unternehmerisches Mindset bringt sie jetzt zudem in die Kulturarbeit ein. Gemeinsam mit Global HR arbeitet sie an der kulturellen Weiterentwicklung der BSH, um diese ebenso an den sich entwickelnden Marktgegebenheiten auszurichten. Die Themen Kundenorientierung, unternehmerisches Handeln und Diversity spielen darin zentrale Rollen. Wir setzen aktiv auf unterschiedliche Perspektiven und Erfahrungshintergründe, die diverse Teams ermöglichen, denn diese sind wichtige Treiber für Innovation, Transformation und beste Teamergebnisse und damit letztlich enstcheidend für unseren Erfolg. Das ist wichtig in der Besetzung von Projektteams und beim Recruiting neuer Mitarbeiter. Sie weiß, dass kultureller Wandel langsam vor sich geht. Und lacht: „Niemand würde sagen, dass ich geduldig bin. Aber ich bin zuversichtlich, belastbar und meine 4-jährige Tochter hat mir noch mal mehr Gelassenheit beigebracht." So wird Veronika Wellge die BSH in ihrer aktuellen Rolle in großen Schritten voranbringen, bevor sie selbst ihren nächsten Sprung in ein neues Aufgabengebiet wagt.

VONEINANDER LERNEN

1
DEINE ZEIT

Wenn du nicht auf dich achtgibst, tut es niemand. Nimm dir Raum, plane Erholung, Zeit mit Familie und Freunden, aber auch Zeit für deine eigene Entwicklung und Reflexion in deinen Kalender ein.

2
SCHAU DICH RECHTZEITIG UM

Wo willst du als Nächstes hin? Setze dich auf den Fahrersitz deiner eigenen Karriere. Auch das kann dir niemand abnehmen. Schau dich nach Jobs um, die dir Spaß machen und dich herausfordern.

3
SPRING!

Niemand muss sofort alles können. Aber du musst bereit sein, zu lernen und auch mal zu stolpern. Sei bereit, deine Komfortzone zu verlassen und dich selbst infrage zu stellen. Ich bin häufig ins kalte Wasser gesprungen und habe dadurch sehr schnell gelernt.

Über diese Themen tauscht sich Veronika Wellge gern aus:
Unternehmertum, diverse Teams, Female Leadership, authentisches Führen, Stärken erkennen und ausbauen, Familie und Karriere leben.

Wen sich Veronika Wellge als Mentee wünscht:
Ambitionierte Frauen aus Management und Beratung, die in der Consumer-, Business- und Tech-Welt zu Hause sind, die eine Sparringspartnerin suchen und von denen auch sie in bestimmten Fachbereichen lernen kann.

AUSTAUSCH

GESCHÄFTSLEITERIN BEI DER BERUFSFEUERWEHR MÜNCHEN
LANDESHAUPTSTADT MÜNCHEN

Antje Jörg

Seit 33 Jahren ist Antje Jörg in der Verwaltung der Landeshauptstadt München, seit 2019 Geschäftsleiterin der Berufsfeuerwehr. In ihrer Rolle gestaltet sie das bestmögliche Arbeitsumfeld für rund 2.300 Feuerwehrleute, Verbeamtete und Beschäftigte und verantwortet die Bereiche HR, Finanzen, Recht sowie Bevölkerungsschutz und Krisenmanagement.

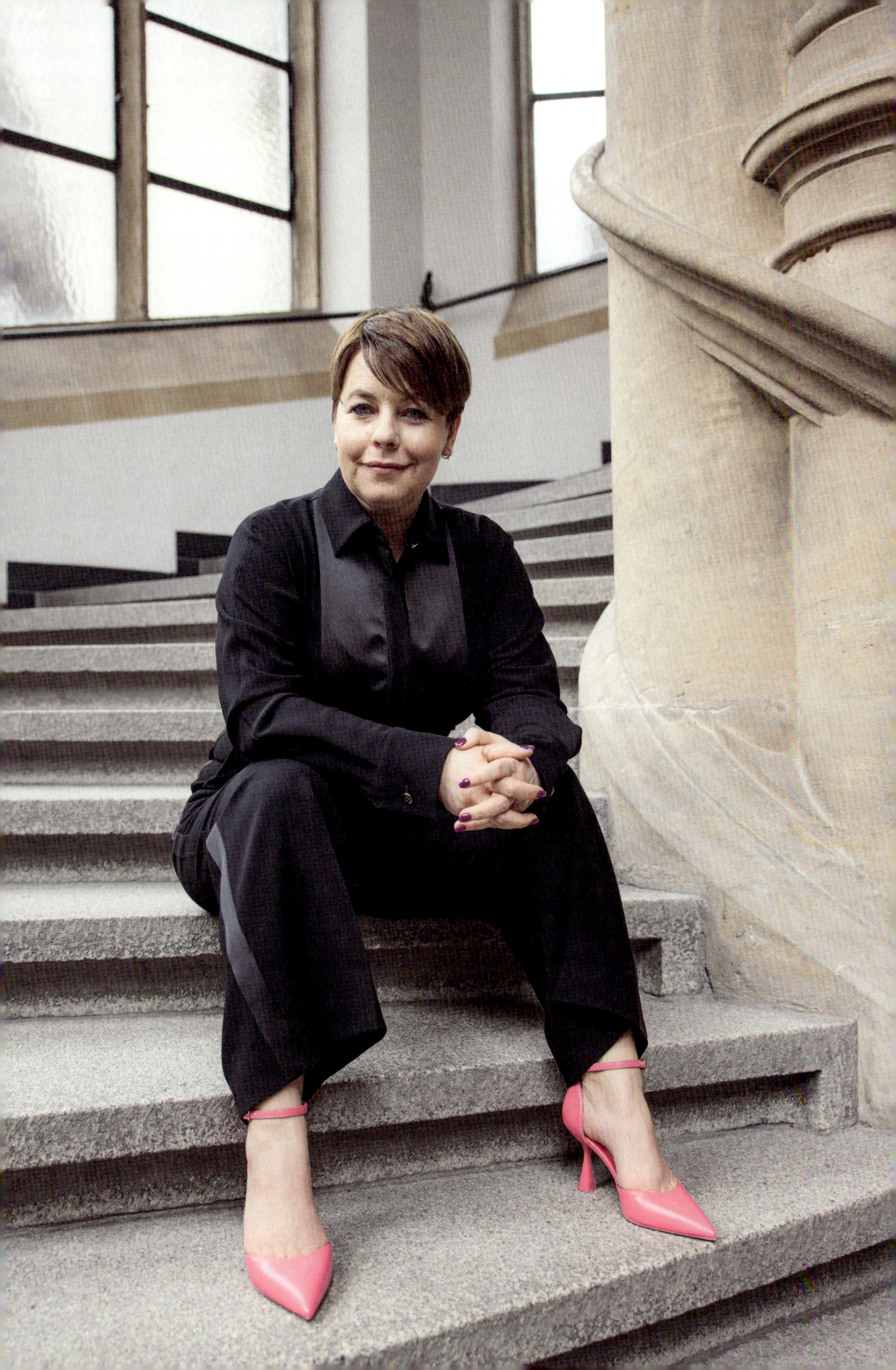

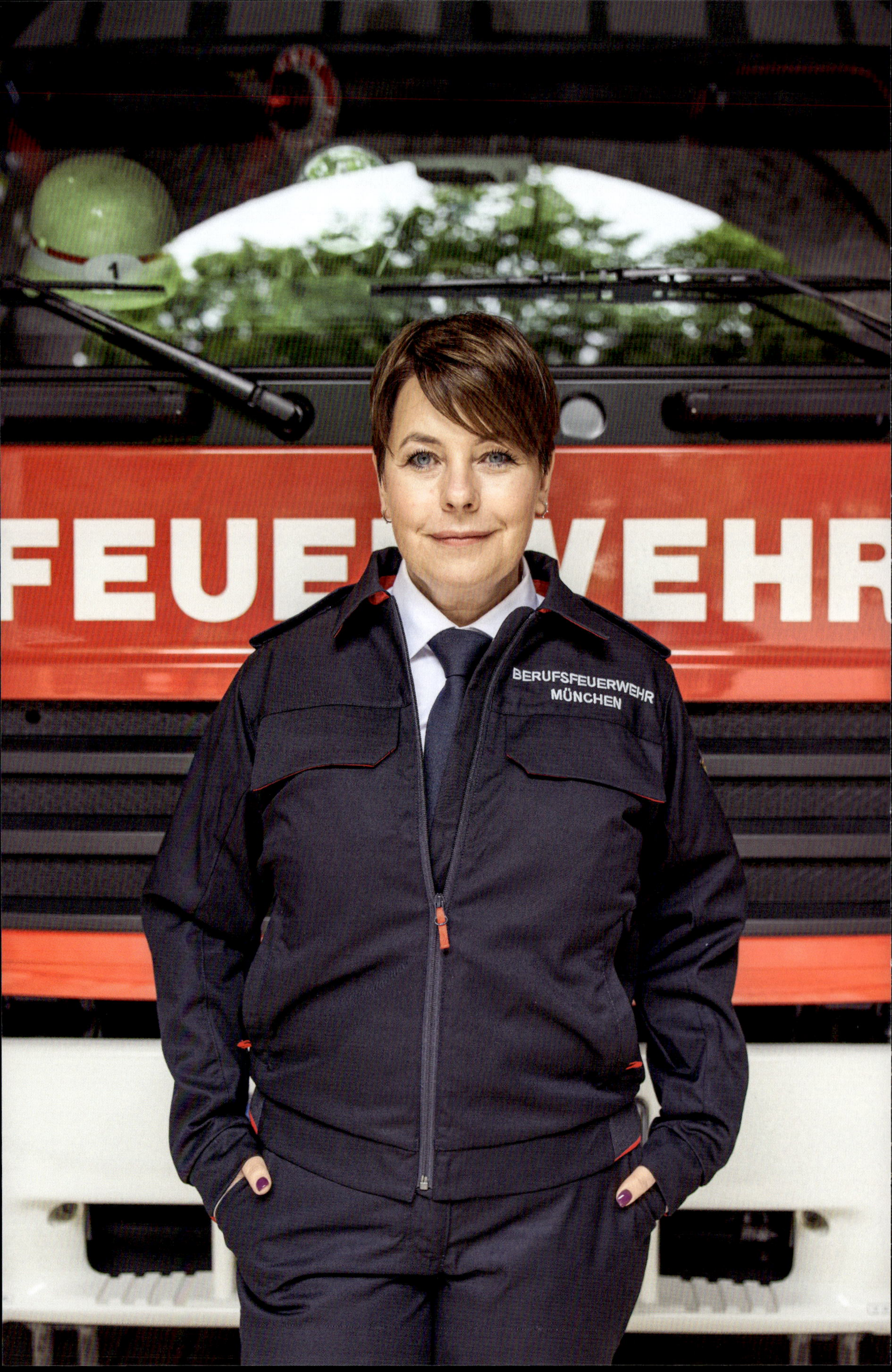
FEUERWEHR
BERUFSFEUERWEHR
MÜNCHEN

„Ich bin ein Kind der Stadtverwaltung", sagt Antje Jörg und strahlt. Seit ihrer Ausbildung ist die 52-Jährige bei der Stadt. München ist längst ihre Heimat, auch wenn Antje Jörgs Wurzeln in der ehemaligen DDR liegen. Sie war 16, als sie mit ihrer Familie noch vor der Wende aus Dresden nach Bayern kam. Eine Münchner S-Bahn-Werbung brachte die Schülerin damals auf die Idee, sich bei der Stadtverwaltung für eine Ausbildung zu bewerben. Ein Impuls, der sich als goldrichtig erwies. „Ich würde alles wieder so machen", sagt sie und streicht sich eine Strähne aus der Stirn. Sie beschreibt ihren Werdegang als Achterbahnfahrt: auf und ab, Loopings, auch mal eine Vollbremsung. Die vergangenen 33 Jahre haben Antje Jörg alles gelehrt, was sie für ihre heutige Rolle als Geschäftsleiterin braucht. 1994, direkt nach der Ausbildung, arbeitete sie zum ersten Mal in der Branddirektion, als eine von drei Frauen in ihrer Abteilung. Sie mochte die Leute, sie mochte die Aufgaben. Aber für die junge wissbegierige Antje Kühn, so hieß sie vor ihrer Heirat, gab es damals nicht die richtigen Entwicklungsmöglichkeiten. „Ja, ‚Kühn' wie ‚mutig'", schmunzelt sie über ihren Mädchennamen. Kühn wird sie noch oft sein: bei Referatswechseln oder als sie neben ihrem Vollzeitjob ein Studium abschließt. Oder etwa, als sie sich ohne politische Vorkenntnisse um die Rolle der Pressesprecherin einer Stadtratsfraktion bewirbt und sie auch bekommt. An dieser Herausforderung sei sie enorm gewachsen, erinnert sich Antje Jörg: „Meine beste Freundin sagt, in diesen zwei Jahren sei ich sichtbar souveräner, stärker und gelassener geworden." Mutig war sie ebenfalls, als sie sich 2015 für ihre erste Führungsposition in der Stadtverwaltung bewarb: „Ich habe in meine Bewerbung geschrieben: ‚Ich bin die Richtige für Sie!' War ich dann auch." Sie war schon immer etwas unkonventionell. Deshalb ist sie oft positiv aufgefallen: „Ich bin in meiner Laufbahn häufig eingeladen worden, meinen Hut in den Ring zu werfen", sagt sie. „Aber geschenkt wurde mir nichts", fügt sie bestimmt hinzu.

> **Ich habe in meine Bewerbung geschrieben: ‚Ich bin die Richtige für Sie!' War ich dann auch.**

So eine Sichtbarkeit ruft gleichzeitig Neid und Missgunst auf den Plan. 2018 erlebte Antje Jörg einen Tiefpunkt: einen Führungswechsel, der ihre Aufgabe als Büroleiterin mit betraf. Im Mikrokosmos des Öffentlichen Dienstes menschelt es eben auch. Sie bekam Angst. Wie sollte es weitergehen? Es war ein Moment der Zäsur: Sollte sie sich mehr anpassen, weniger kühn, dafür leiser sein? So weit kam es nicht, denn sie beschloss: „Das ist mein Leben und ich habe noch nie jemandem etwas weggenommen. Ich werde meinen Job weiter so machen, wie ich es für richtig halte." Das Licht am Ende des Tunnels war eine Mentorin, die eine ähnliche Situation erfahren hatte und ihr einen Job auf Zeit anbot, um sich neu zu sortieren und wieder durchzustarten. Und das zahlte sich aus, denn bereits 2019 wurde Jörg eingeladen, sich für die Geschäftsleitung der Berufsfeuerwehr zu bewerben, und sie setzte sich in der finalen Runde gegen sieben männliche Mitbewerber durch.

In ihrem Job ist Antje Jörg an verschiedenen Standorten tätig. Ihre Büros sind modern und farbenfroh eingerichtet: Designmöbel, die eine freundliche Atmosphäre schaffen und ihre energievolle Persönlichkeit widerspiegeln. Auf dem Beistelltisch stapeln sich Ausgaben der Harvard Business Review und brand eins, an der Wand hängen Fotografien und Kunstdrucke. Der von ihr gestaltete Kulturwandel wird hier sichtbar und spürbar. Aber nicht nur die Feuerwehr, die gesamte Stadtverwaltung möchte sich verändern: modernere Führung, mehr unternehmerisches Denken, ein attraktiver

> „Das ist mein Leben und ich habe noch nie jemandem etwas weggenommen. Ich werde meinen Job weiter so machen, wie ich es für richtig halte."

Arbeitsplatz mit Purpose. „Das liebe ich an meinem Job: Es gibt wohl niemanden, der in München lebt und noch nie etwas mit der Stadtverwaltung oder dem Kreisverwaltungsreferat, zu dem die Branddirektion gehört, zu tun hatte. Wir arbeiten zum Wohle der Münchnerinnen und Münchner."

Antje Jörg sagt, sie sei in ihrer Laufbahn gleichermaßen von Männern und Frauen gefördert und gefordert worden. Und doch hätten Frauen den größeren Einfluss auf ihre persönliche Entwicklung gehabt. Allen voran ihre Mutter und Großmutter, meinungsstarke und zupackende Ostfrauen. Dann, 2010 im Personal- und Organisationsreferat, hatte sie eine Abteilungsleiterin, die in ihrem Führungsstil ganz Frau blieb. 2012, als Pressesprecherin im Stadtrat, lernte sie von der damaligen stellvertretenden Vorsitzenden, wie wichtig es ist, politisch vernetzt zu denken. 2018, nach dem holprigen Ende im Kommunalreferat, war es die Sozialreferentin, die ihr echte Solidarität

← Grund zum Strahlen: Für Antje Jörg ist die Landeshauptstadt München die beste Arbeitgeberin.

↑ Altehrwürdige Mauern, aber moderne Arbeitgeberin
↖ Die Uniformen für verschiedene Körpertypen sorgen für einen optimalen Einsatz

entgegenbrachte. Und schließlich ist da noch ihre beste Freundin, die ihr immer wieder ehrlich den Spiegel vorhält und sie gleichzeitig bedingungslos unterstützt.

„Ich fände es so schön, wenn wir nicht nur zwei Frauen im höheren feuerwehrtechnischen Dienst hätten. Aber es geht mir nicht allein um Frauen: Wir brauchen mehr Vielfalt! München ist bunt, und das soll die Feuerwehr mit abbilden. Ich sehe es auch als meine Aufgabe, die Struktur und die Kultur hierfür zu schaffen." Der Startschuss hierzu: ihr Projekt Zukunft in der Personalgewinnung und -bindung der Branddirektion, das ihre jetzige Referentin sehr unterstützt. Zahlreiche Maßnahmen wurden bereits ergriffen, wie neue Ausbildungswege zur Feuerwehr und neue Aufnahmekriterien beim Sporttest. Nun will Jörg noch ein respektvolleres Miteinander einführen, für Alltagssexismus und Altersdiskriminierung sensibilisieren und ihre Mitarbeitenden mental stärken: Ein Resilienzprogramm wurde unter ihrer Initiative ins Leben gerufen, um auf kommende Krisen vorzubereiten. Mit ihrem Team Bevölkerungsschutz und Krisenmanagement bietet sie es nicht bloß in der Branddirektion, sondern in der gesamten Stadtverwaltung an. Feuerwehrleute mögen für ihren Mut und ihre mentale Stärke bekannt sein, doch sie sind auch traditionsliebend. Eine strikte Befehlskette und eingespielte Abläufe sind im Einsatz zwingend notwendig, darum sind sie Teil der DNA. Veränderungen außerhalb dieses Bereichs herbeizuführen ist eine große Herausforderung. Aber wir wissen ja, Antje Jörg ist dafür die Richtige.

Über diese Themen tauscht sich Antje Jörg gern aus:

Diversity in der Arbeitswelt, wertschätzende Organisationsentwicklung, Resilienz in Krisenzeiten.

Wen sich Antje Jörg als Mentee wünscht:

Frauen in Männerdomänen und Frauen auf ihrem Weg als moderne Führungskräfte mit coachendem Führungsstil und nachhaltigen Führungsansätzen.

VONEINANDER LERNEN

1
BLEIB POSITIV

Verliere nicht die Freude an deiner Arbeit. Sei nicht verbissen, wenn Dinge schiefgehen, sondern suche dir neue Wege. Es mag kitschig klingen, aber führe dir abends immer vor Augen, was heute gut gelaufen ist. Es hilft!

2
GUTE WEGBEGLEITER

Suche dir wertschätzende Menschen, mit denen du ehrlich reden und reflektieren kannst. Suche dir Leute, die auch etwas für dich wollen, nicht nur von dir. Meine Freundin kann hart mit mir ins Gericht gehen und mich trotzdem, oder gerade deshalb, besonders gut unterstützen.

3
ES GEHT AUCH WIEDER BERGAUF

Ich habe mehrere berufliche Krisen gehabt, die mich belasteten. Oft zwischenmenschliche Geschichten, die viel Kraft raubten. Einst habe ich gelernt: Auch wenn du mal am Boden liegst – es geht immer wieder bergauf.

4
DEINS IST DEINS UND MEINS IST MEINS

Neider und Energieräuber werden kommen und gehen. Es ist wichtig, sich vor Augen zu führen, dass Menschen, die ein Problem mit dir zu haben scheinen, meist ein Problem mit sich selbst haben. Ich habe mir angewöhnt, den Elefanten im Raum immer anzusprechen. So bleibe ich stark.

COUNTRY-MANAGERIN UND SENIOR DIRECTOR TALENT SOLUTIONS LINKEDIN DACH
LINKEDIN, MÜNCHEN

Barbara Wittmann

Im Frühjahr 2024 feierte die Karriereplattform LinkedIn ihren 21. Geburtstag. In derselben Woche beging Barbara Wittmann ihr achtjähriges Jubiläum in der Firma. Als Country-Managerin und Senior Director Talent Solutions sitzt sie am Puls der modernen Arbeitswelt. Ihr Credo: Alles steht und fällt mit den Skills, die ein Unternehmen in der Gesamtheit des Teams vereint.

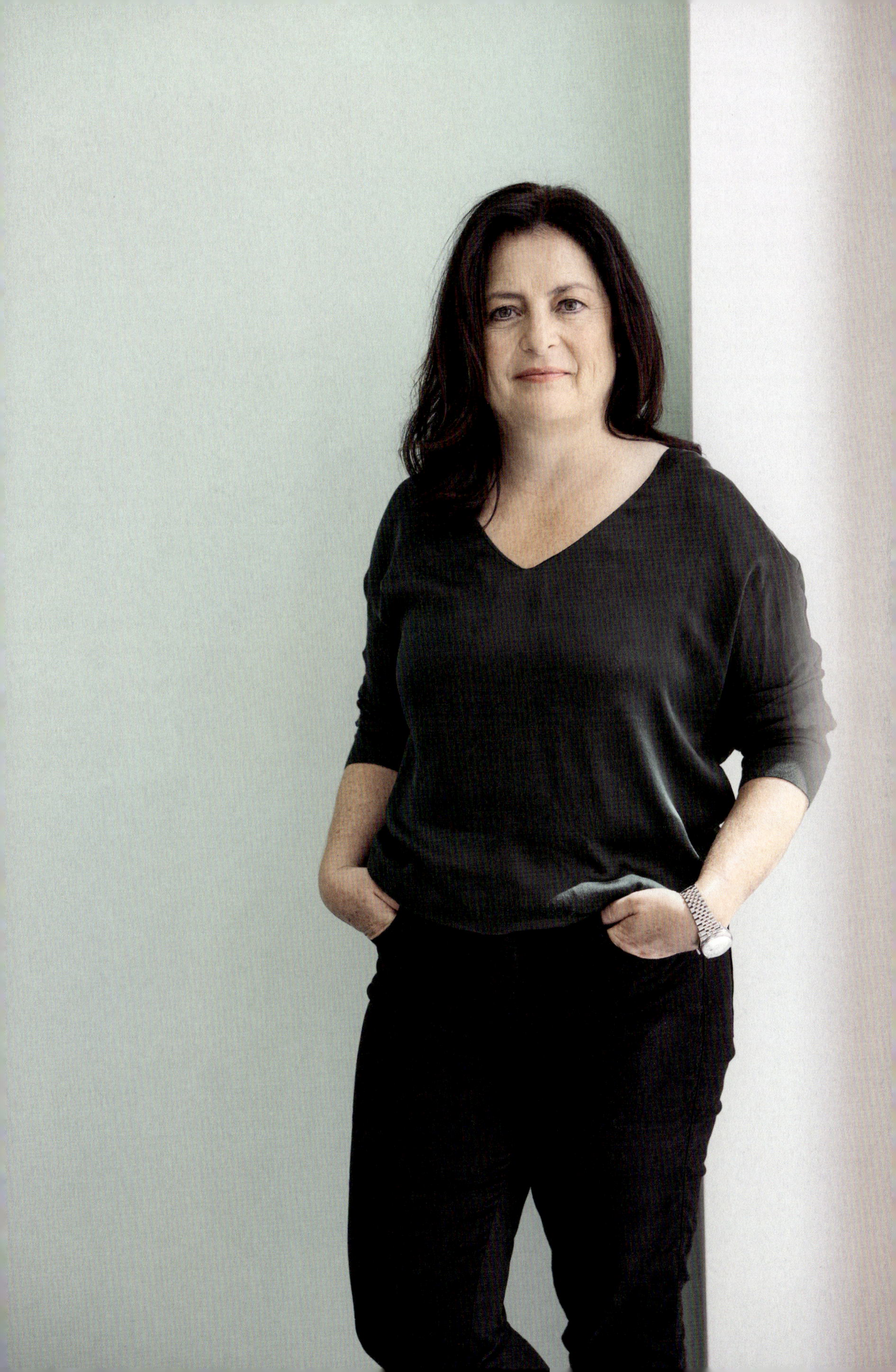

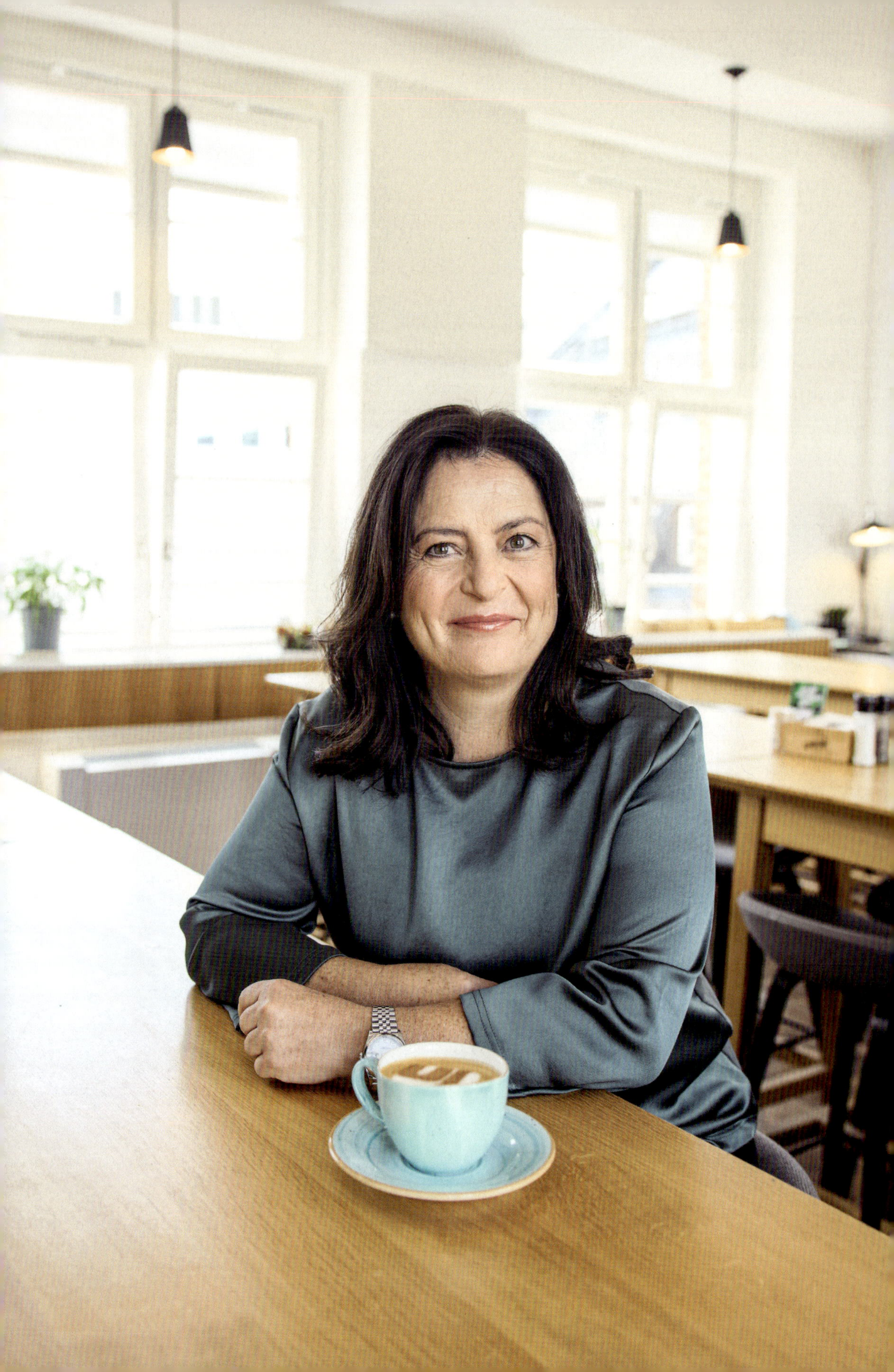

Seit fast fünf Jahren hat Barbara Wittmann ein Doppelmandat bei LinkedIn. Als Country-Managerin für den deutschsprachigen Raum vertritt sie zum einen das Team Deutschland und die Region DACH im internationalen Konzern. Als Senior Director ist sie zum anderen verantwortlich für das Großkundengeschäft im Bereich Talent Solutions von LinkedIn. Dabei gibt es zwei große Segmente: Personalakquise und Personalentwicklung. Zur Akquise gehören HR-Lösungen für Geschäftskunden wie etwa Unternehmensseiten, auf denen sich Firmen potenziellen Talenten präsentieren können, klassische digitale Stellenanzeigen sowie Lizenzen, über die Recruiter potenzielle Kandidatinnen und Kandidaten auf der Plattform ansprechen können. Mit über 1 Milliarde Mitglieder weltweit und 25 Millionen im deutschsprachigen Raum ist LinkedIn zum Trendbarometer für den globalen und regionalen Arbeitsmarkt geworden. Updates im Newsfeed, Suchanfragen und Stellenanzeigen geben Aufschluss über gefragte Berufe, Fähigkeiten, Branchen und Standorte. LinkedIn-Daten sind für Unternehmen wichtige Indikatoren bei der Talentsuche, bei Expansionsplänen und der Markterschließung. Und auch politische Entscheidungstragende nutzen die Daten, die LinkedIn generiert und in eigenen Studien aufbereitet. Mit dem Bereich Personalentwicklung zahlt Talent Solutions auf eines der größten Anreizsysteme für Talente ein: die Weiterbildung. Mit dem Kauf von Lizenzen kann ein Unternehmen seinen Mitarbeitenden über 22.000 Kurse zu technischen, kreativen und wirtschaftlichen Themen zur Verfügung stellen, knapp 3.000 davon in deutscher Sprache.

Barbara Wittmann ist in der Nähe von München aufgewachsen. Nach ihrem Studium der Slawistik mit dem Schwerpunkt Linguistik sowie Volkswirtschaftslehre und Sozial- und Wirtschaftsgeschichte im Nebenfach startete sie ihre

> LinkedIn-Daten sind für Unternehmen wichtige Indikatoren bei der Talentsuche, bei Expansionsplänen und der Markterschließung.

Berufslaufbahn 1994 bei einer Strategie- und Unternehmensberatung in München. „Für mich war das damals eine super Chance, als Geisteswissenschaftlerin in der Wirtschaft Fuß zu fassen. ‚Warum haben Sie nicht Betriebswirtschaft studiert?', war eine der ersten Fragen in den meisten Bewerbungsgesprächen. Doch schon damals schätzten Unternehmensberatungen Diversity im Team, also Menschen mit unterschiedlichen Denk- und Lösungsansätzen. Und als Linguistin war ich Exotin." Eine Exotin mit der Fähigkeit, komplexe, abstrakte Systeme zu verstehen und Sprache als Werkzeug zu begreifen. „Einer meiner Führungsgrundsätze lautet: 80 Prozent aller Probleme entstehen durch kommunikative Missverständnisse. Nur 20 Prozent sind wirklich Prozessprobleme oder operative Fehler. In den allermeisten Fällen", so die Country-Managerin, „reden wir aneinander vorbei."

1997 ging die Bayerin für ein MBA-Studium in die USA. Dort lernte sie intuitiv, was LinkedIn-Daten heute auch objektiv bestätigen: nämlich, dass Anpassungsfähigkeit eine der wichtigsten Zukunftsfähigkeiten ist. Je offener Menschen sind, desto besser können sie mit Veränderungen umgehen – und Veränderung ist die einzige Konstante auf dem modernen Arbeitsmarkt. Ihre Auslandserfahrung sei prägend gewesen: „Ich würde heute jedem jungen Menschen raten, einmal auf einem anderen Kontinent zu leben, egal ob im Studium, als Work and Travel oder für ein Praktikum. Dieser Perspektivenwechsel ist unbezahlbar."

> **80 Prozent aller Probleme entstehen durch kommunikative Missverständnisse. Nur 20 Prozent sind wirklich Prozessprobleme oder operative Fehler.**

Als Wittmann sich 1999 bei Dell in Texas bewarb, fragte man sie, ob sie sich mit Computern auskenne. „Aber da war ich es ja schon gewöhnt, dass mein Background infrage gestellt wird. Ich wusste damals bereits, dass Kenntnisse, wie man einen Computer auseinandernimmt, nicht essenziell sind, um dem Unternehmen einen Mehrwert zu bringen." Wittmann blieb über 15 Jahre bei Dell: Sie wechselte vom Marketing in den Vertrieb, wurde 2004 Mutter und baute ab 2005 den Standort Halle/Leipzig als Geschäftsführerin auf. Ihr Mann, von Beruf Lehrer, arbeitete Teilzeit und konnte durch die zeitliche Flexibilität im Familienalltag viele Aufgaben übernehmen.

Seit achteinhalb Jahren ist Barbara Wittmann nun bei LinkedIn. Die Karriereplattform war schon lange einer ihrer Wunscharbeitgeber, denn als Expertin im B2B-Vertrieb wusste sie: „LinkedIn bietet Lösungen, die andere Unternehmen erfolgreicher machen.

↖ Als Senior Director Talent Solutions leitet Wittmann den größten der drei Geschäftsbereiche.

← Hybrides Arbeiten bedeutet neben Homeoffice auch regelmäßige Besuche der deutschen Büros in München und Berlin, aber auch des EMEA-Headquarters in Dublin.

Meiner Meinung nach profitiert die gesamte Geschäftswelt von LinkedIn-Produkten." Sie selbst war längst überzeugtes Mitglied und blieb über das digitale Netzwerk mit ihren beruflichen Kontakten in den USA und Großbritannien in Verbindung.

Ihre Erfahrungen als Arbeitnehmerin, Führungskraft und Expertin für den globalen Jobmarkt haben Wittmann zu einer zentralen Überzeugung verholfen: „Skills first!" Was meint sie damit? „Jedes Unternehmen muss sich fragen: Welche Fähigkeiten brauchen meine Mitarbeitenden, um heute erfolgreich zu sein? Welche Skills braucht unsere Belegschaft, um morgen noch erfolgreich zu sein? Die Suche nach Talenten sollte kompetenzbasiert sein und nicht basierend auf Titeln. Auch Talente und Stellensuchende müssen sich fragen: Welche Fähigkeiten habe ich jetzt? Wo will ich hin – und habe ich die Kompetenzen, die ich dort brauchen werde? Wo kann ich diese Fähigkeiten erwerben?" Der Fokus auf Skills heißt für Wittmann außerdem: ständige Weiterentwicklung. „Die meisten von uns tun das intuitiv: Lebenslanges Lernen heißt, sich mit Trends auseinanderzusetzen, Studien zu lesen, neue Apps und KI auszuprobieren oder Netzwerkveranstaltungen zu besuchen." Zertifikate und Prüfungen sind beim Berufseinstieg sicher wichtig, aber mit mehr Arbeitserfahrung treten Fähigkeiten zunehmend in den Vordergrund. Wittmann ist überzeugt: „Einen Großteil der Jobs, die es 2050 geben wird, kennen wir heute noch gar nicht. Wenn wir uns bewusst werden, wie viel sich in den letzten fünf Jahren verändert hat und wie schnell wir uns an massive Veränderungen angepasst haben, ist dieser Gedanke vielleicht weniger beängstigend und macht viel eher neugierig."

Auf ihrem LinkedIn-Profil bestätigen Menschen Barbara Wittmann Leadership Skills, Go-to-Market Strategy und Solution Selling. Ihre Begeisterungs- und Kommunikationsfähigkeit stehen da nicht – heißt aber nicht, dass sie nicht überall zwischen den Zeilen zu lesen wären.

VONEINANDER LERNEN

1
(ELTERN-)ZEIT

Bill Gates hat etwas Wunderbares gesagt: „Die meisten Menschen überschätzen, was sie in einem Jahr schaffen können, und unterschätzen, was sie in zehn Jahren schaffen können." Hab keine Angst vor der Rückkehr nach der Elternzeit. Verliere nicht das Ziel aus den Augen, aber sei nicht zu ungeduldig. Unternehmen verändern sich so schnell – vieles ergibt sich.

2
GIB KLARE SIGNALE!

Sprich immer klar aus, wo du dich in drei bis fünf Jahren siehst. Bei LinkedIn haben wir einen Begriff dafür: Next Play. Wenn du dich für einen Job innerhalb oder außerhalb des Unternehmens interessierst, sprich es aus. Vielleicht wirkt es als ehrgeiziges Ziel, aber viel wahrscheinlicher ist es, dass einer deiner Vorgesetzten oder Peers den Weg ebnen kann. Oder du nutzt LinkedIn und netzwerkst mit den Unternehmen, die dich interessieren. Auch deine Klicks senden Signale. Unser Algorithmus ist hier eine wunderbare Unterstützung.

3
ME-TIME, ABER PROFESSIONELL

Natürlich ist persönliche Me-Time zum Beispiel für Entspannung, Beauty oder Sport super wichtig, doch auch die professionelle Me-Time für Karriereplanung und -entwicklung darf auf keinen Fall zu kurz kommen. Setze dir bewusst Termine für Mentoringgespräche, Selbstreflexion, Netzwerkveranstaltungen und Gespräche mit Peers. Investiere Zeit in deine Karriere!

Über diese Themen tauscht sich Barbara Wittmann gern aus:
Auslandserfahrung, SaaS, Karriereplanung, Führung, Diversity.

AUSTAUSCH

REGIONALMANAGERIN NRW
MEDIAMARKTSATURN DEUTSCHLAND, HEMER

Berit Behl

Als Auszubildende im Saturn Bochum hat sich Berit Behl vor 14 Jahren in das Unternehmen verliebt. Heute ist die Regionalmanagerin bei MediaMarktSaturn Deutschland für 23 Märkte und deren 20 Geschäftsführende verantwortlich. Sie hat das Zeug dazu, die Firmen- und Führungskultur des Consumer-Electronics-Retailers nachhaltig neu zu gestalten und dabei den Weg für viele andere Frauen zu ebnen.

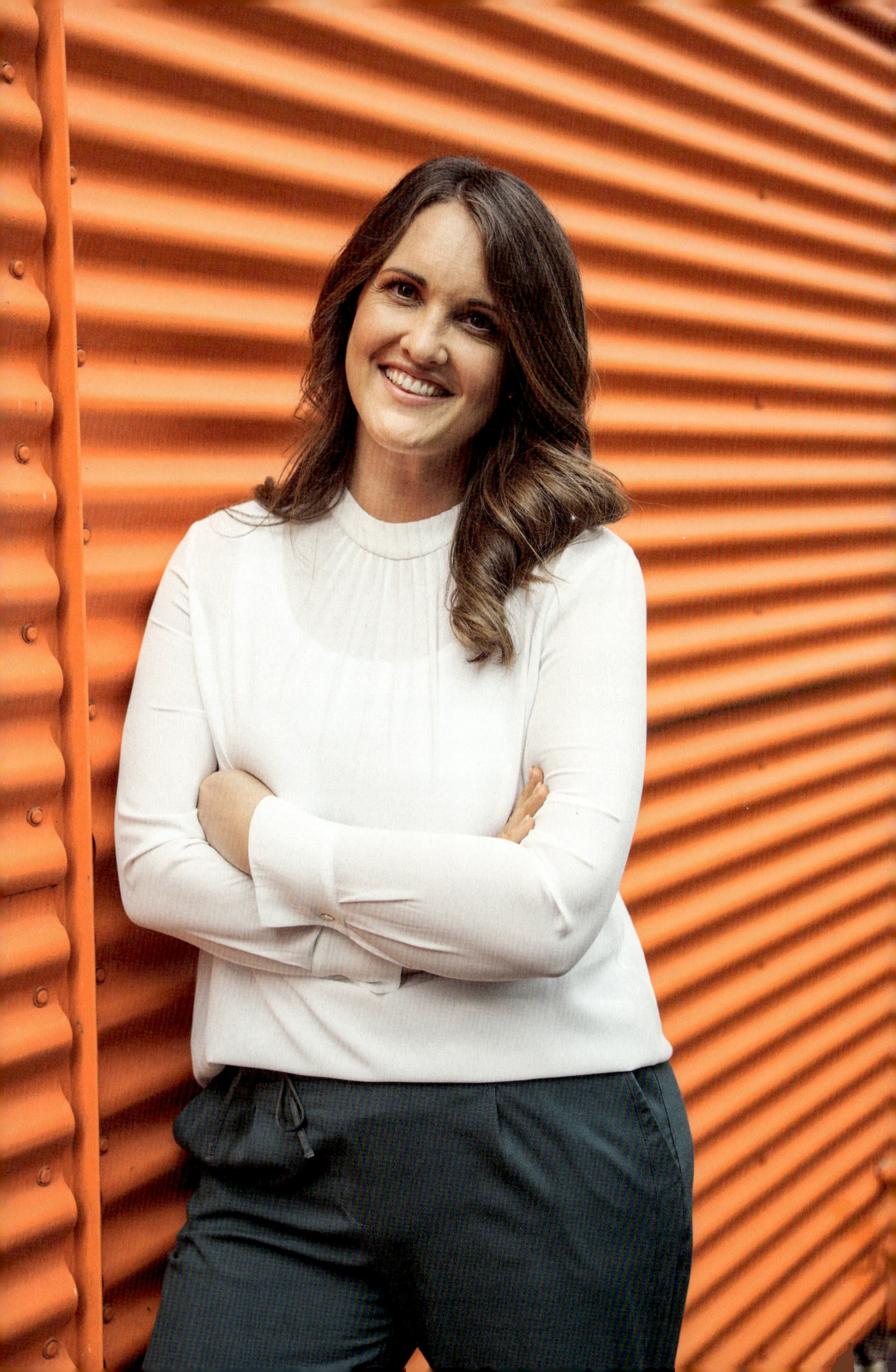

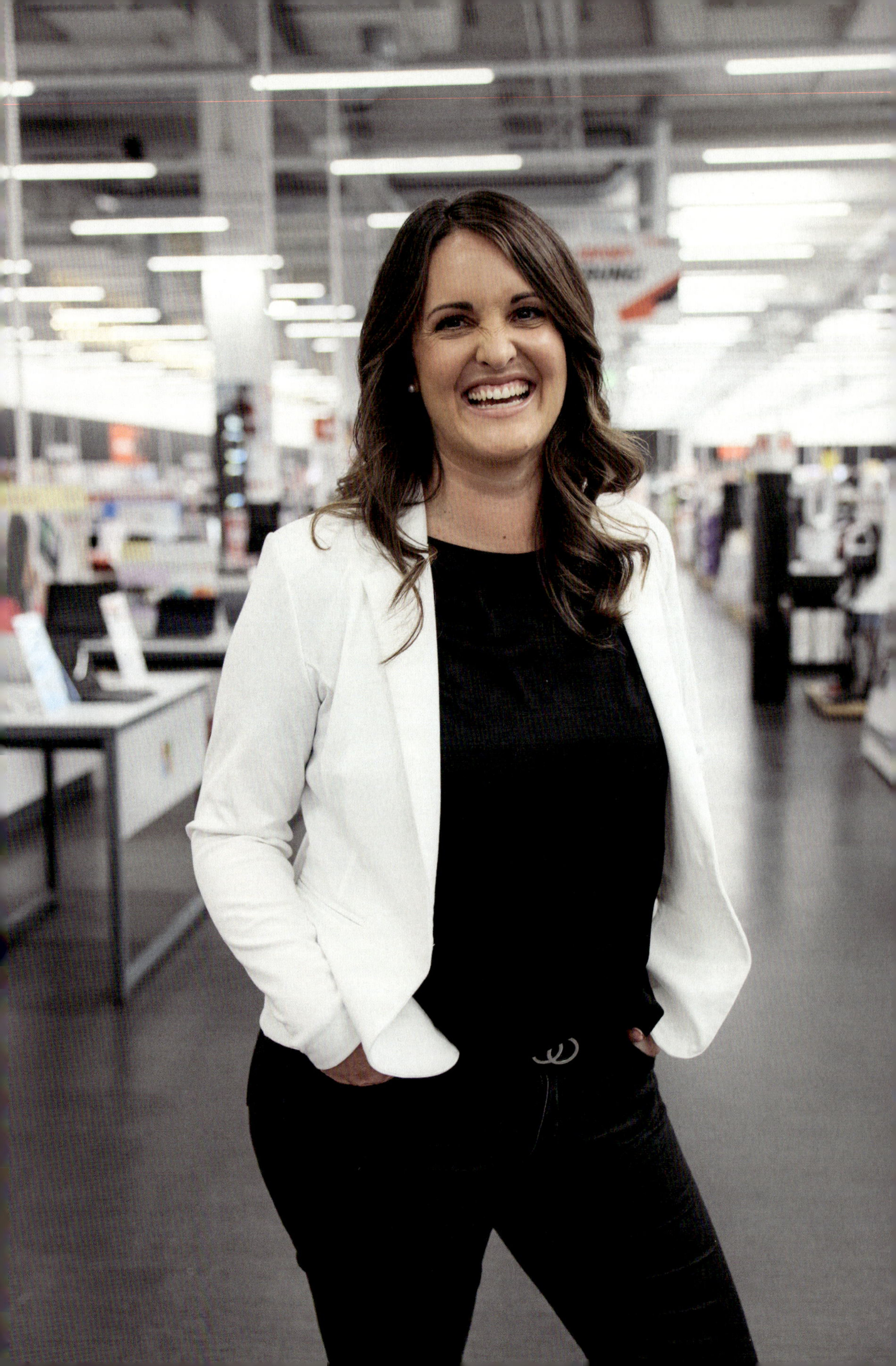

Seit Oktober 2023 ist Berit Behl Regionalmanagerin für die Region NRW II bei MediaMarktSaturn Deutschland. Die 33-Jährige kann sich sehr für Elektronik begeistern, aber was sie an ihrem Job wirklich liebt, sind die Menschen.

Behl stammt aus einem Dorf im Sauerland. Gleich nach ihrem Abitur 2010 wollte sie raus in die Welt. „Und die große weite Welt, das bedeutete für mich damals Bochum." Sie lacht auf. Die letzten 14 Jahre im Zeitraffer: Behl bekam keinen Studienplatz an der Uni. Sie erwog ein duales Studium: Bei Saturn Bochum war kein Studien-, dafür aber ein Ausbildungsplatz frei. Um nicht tatenlos abzuwarten, begann sie im Herbst 2011 ihre Ausbildung zur Einzelhandelskauffrau. Damit sie möglichst bald studieren konnte, schloss sie ihre Ausbildung in nur 15 Monaten ab. Ihr Chef wollte sie halten und bot ihr 2013 direkt nach dem Abschluss eine Stelle als Abteilungsleitung an. Sie willigte ein, bildete sich jedoch nebenher an der Abendschule zur Handelsfachwirtin weiter. 2016 wurde sie zur Gesamtverkaufsleitung befördert und begann eineinhalb Jahre später mit der Einarbeitung in die Geschäftsführung. 2018, mit 27, leitete sie ihren ersten Saturn-Markt, vier Jahre später ihren zweiten. Und seit 2023 ist sie nun für eine der insgesamt 14 Verkaufsregionen von MediaMarktSaturn Deutschland zuständig.

Berit Behl wird oft gefragt, wie sie das alles geschafft hat. Mit ihrer vollen, tiefen Stimme erklärt sie: „Das war nicht ohne, ich habe auf sehr viele Dinge verzichtet. Während meine Freundinnen und Freunde in ihren Zwanzigern gefeiert haben, war ich sechs Tage die Woche als Abteilungsleiterin im Markt und bin jahrelang zusätzlich dreimal wöchentlich zur Abendschule gegangen." Aber wenn sie ein Ziel vor Augen hat, fährt die Managerin ruhig fort, bringe sie so schnell nichts davon ab. Ihre Vorgesetzten haben Berit Behls Fähigkei-

„ Während meine Freundinnen und Freunde in ihren Zwanzigern gefeiert haben, war ich sechs Tage die Woche als Abteilungsleiterin im Markt.

ten erkannt und ihre Leistung honoriert, sagt sie, indem sie ihr die nächsten Entwicklungsschritte ermöglichen. Doch sie hatte keine klassischen Role Models: „Von vielen habe ich einfach gelernt, wie ich es nicht machen möchte. Bei mir dreht sich alles um den Menschen. Ich möchte nicht nur Prozesse verwalten, sondern die Belegschaft auch wirklich erreichen." Sie möchte Ergebnisse erzielen, die über die reine Produktmarge hinausgehen, sie möchte begeistern und Vertrauen schenken. Als sie mit 22 direkt nach der Ausbildung zur Abteilungsleiterin wurde, begegneten ihr viele Kollegen – alles Männer – zunächst mit Missgunst. Die meisten waren schon deutlich länger im Team als sie. Wie ist sie damit umgegangen? „Mein Chef sagte: ‚Hol sie auf deine Seite.' Also habe ich Verantwortlichkeiten geschaffen und jedem eine eigene Aufgabe gegeben." Eine Strategie, die sich ausgezahlt hat. Sie lacht und meint, es sei bis heute das beste Team, in dem sie je gearbeitet habe. Empowerment und Eigenverantwortung sind Skills, die zur Struktur des Konzerns passen. Jeder Markt von MediaMarktSaturn ist eine eigenständige GmbH. Für Geschäftsführende bedeutet das, dass sie ihre Arbeit, die Prozesse und die Führungskultur sehr autonom gestalten können. „Klar haben wir eine Zentrale in Ingolstadt, die auch Vorgaben macht. Aber für meinen Umsatz oder mein Personal war ich als Geschäftsführerin alleinverantwortlich und somit frei in der Gestaltung. So ist es auch als Regionalmanagerin: Ich entscheide, wie ich meine Tagungen gestalte oder welche

> **Ich möchte nicht nur Prozesse verwalten, sondern die Belegschaft auch wirklich erreichen.**

Werte ich in meinen Filialen vorgebe und implementiere." Berit Behl schätzt dieses System sehr, es macht ihr Spaß, ihren eigenen Stil zu leben und damit erfolgreich zu sein. Ihre Leidenschaft für die Personalarbeit blieb nicht unbemerkt. Ab 2022 übernahm sie, schon bevor sie Regionalmanagerin wurde, das Personalentwicklungsmandat für die gesamte Region.

Nur 5 Prozent der Geschäftsführenden der MediaMarktSaturn-Gruppe in Deutschland sind weiblich. Im Sommer 2021 rief der Chef von MediaMarktSaturn Deutschland diese 5 Prozent zusammen, um die Frage zu stellen: Was kann, was muss getan werden, um bei MediaMarktSaturn mehr Frauen in Führungspositionen zu bringen? Daraus entstand das Netzwerk „Women in Retail". Die Taskforce „Empowerment" bringt Mentorinnen und Mentees auf professionelle Weise, anhand von Persönlichkeitstests, zusammen. „Kultur und Kommunikation" kümmert sich um eine bewusstere Ansprache von Frauen in der Außenwerbung, auf Messen und im Recruiting. Berit Behl führt die Gruppe „Vereinbarkeit von Beruf und Familie": „Ich wollte diese Gruppenleitung

↑ Die 33-Jährige begeistert sich für Elektronik.

↖ Menschlich, nahbar, respektvoll – das ist für Berit Behl gute Führung.

← Durch Zufall bei MediaMarktSaturn gelandet, aber sehr bewusst geblieben.

↑ Sie möchte ihren Arbeitsplatz als Führungskraft aktiv mitgestalten.

übernehmen, denn ich liebe meinen Job und irgendwann möchte ich Kinder haben." Noch vor wenigen Jahren sei Elternzeit selbst für Frauen in Führungspositionen ein Tabuthema gewesen, jetzt haben die ersten Männer im Unternehmen Elternzeit genommen. „Gerade arbeiten wir an Modellen für Führung in Teilzeit. Ich weiß, dass das geht, ich habe selbst zwei Märkte gleichzeitig geführt. Da ich mich nicht teilen kann, war ich auch nicht jeden Tag in beiden Märkten vor Ort."

Seit 14 Jahren ist Berit Behl nun im Einzelhandel und zum ersten Mal hat sie freie Wochenenden. So ganz kann sie sich noch nicht davon lösen, samstags den Rechner aufzuklappen. Aber häufig stehen mittlerweile durchaus mal Besuche bei ihren Eltern oder Geschwistern und eine verbindliche Joggingrunde mit zwei Freundinnen auf dem Programm. „Gemeinsam lassen wir die Woche Revue passieren. Ich brauche diese Menschen, um auszubalancieren, was ich im Job erlebe." Und das ist eine Menge: Sie erzählt von Bränden in Märkten, Umbauten während des laufenden Betriebs, besonderen Kundenwünschen und Diebstählen.

Auf die Frage, was sie in ihrer Rolle noch bewirken möchte, überlegt sie einige Sekunden. „Wenn ich einmal nicht mehr Regionalmanagerin sein sollte, dann sollten die Leute über mich sagen: ‚Sie hat mich besser gemacht, von ihr habe ich wirklich etwas gelernt.'"

VONEINANDER LERNEN

1

GIB NIEMALS AUF!

Verfolge deine Ziele. Steh für dich ein, für deine Ideen. So anstrengend es auch sein mag: stark bleiben, durchatmen und durchziehen. Mach dich nicht klein und lass dich nicht kleinreden. Steh für das ein, was du dir vorgenommen hast. Es ist schwer, immer wieder neuen Mut zu fassen – aber es lohnt sich.

Über diese Themen tauscht sich Berit Behl gern aus:
Personalentwicklung, Frauen im Einzelhandel, Handel der Zukunft, Einkaufserlebnis.

Wen sich Berit Behl als Mentee wünscht:
Ich wünsche mir eine Person, die dem Programm und mir gegenüber offen ist. Ich wünsche mir, dass sie eine klare Vision von unserem Austausch hat: Sie soll klare Vorstellungen und Wünsche mitbringen und unsere Zusammenarbeit gestalten. Nur so kann ich sie wirklich unterstützen.

2

REDE ÜBER DEINE ERFOLGE!

Wir Frauen reden zu wenig über die Dinge, die wir gut machen. Als ich meinen zweiten Markt übernommen habe, bin ich schon im ersten Jahr mit meinem Team „Saturn des Jahres", also Deutschlands bester Markt, geworden. Darauf bin ich richtig stolz! Trotzdem fällt es mir immer wieder schwer, über diesen Erfolg zu sprechen.

AUSTAUSCH

HEAD OF MARKETING & SALES
CARTON GROUP GMBH, SCHWABACH

Bianca Orgill

Seit Mai 2024 ist Bianca Orgill als Head of Marketing & Sales bei der Carton Group GmbH tätig, einem Unternehmen, das auf intelligente und innovative Lösungen rund um die Verpackung spezialisiert ist. In enger Kooperation mit ihren Kunden trägt die Carton Group zur Steigerung der Effizienz in der gesamten Wertschöpfungskette bei. Mit Orgill hat die Carton Group eine erfahrene Strategin gewonnen, die ein tiefes Verständnis für Unternehmenswachstum durch Marketing, Vertrieb und Organisationsentwicklung mitbringt.

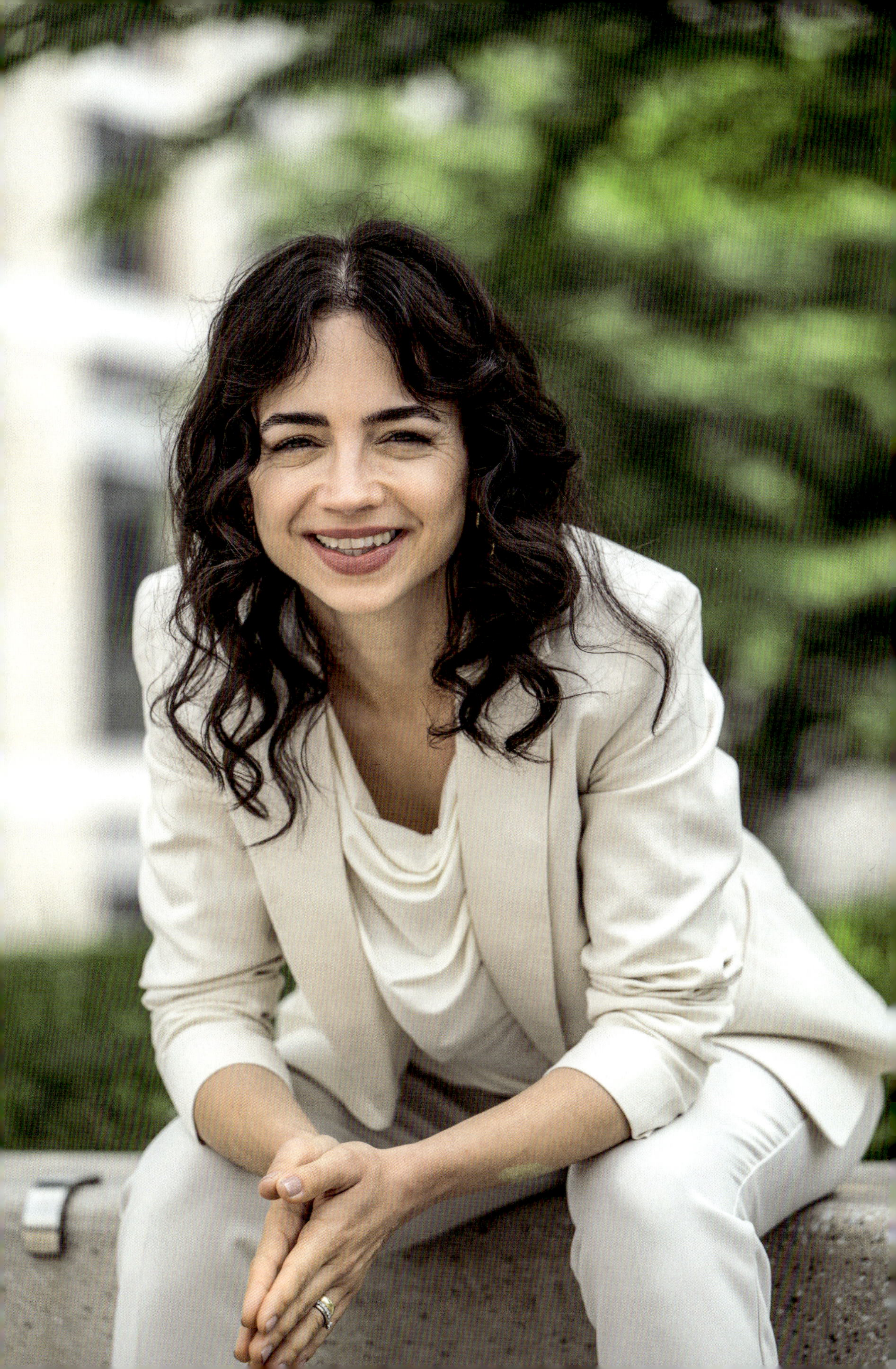

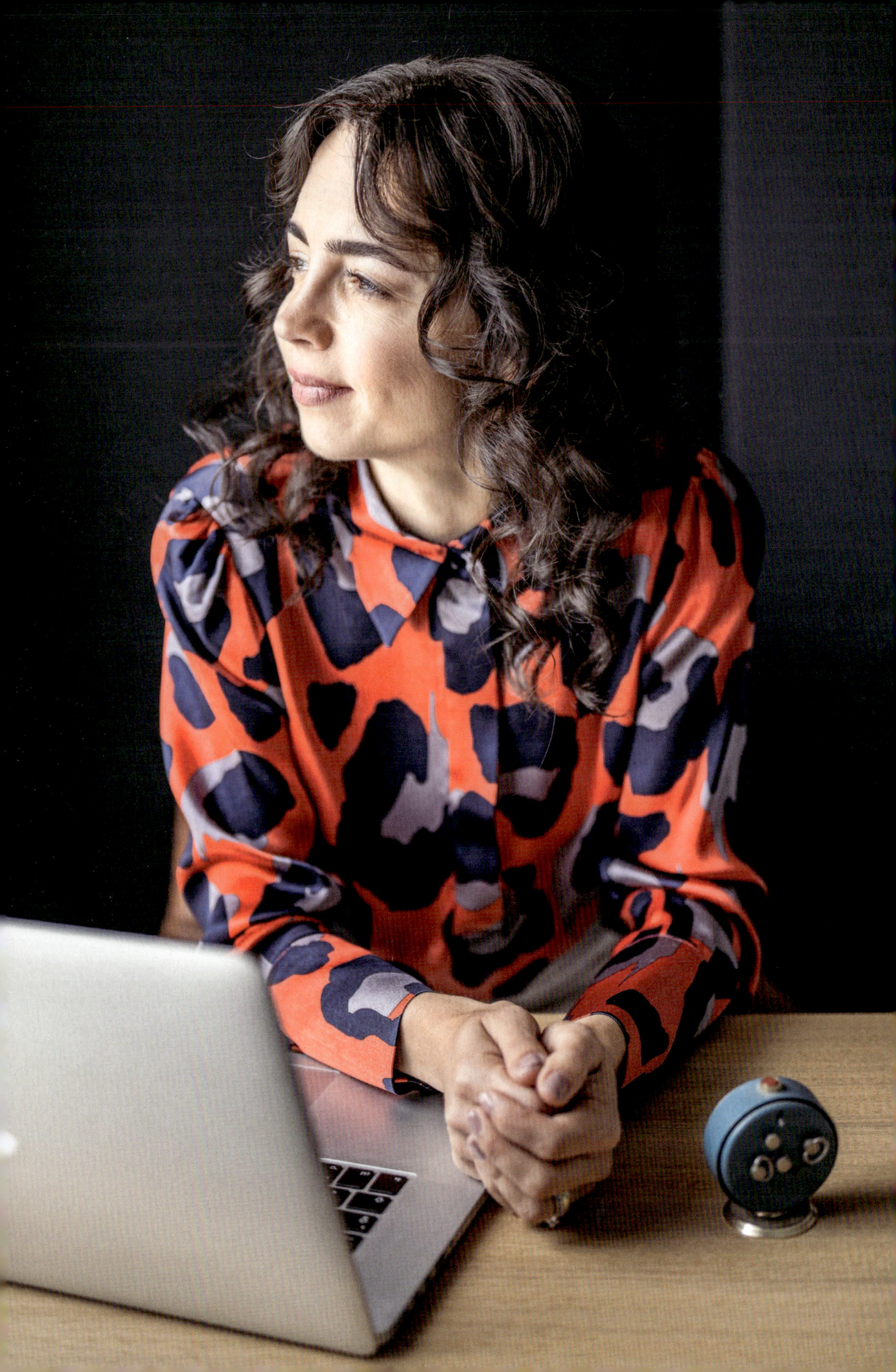

M

„Meine Stärke ist es, das große Ganze zu sehen. Oft wird das in Unternehmen nicht bewusst gefördert, aber ich finde, da spielt die Musik." Diese Fähigkeit ist in Bianca Orgills neuen Rolle als Head of Marketing & Sales gefragt. Die Carton Group verfolgt das Ziel, eine Spitzenposition in der europäischen Verpackungsbranche einzunehmen – sowohl durch organisches Wachstum als auch durch gezielte Akquisitionen. Die Aufgabe der 38-Jährigen ist es, die Marketing- und Vertriebsorganisation aufzubauen sowie eine Identität und Kultur zu schaffen, die alle vereint und stärkt. „Alles hängt mit allem zusammen", betont die Carton Group auf ihrer Website – eine Philosophie, die sich auch durch Orgills Karriere zieht.

Sie wuchs in Berlin auf, geprägt von ihren polnischen Wurzeln und der kulturellen Vielfalt, die sie umgab. Diese Erfahrungen halfen ihr, verschiedene Perspektiven zu schätzen und sich in unterschiedlichen Umfeldern erfolgreich zu bewegen. Frühere berufliche Stationen führten sie nach Washington, D.C. und Chile, wo sie wertvolle Einblicke in internationale Märkte gewann. Ein anschließendes geisteswissenschaftliches Studium und ein berufsbegleitender Master in Management bei IBM ergänzten ihre Ausbildung. Bei IBM sammelte sie über zwölf Jahre Erfahrung in Fach- und Führungspositionen und leitete internationale Transformationsprojekte, von digitalen Marketingkampagnen bis hin zur Organisationsentwicklung. Als Expat in Chicago vertiefte sie ihre Kenntnisse in internationalen Märkten und spezialisierte sich auf das Management komplexer Projekte.

Als Head of Marketing and Sales ist ihre Vision für die Carton Group gemeinsam mit CEO Andrea Wildies und CFO Michael Stotz ein modernes wertebasiertes internationales Unternehmen zu

> Meine Stärke ist es, das große Ganze zu sehen. Im Vertrieb und Marketing sind kulturelle Aspekte entscheidend, da wir unsere Unternehmenskultur nach außen zu unseren Kunden tragen und erlebbar machen möchten.

schaffen, das den Kunden ganzheitlich in den Mittelpunkt stellt. „Die Themen, für die ich brenne, sind hier alle vertreten. Die Möglichkeit, die ambitionierten Expansionspläne der Carton Group mitzugestalten, ist aus meiner Sicht einzigartig." Die Carton Group betrachtet die gesamte Wertschöpfungskette und zielt darauf ab, innovative und nachhaltige Verpackungslösungen zu entwickeln, die sowohl den Marken als auch der Gesellschaft zugutekommen. Das Unternehmen hat Standorte in Deutschland, Italien, Großbritannien und Asien, was die globale Reichweite und die Verpflichtung zur Nachhaltigkeit des Unternehmens unterstreicht.

In den nächsten Monaten wird Bianca Orgill mit ihrem Team Marketingstrategien entwickeln und die interne Kommunikation stärken, um eine einheitliche Unternehmenskultur zu fördern. Außerdem wird sie eine gruppenübergreifende Vertriebsorganisation sowie kundenorientierte und digitale Vertriebsprozesse aufbauen. Diese Maßnahmen werden ein nachhaltiges Unternehmenswachstum fördern und die Transformation bei der Carton Group vorantreiben. Orgill hat das Ziel, eine profitable, inklusive und zugleich nachhaltige Organisation aufzubauen.

„Culture eats strategy for breakfast" – einer von Bianca Orgills Grundsätzen. Daher bindet sie Mitarbeiter aktiv in die Gestaltung der Unternehmenskultur ein. „Nur wenn alle gemeinsam gestalten und wenn jeder beteiligt ist, ist jeder auch bereit, Verantwortung zu übernehmen und eine intrinsische Motivation entwickeln", erklärt sie. Eine besondere Herausforderung besteht darin, die unterschiedlichen Kulturen der kürzlich vereinten Unternehmen zu einer starken, einheitlichen Kultur zu bündeln. „In einem hybriden und internationalen Kontext ist es wichtig, Orte für persönlichen Austausch zu schaffen." Im Vertrieb und Marketing sind kulturelle Aspekte entscheidend, da wir unsere Unternehmenskultur nach außen zu unseren Kunden tragen und erlebbar machen möchten. Die Carton Group bietet ein dynamisches Arbeitsumfeld mit hybriden Arbeitszeitmodellen, flachen Hierarchien und einem Start-up-Feeling. Gleichzeitig profitieren die Beschäftigten von den Strukturen eines etablierten Unternehmens.

> Wichtig ist, dass man ins Handeln kommt, denn nur so entsteht Veränderung und Momentum.

Neben ihrer Arbeit bei der Carton Group ist die 38-Jährige in Netzwerken aktiv, die Frauen in ihrer Karriere und Selbstwirksamkeit unterstützen. Sie ist Mitglied bei „MentorMe" und „Panda – The Women Leadership Network", wo sie ihre aktuelle Mentorin Sandra Rauch kennengelernt hat. „Wir haben eine tolle Vertrauensbasis, eine ähnliche Denkweise mit unterschiedlichen Erfahrungen." Das hilft ihr bei Entscheidungen, und sie kann viel schneller den nächsten Schritt machen. „Was mich motiviert, ist die Erkenntnis

← *Die Transformationsexpertin blickt motiviert nach vorn.*

↑ *Kundenorientiert, menschlich, modern – so will Orgill die Carton Group gestalten.*
↖ *Die Uhr ist ein Geschenk ihrer Großmutter Maria und hat einen festen Platz auf dem Schreibtisch.*

← Auf geht's! Die Carton Group bietet der Managerin beste Gestaltungsmöglichkeiten.

der Selbstwirksamkeit und der Fokus auf den Einflussbereich, den man selbst kontrollieren kann", sagt sie. „Wichtig ist, dass man ins Handeln kommt, denn nur so entsteht Veränderung und Momentum."

In persönlichen Gesprächen zeichnet sich Bianca Orgill durch Offenheit und eine optimistische Einstellung aus. „Ich habe eine sehr positive Einstellung zum Leben. Das Glas ist meist mindestens halb voll. Das macht viel aus, da man auch in herausfordernden Situationen stets nach Lösungen sucht. Meist hilft es, wenn man die Perspektive wechselt oder frischen Wind durch Sport, Kunst oder Kultur bekommt. Nur durch Bewegung kann Veränderung entstehen."

Ihr aktives Interesse an der Perspektive und der Erfahrung von Mentorinnen und Mentoren hat sie über die Jahre weitergebracht. Sie ist selbst als Mentorin aktiv. Bianca Orgills Ansatz ist geprägt von einer klaren Vision: „Es ist wichtig, dass Frauen ihre Karriere transparent machen, damit andere davon lernen können. In meiner Position bei der Carton Group unterstütze ich jede und jeden dabei, den besten Weg zum Ziel zu finden." Mit ihrem Beratungsansatz, ihrer Transformationserfahrung und ihrem menschenorientierten Führungsprinzip wird sie daran arbeiten, gemeinsam mit der Belegschaft eine nachhaltige und erfolgreiche Unternehmenszukunft zu gestalten.

VONEINANDER LERNEN

1
PRIORITISE YOUR STATE OF MIND!

Die besten Entscheidungen treffen wir für uns und andere, wenn wir in einer guten körperlichen und mentalen Verfassung sind.

2
ES IST ALLES KEIN HEXENWERK

„Der Spruch begleitet mich seit meinem ersten Beratungsprojekt als Berufseinsteiger. Ein neuer Job, ein großes Projekt – mach dir bewusst: Wenn andere das können, kannst du das auch. Ein großes Problem wird in kleinere aufgeteilt und eins nach dem anderen angegangen."

3
NIMM ES NICHT PERSÖNLICH!

„Wir neigen oft dazu, Dinge persönlich zu nehmen, anstatt sie aus einem ganzheitlichen Blickwinkel oder der Perspektive anderer zu betrachten.

Über diese Themen tauscht sich Bianca Orgill gern aus:
Transformation und Wachstum – auf den Menschen und aufs Business bezogen, Internationalität.

Wen sich Bianca Orgill als Mentee wünscht:
Sie freut sich über motivierte Mentees, die sich von den oben genannten Themen angesprochen fühlen und bereit sind, ihre Komfortzone zu verlassen.

AUSTAUSCH

DIRECTOR BUSINESS CONSULTING
CBS (CORPORATE BUSINESS SOLUTIONS GMBH), HEIDELBERG

Carolin Geiß

cbs Corporate Business Solutions ist eine internationale Managementberatung für digitale End-to-End-Prozesse. Konkreter: Sie liefert SAP- und Cloud-Lösungen für marktführende Unternehmen. Carolin Geiß hat 2012 als Trainee bei cbs begonnen. Seit Januar 2024 ist sie Consulting Director einer Abteilung, die sie maßgeblich mit auf- und ausgebaut hat. Mit ihrem Mann und zwei Kindern im Vorschulalter lebt sie in Heidelberg, wo sich das cbs-Headquarter befindet.

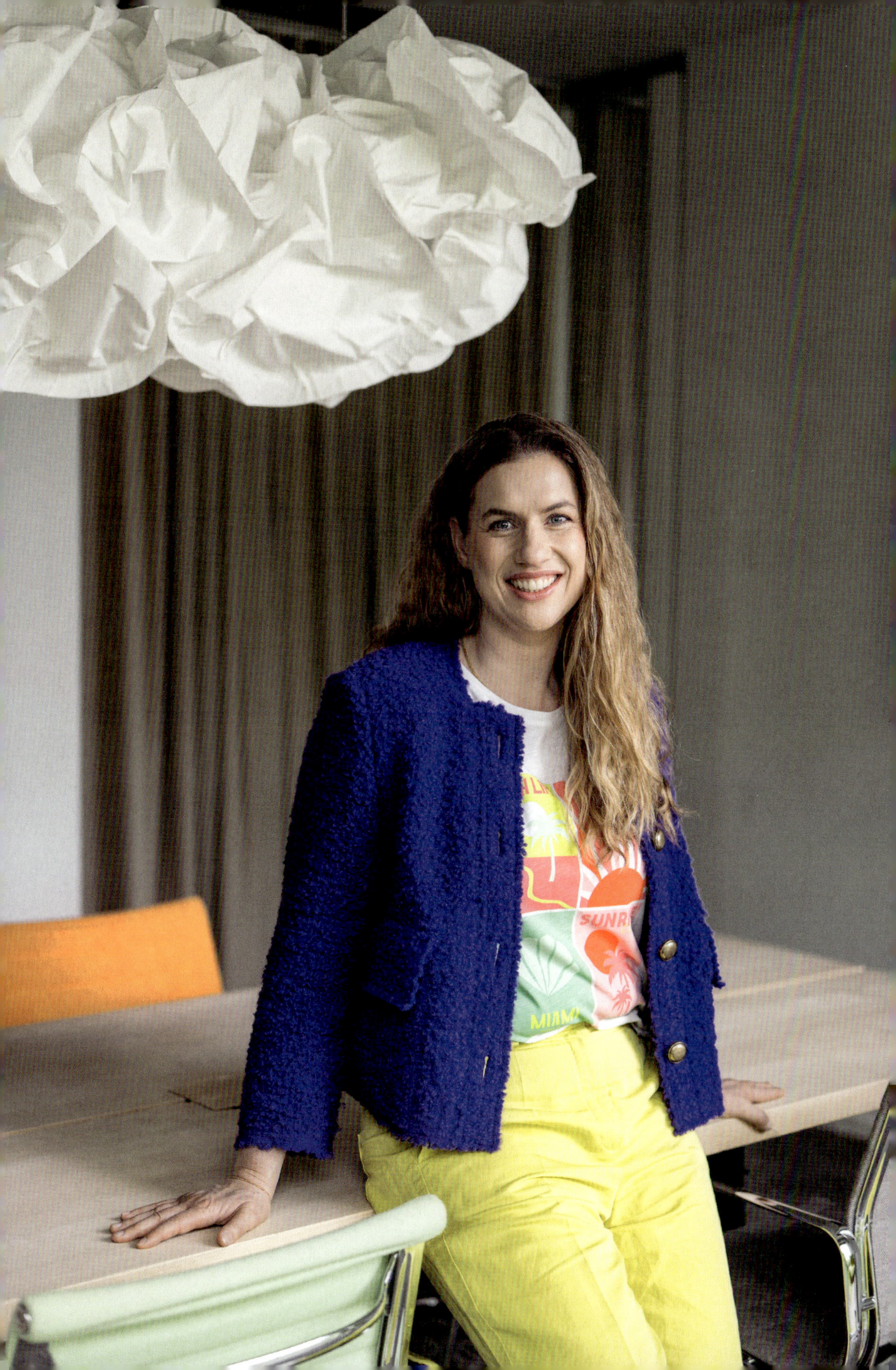

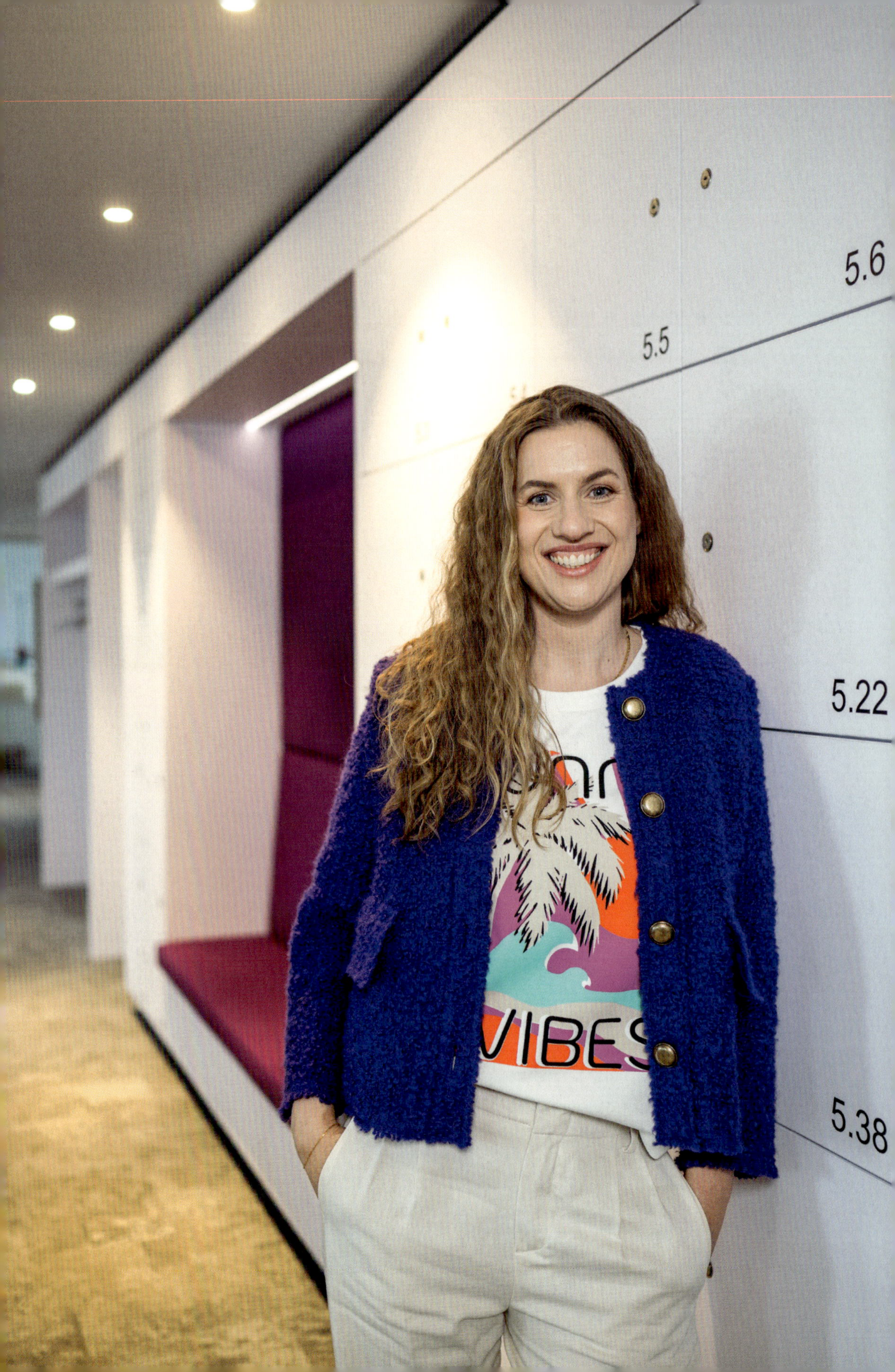
5.6
5.5
5.22
5.38

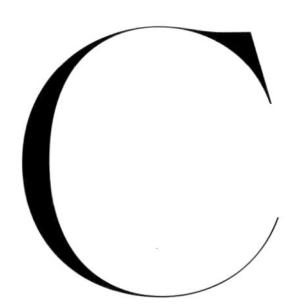

Carolin Geiß leitet als Consulting Director bei dem IT-Beratungsunternehmen cbs das Team Global Trade Services (GTS) für den deutschsprachigen Raum. GTS ist die für den Außenhandel entwickelte Softwarelösung von SAP. Der Außenhandel stellt ganz besondere Anforderungen an eine Software. Sie muss Compliance-Checks, die Zollabwicklung und Freihandelszonen abdecken. Das bedeutet, dass sie für jedes Kundenunternehmen angepasst und maßgeschneidert werden muss. Als Consulting Director ist die 40-Jährige für den Vertrieb, die Projektleitung und die Führung ihres 30-köpfigen Teams verantwortlich. Sie kennt cbs noch aus Zeiten, in denen man sich Dinge über den Flur zugerufen hat. „2012, nach meinem Traineeprogramm, waren wir ein Büro. Heute sind wir ein großes Unternehmen." Ein Start-up ist cbs schon lange nicht mehr, aber in den Abteilungen, sagt Geiß, werde der unternehmerische Ansatz wirklich gelebt und jeder packe mit an, auch auf Managementebene. „Ich stelle das System ein, wie jede und jeder andere auch. Diese Hands-on-Mentalität muss man mögen – für mich ist das genau das Richtige."

Carolin Geiß stammt aus Oberschwaben und studierte in Heidelberg Geografie mit den Nebenfächern Volks- und Betriebswirtschaftslehre. Schnell war klar, dass sie in die Wirtschaft gehen wollte. Bei der studentischen Unternehmensberatung Galilei Consult e.V. arbeitete sie früh an echten Projekten: Ausgründungen, Start-ups oder Vorhaben mit studentischem Fokus. Geiß fungierte auch als HR-Vorstand in der Beratung und legte den Grundstein für ihre heutige Arbeit als Führungskraft. „Dort habe ich gemerkt, dass mir Beratung gut gefällt und wie sehr ich Herausforderungen, Wettbewerb und Erfolg liebe." Von zu Hause habe sie den Wettbewerbs- und Erfolgsgedanken so nicht mitbekommen, lacht sie. „In meinem schwäbischen Elternhaus ist das Wichtigste, dass man die Dinge, die man beginnt, auch zu Ende bringt." Vorbilder findet sie in ihrer Familie: Ihre

> **In meinem schwäbischen Elternhaus ist das Wichtigste, dass man die Dinge, die man beginnt, auch zu Ende bringt.**

Mutter hat sich neben ihrer Tätigkeit in einer Behinderteneinrichtung Schritt für Schritt zur Sozialökonomin weitergebildet. Ihre Tante war Entwicklerin bei SAP. „Durch sie habe ich gesehen, dass Frauen einen Platz in der IT haben. Meine eine Schwester ist Ingenieurin, die andere eine begabte Handwerkerin.. Diese Frauen haben mir gezeigt, dass man seinen Weg gehen muss abseits von Rollenklischees und egal wie er aussieht."

Carolin Geiß strahlt puren Optimismus aus. Bei cbs ist sie dafür bekannt, die Leuchtturmprojekte zu übernehmen. „Ich betone in jedem Mitarbeitergespräch, dass ich die herausfordernden Projekte machen will, die komplexen, die, die ein bisschen weh tun! Ich will Aufgaben, die es in dieser Größe, in dieser Komplexität, in dieser Branche noch nicht gegeben hat." Sie strahlt, denn gerade hat sie ein solches Projekt. Die Einführung des SAP-Nachfolgeprodukts SAP GTS, edition for SAP HANA, das über kurz oder lang die alte SAP-Version ablösen wird. „In dieser neuen Softwareversion bündeln sich die Zukunftstechnologien", freut sie sich. „Wir haben fast 50 Kundenunternehmen, die wir bis Ende 2025 mit dieser Software vertraut machen müssen." Was die größte Herausforderung sein wird? „Das Zwischenmenschliche. Unsere Aufgabe ist es, unseren Kunden die Angst zu nehmen, sie an das Produkt heranzuführen und Verständnislücken zu schließen." Sie ist der festen Überzeugung, dass jeder Mensch IT kann, solange sie konsequent erklärt wird.

Ihr emotionales und optimistisches Wesen – wie passt das mit dem formalen Beratungsumfeld zusammen? „Ich bin sehr offen und lache viel. Aber ich habe auch gelernt, sehr verbindlich zu sein. Ich habe gute Antennen entwickelt, um zu erkennen, welche Rolle wann von mir verlangt wird." Kundenbesuche seien viel traditioneller gestaltet als etwa die Kooperation in ihrem Team. Führung trennt sich für Geiß in Management und Leadership. Sich selbst sieht sie als Leaderin. „‚Challenge' ist ein zentraler Begriff in meinem Führungsstil: Ich validiere die Arbeit meiner Beschäftigten, zeige ihnen, was sie heute schon leisten und welche Ziele sie bereits erreicht haben." Dann hilft sie ihnen, neue, ambitionierte Ziele zu setzen.

„Manchmal ärgere ich mich über meinen eigenen Ehrgeiz", lacht sie. Sie fragt sich dann, warum sie die komplexen Projekte für sich und ihr Team annimmt. „Aber wenn sich der Knoten im Projekt langsam löst, dann nimmt es so viel Schwung

> „Ich validiere die Arbeit meiner Beschäftigten, zeige ihnen, was sie heute schon leisten und welche Ziele sie bereits erreicht haben."

↑ Cbs berät 70 Prozent der Weltmarktführer in der DACH-Region.
↖ Schon seit dem Studium weiß Carolin Geiß: Sie arbeitet gern und viel.
← 1.300 Mitarbeitende weltweit liefern SAP- und Cloud-Lösungen für Unternehmen.

↑ Geiß ist stolz: auf ihre Rolle, die Zusammenarbeit mit ihrem Team und darauf, wie sie Familie und Job vereinbart.

auf! Das schafft man am besten mit kleinen Schritten und frühen ‚Go Lives'. Frühe Erfolge tragen ein Projekt nach vorne, sie geben Rückenwind." Frühe Erfolge, wie ihre eigenen in der studentischen Unternehmensberatung, stärken das Selbstbewusstsein und geben zudem nach außen ein gutes Bild ab. Sie selbst habe sich immer vorstellen können, eine leitende Rolle in der Beratung auszufüllen, „musste dafür aber auch ordentlich Überzeugungsarbeit leisten".

Für ihren persönlichen Karriereweg in der Beratung hat sie hinsichtlich Familienplanung gemeinsam mit ihrem Mann ebenfalls frühzeitig vorgesorgt: „Kinder sind ein Gemeinschaftsprojekt. Wir haben schon vor der Geburt unseres ersten Kindes vor fünf Jahren abgesprochen, wie wir unsere Zeit und die Care-Arbeit aufteilen." Auch die Großeltern der beiden Vorschulkinder wurden früh mit einbezogen. „Das aktuelle Betreuungsmodell haben wir seit vergangenem Jahr. Ich bin sicher, dass wir es in einer neuen Entwicklungsphase der Kinder wieder ändern werden." Cbs macht diese Veränderungen gern mit. „Ich weiß, dass ich meine Arbeitszeit anpassen kann, wenn wir es brauchen – nach unten oder nach oben."

Auf ihre Rolle als Consulting Director ist die Wahlheidelbergerin stolz. „Das erreicht man nicht einfach so. Und ich freue mich, dass mein Team mir Rückenwind gibt, dass es gern Teil meiner Abteilung ist, dass es meine Ideen überzeugend und unser Konzept stimmig findet." Das gilt wahrscheinlich nicht mehr als „früher Erfolg" – aber ein Erfolg ist es trotzdem.

VONEINANDER LERNEN

1
FRÜHE ERFOLGE

Ich habe es bei mir selbst erlebt und bei anderen beobachtet: Trau dich früh, große Schritte zu machen, denn frühe Erfolge machen dich sichtbar und sie geben dir Rückenwind.

2
MANCHE DINGE MÜSSEN WARTEN

Ich bin in der Rushhour meines Lebens: Ich habe eine Karriere, zwei kleine Kinder. Da werden – da dürfen – Dinge liegen bleiben. Sei gnädig mit dir und haushalte mit deinen Kräften.

3
GROSSE ZIELE

Überlege nicht, ob es geht, sondern wie es gehen könnte.

Über diese Themen tauscht sich Carolin Geiß gern aus:
Beratung, Führung, SAP GTS, edition for SAP HANA.

Wen sich Carolin Geiß als Mentee wünscht:
Eine Mentee, die sich selbst in der Beratung sieht oder hier vorankommen möchte. Sie muss nicht unbedingt in der IT-Beratung sein.

AUSTAUSCH

INNOVATIONSLOTSIN, GRÜNDERIN UND GESCHÄFTSFÜHRERIN, BEIRÄTIN, FACHBUCHAUTORIN

AHOI INNOVATIONEN GMBH, HAMBURG

Christiane Brandes-Visbeck

Christiane Brandes-Visbeck bezeichnet sich selbst als Innovationslotsin und Veränderungstreiberin. Sie hat in führenden Rollen in den Branchen Medien, Finance, Bildung und Mobility Unternehmen innoviert und transformiert und begeistert mit ihren kreativen und unkonventionellen Ansätzen. Die Traditionsseglerin navigiert Organisationen sicher durch die Untiefen der VUKA-Welt.

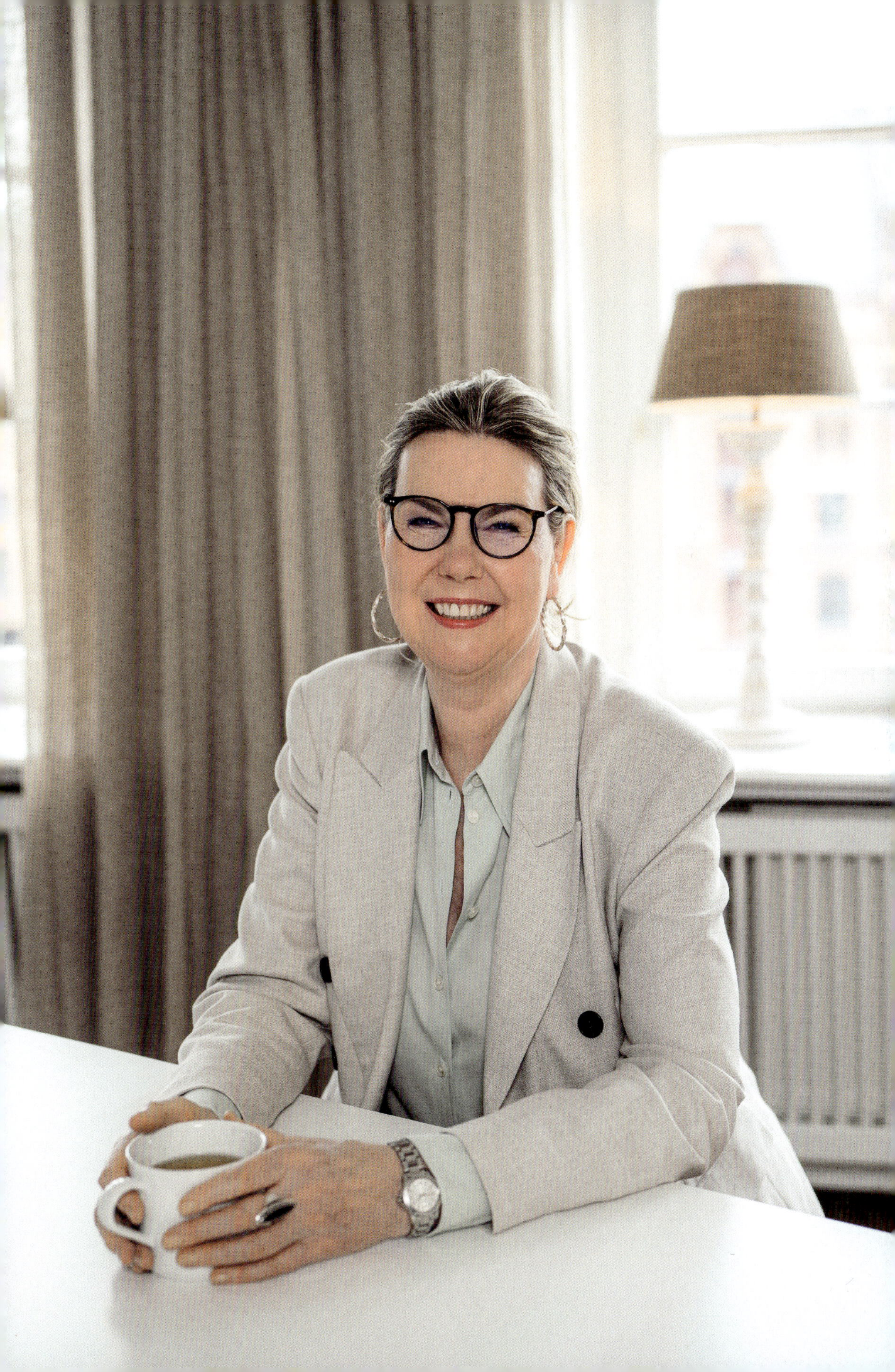

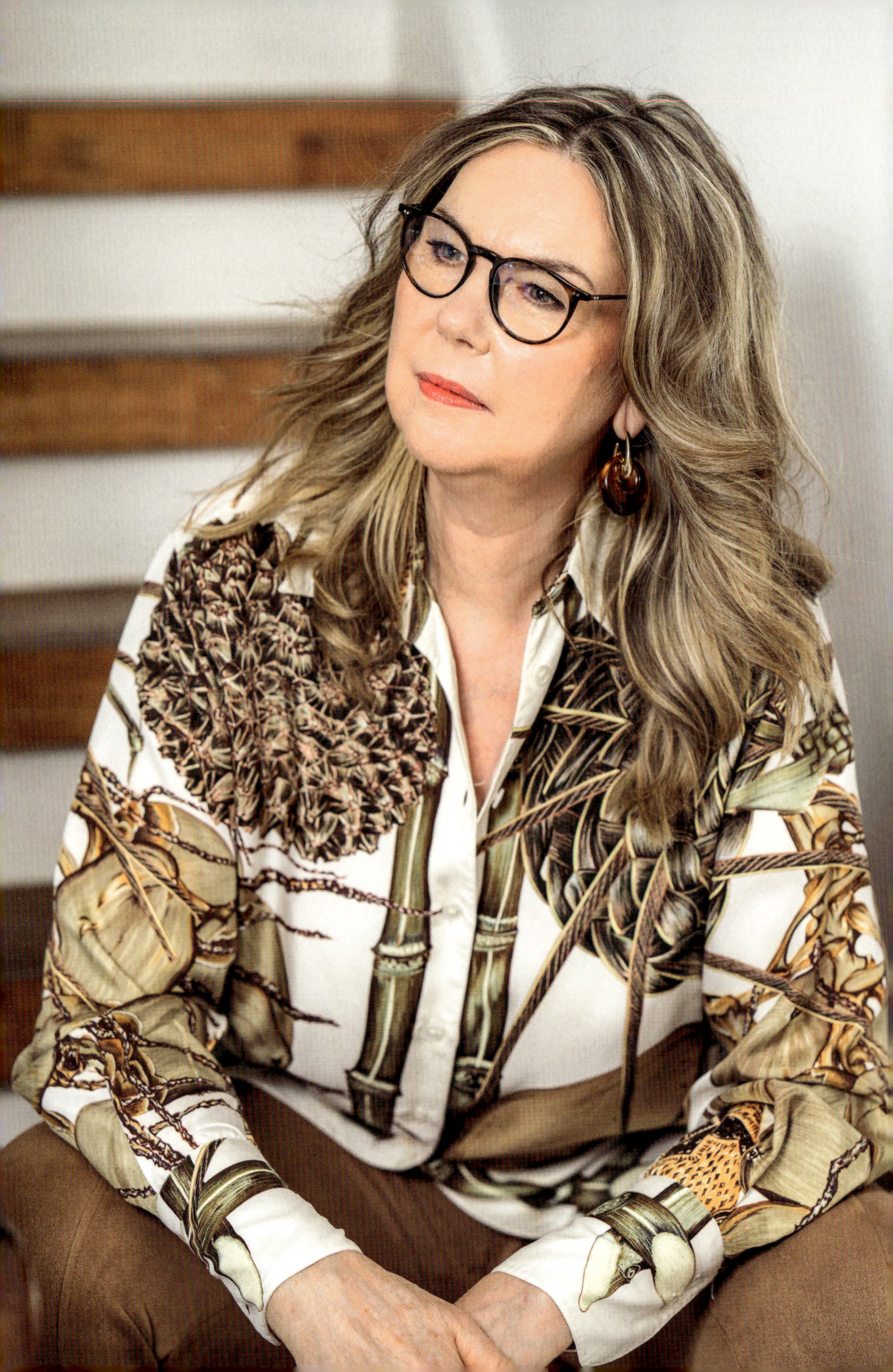

Ein bisschen Gegenwind hat Christiane Brandes-Visbeck noch nie etwas ausgemacht. Als Nordlicht liebt sie Wind und Wetter. Morgens ein paar Züge in ihrem Schwimmteich, auch im Herbst und Winter – der Sprung ins kalte Wasser macht ihr keine Angst. Nach der Wende etwa baute die Kommunikationswissenschaftlerin aus Niedersachsen eine Redaktion nach westdeutschem Vorbild in Kleinmachnow auf. 1992, als sich niemand sonst an den brandneuen Sender herantraute, wurde sie Redaktionsleiterin für eine digitale Sendung bei VOX. 1994, setzte sie – der Liebe wegen – Kurs auf New York City und arbeitete unter anderem bei Burda Media als Vertretungskorrespondentin in Text- und Fotoredaktionen und bei TV-Produktionen. Ein Job, der oftmals ganz ohne Briefing und in ständig neuen Settings stattfindet. Ein Sprung ins Ungewisse war es auch, als sie 1997 in New York City ihren Sohn zur Welt brachte, ahnend, dass sie ihn weitgehend allein erziehen würde. Immer wieder hat die Wahlhamburgerin unerschrocken die Segel gehisst.

Ihr scharfes Gespür für Trends öffnete ihr viele Türen. Anfang der 1990er-Jahre schrieb sie im Kultmagazin Max über deutsche Modemacher, als Fashion made in Germany noch eine Stilsünde war. Später, in New York City, verfasste sie Dossiers über die ersten Digitalthemen und wurde so, zurück in Hamburg, eine der ersten Online-Chefredakteurinnen Deutschlands. Ihre Methoden? „Be ahead of the crowd" und „Learning by doing". Ihre schnelle Auffassungsgabe, ihr analytisches Verständnis, ihre Innovationsfreude und eine ausgeprägte Arbeitsmoral treiben sie immer wieder an, sich in unbekannte Gewässer zu begeben. Anfang 2000, nachdem die Dotcom-Blase geplatzt war, transformierte die alleinerziehende Mutter eine Bertelsmann-Tochterfirma zunächst von der Multimediaproduktion in eine Onlineredaktion und später in ein Tech-Start-up. Zehn Jahre danach heuerte sie bei der Sparda Bank Hannover eG in der bis zu

> Ihre Methoden? „Be ahead of the crowd" und „Learning by doing".

diesem Zeitpunkt unüblichen Doppelfunktion Bereichsleiterin Personal und Kommunikation an, um dort innovative digitale Arbeitsweisen einzuführen. Christiane Brandes-Visbeck konnte sich stets auf ihr Bauchgefühl verlassen und fand so rasch ihren eigenen Stil. Was ihr in frühen Führungsrollen jedoch fehlte, war ein Verständnis für Machtpolitik. „Ich wusste nichts. Niemand hat mir die ungeschriebenen Regeln erklärt", erinnert sie sich. „Ich dachte, wenn ich hart arbeite, Leistung bringe und schnell die gesetzten Ziele erreiche, dann wird das honoriert." Heute weiß sie, das funktioniert in den seltensten Fällen.

Weil Unternehmen und deren Strukturen ihre ungewöhnlichen Ansätze nicht immer mittrugen, baute die Strategin sich schließlich ihr eigenes Gerüst: 2004 gründete die ehemalige Medienmanagerin die Managementberatung Ahoi Consulting, die seit 2019 treffend Ahoi Innovationen GmbH heißt. „Seit 20 Jahren ein fester Anker in meinem bewegten Berufsleben", sagt die begeisterte Seglerin. Mit der Popularität von Twitter und Facebook bekam die Kommunikatorin in den 2010er-Jahren ein neues Outlet. Die Content-Expertin erarbeitete sich ihre eigene Sichtbarkeit als „Twitterin der Herzen" und generierte fast alle Aufträge über Social Media. Bei den Digital Media Women fand sie eine Community, in die sie sich als Quartiersleiterin Hamburg aktiv einbringen konnte und in der Engagement als Trainerin für Contentstrategie und Speakerin zu digitalen Leadership- und Innovationsthemen wertgeschätzt wurde.

> „Ich dachte, wenn ich hart arbeite, Leistung bringe und schnell die gesetzten Ziele erreiche, dann wird das honoriert."

Brandes-Visbeck hat es immer verstanden, Beziehungen auch digital aufzubauen und zu pflegen, weshalb sie heute auf ein wertvolles, branchenübergreifendes Netzwerk zurückgreifen kann. Seit 2018 bringt die talentierte Netzwerkerin ihr Wissen um Female Leadership und kollaboratives Lernen im Beirat des Frauennetzwerks nushu ein. So bleibt sie am Puls der Zeit und nah an einem Arbeitsmarkt, dessen Wandel sie weiterhin mitgestalten will. Seit 2017 hat sie mehrere Sachbücher und Fachartikel zu Themen wie Digital Leadership, New Work und Social Sustainability mitverfasst. Während der Pandemie heuerte sie als Expert Partner für Transformation und Kommunikation bei der Digital- und Strategieberatung diconium an, einer hundertprozentigen VW-Tochter, und verantwortete vielfältige Strategieprojekte rund um Digitalisierung und HR. Dort konnte die ausgebildete Systemische Coachin ihre Kenntnisse in Digitalisierung, Leadership und Social Sustainability verbinden:

↖ Social-Media-Enthusiastin der ersten Stunde

← Die Co-Working-Area mit Yoga-Space, in der Ahoi Innovationen zuhause ist, liegt gegenüber der Hamburger Speicherstadt. Von der Dachterrasse aus fotografieren sich Gäste mit Blick auf die Elbphilharmonie.

↑ Der Name „Zippel" steht für „Zwiebel". Im ehemaligen Transporthaus wohnten und arbeitet einst Zwiebelhändlerinnen. Der Kutscher mit einer Peitsche in der Hand, der vom Dachgiebel des Gebäudes aus dem einst bunten Treiben zusah, muss heute gestützt werden.

↑ Ihr Buch „Netzwerk schlägt Hierarchie" wurde vom Handelsblatt als Top-Wirtschaftsbuch ausgezeichnet.

„Mich interessieren Systeme. Wie funktionieren sie? Wann können wir sie innovieren und verändern? Dabei spielen ein gemeinsamer Purpose, Vertrauen und gelingende Beziehungen eine größere Rolle, als viele denken."

Im Hinblick auf ihre eigene Rolle in Systemen, sagt sie, habe sie im Laufe der Jahre viel dazugelernt. Im Nachhinein betrachtet, hätte sie sich öfter Hilfe holen sollen bei Allys, die ihr die ungeschriebenen Regeln hätten erklären können. Da sie die nicht hatte, ist sie heute leidenschaftlich Mentorin, Role Model und Enablerin: Sie engagiert sich als Beirätin, bringt Menschen für Kollaborationen zusammen und ist zu einer Stimme für Chancengleichheit geworden. Sie weiß inzwischen, wie nützlich sie als nonkonformistische Gestalterin für eine Organisation sein kann. Die Rollen, in denen sich ihre Erfahrungen und Stärken gut zusammenfügen, sind Executive Coach, Beirätin und Interimsmanagerin auf C-Level. „Ich glaube, dass echter Wandel stattfindet, wenn die Menschen, die ihn vorantreiben, sich nicht der Politik einer Organisation unterwerfen müssen. Innovationen sollten von Menschen vorangetrieben werden, die keinen Ruf zu verteidigen oder zu verlieren haben." Sie ist dieser Mensch. Als Geschäftsführerin der Ahoi Innovationen tut sie mittlerweile das, was sie am besten kann: Schwachstellen erkennen, Führungsteams von innovativen Lösungen überzeugen und diese gemeinsam umsetzen. Innovieren, transformieren, einen aufgeräumten Laden hinterlassen – zu ihren eigenen Bedingungen.

VONEINANDER LERNEN

1

KENNE DICH. ERKENNE DICH AN!

Kenne deine Stärken und Schwächen. Wenn du deine Karriere visualisierst, orientiere dich an deinen Wünschen und Stärken. Umwege, Pausen oder Sabbaticals können dazugehören. Sei klar und ehrlich mit dir selbst.

2

WÄHLE DIE SONNENSEITE!

Meine Mutter hat mir, als ich Studentin war, eine Postkarte geschickt, auf der stand: „Wende dein Gesicht der Sonne zu, dann fallen die Schatten hinter dich." Dieser Satz spiegelt meine anhaltende Zuversicht und meine gute Laune wider.

3

GENERALISTINNEN VOR!

Lerne, dass deine Skills als viel begabte Generalistin in VUKA-Zeiten unentbehrlich sind. Wo Volatilität, Unsicherheit, Komplexität und Ambiguität an der Tagesordnung sind, ist der generalistische Weitblick eine große Stärke. Generalistinnen sind in der Lage, das Können und Wissen von Spezialistinnen zu verknüpfen und in die Zukunft zu übersetzen. Als Generalistin kannst du dir sicher sein, dass du zu jeder Zeit etwas kannst, das gebraucht wird.

Über diese Themen tauscht sich Christiane Brandes-Visbeck gern aus:

Wie wir gemeinsam die Zukunft gestalten können – als Unternehmende, Business Leader, Politiker aller Couleur

Wen sich Christiane Brandes-Visbeck als Mentee wünscht:

Eine Führungspersönlichkeit, die sich in einer Transformationsphase befindet und große berufliche Herausforderungen zu meistern hat. Die offen ist für ungewöhnliche Impulse, innovatives Denken sowie intuitiv gefundene und datenbasierte Lösungen.

AUSTAUSCH

CHIEF HUMAN RESOURCES OFFICER
DREES & SOMMER, STUTTGART

Diana Wiedmann

Diana Wiedmann und Drees & Sommer sind ein perfekter Match. Das Planungs- und Beratungsunternehmen für private und öffentliche Bauvorhaben will eine Personalpolitik, die den Mensch ins Zentrum rückt. In ihrem CHRO hat die global agierende Firma eine HR-Enthusiastin gefunden, die dem Thema Mensch konsequent die Wertigkeit verleiht, die es verdient.

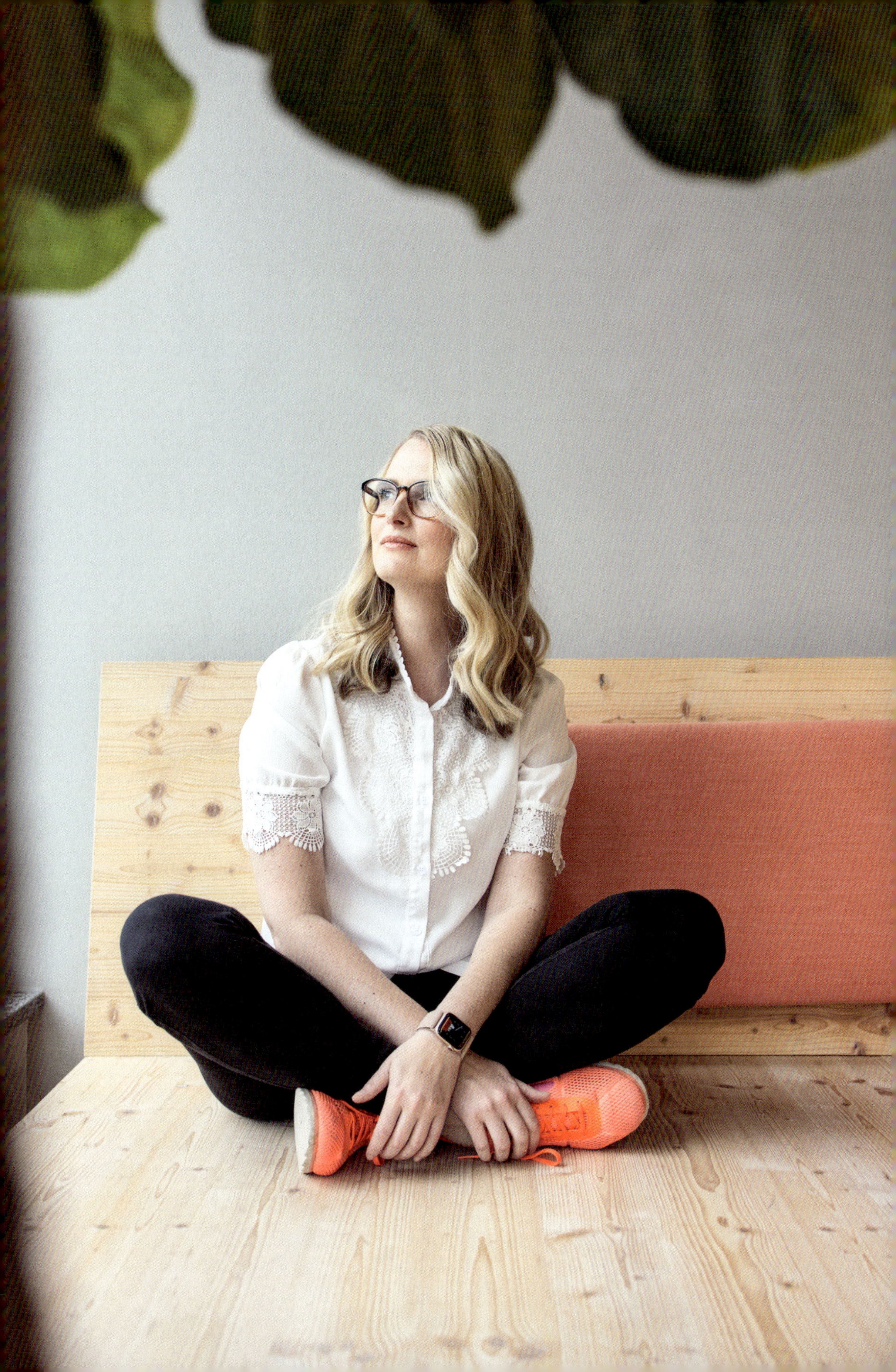

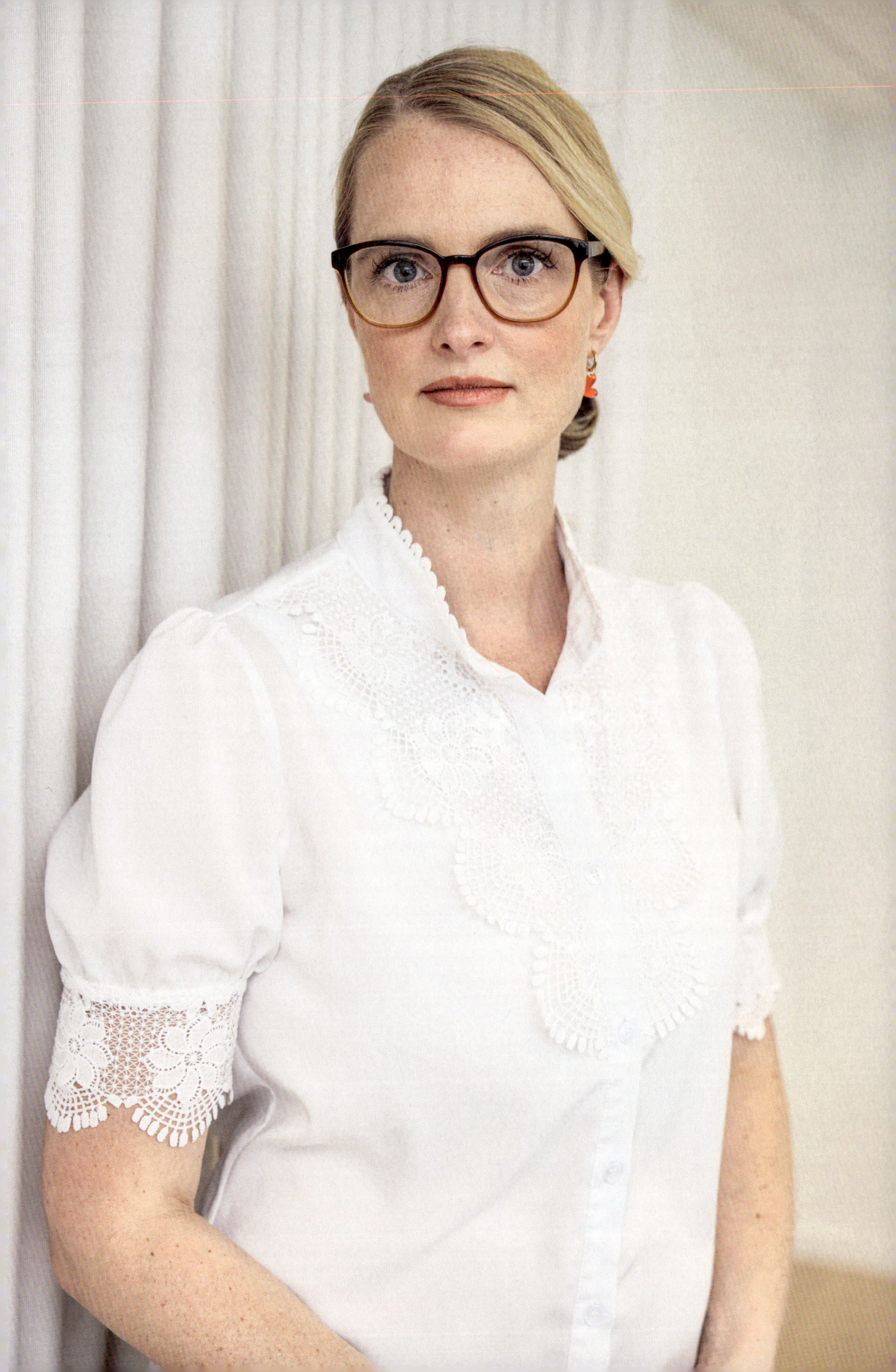

D

Drees & Sommer, intern gern Dreso genannt, bietet ein sehr breites Spektrum an Dienstleistungen für Bauunternehmen sowie Investoren. Eine wirkungsvolle Mischung aus Bauplanung und Unternehmensberatung, wie es Chief Human Resources Officer Diana Wiedmann beschreibt. Sie führt vom Headquarter in Stuttgart aus über 100 Führungskräfte, die wiederum für 6.000 Mitarbeitende an weltweit 63 Standorten verantwortlich sind.

Die 40-Jährige beschreibt sich als risikofreudig, optimistisch und hartnäckig. Diese Eigenschaften spiegeln sich ein wenig in ihrem Lebenslauf wider. Wiedmann stammt vom Land im fränkischen Gunzenhausen. „Da kommt meine Bodenständigkeit her – deshalb weiß ich so genau, wer Diana Wiedmann ist." Bei der Sparkasse Gunzenhausen begann sie im Jahr 2000 ihre Ausbildung zur Bankkauffrau, übernahm bereits 2001 Personalverantwortung und leitete innerhalb kürzester Zeit eine Abteilung mit über 15 Menschen. Ihre Expertise im Personalmanagement baute sie in leitenden Funktionen bei Siemens und verschiedenen Biotech-Unternehmen aus. Die Abenteuerlust führte sie 2014 nach Hongkong, 2015 nach Peking und 2016 nach Mauritius, bevor sie wieder nach Süddeutschland zurückkehrte.

Seit Februar 2023 gestaltet sie als CHRO das gesamte Personalmanagement bei Drees & Sommer. Die Firma steckt in der positiven Transformation: Die gesamte Strategie ist mittlerweile auf den Kunden ausgerichtet. In ihrer Rolle richtet die Personalchefin nun wiederum die Kultur am Menschen aus. „Ich stehe für das Thema Mensch im Unternehmen – nach innen, also für die Mitarbeitenden, aber auch nach außen, in unserer People-Strategie." Sie spricht schnell, ihre Stimme ist kräftig, manchmal laut. Die Managerin hat hohe Ansprüche – die höchsten sicherlich an sich selbst, jedoch ebenfalls

> „Ich stehe für das Thema Mensch im Unternehmen – nach innen, also für die Mitarbeitenden, aber auch nach außen, in unserer People-Strategie.

an die Geschäftsführung. „Ich bin der Überzeugung, dass das Thema People genauso wichtig sein muss wie das Thema Finanzen. Ich wusste, dass ich Dreso dorthin führen kann, aber ich musste sicher sein, dass alle auch Verantwortung für die Transformation übernehmen. Sonst wäre ich nicht gekommen." Längst ist klar, dass Wiedmann und Dreso ein guter Match sind. „Ich brauche ein Unternehmen, das mein Energielevel aushält und das mich auch machen lässt." Dass Dreso partnergeführt ist, hilft, denn so sind etwa 40 Partner am Erfolg beteiligt, und Gestaltungsfreiheit gehört zur DNA des Betriebs. Diana Wiedmann ist da ein gebranntes Kind: Für ihre Rolle als Head of Human Resources auf Mauritius hatte man ihr viel Gestaltungsspielraum versprochen, doch am Ende wollte man nur Dienst nach Vorschrift. Da zog sie freundlich, aber bestimmt die Reißleine, denn wenn sie eines ist, dann konsequent. Nach einem halben Jahr war sie zurück in Deutschland auf einem neuen Posten.

Viele Firmen schreiben sich einen menschenzentrierten Ansatz auf die Fahne, aber häufig wissen sie ihn in der Praxis nicht umzusetzen. „Ich glaube, das Wissen wäre da. Oft sind die Unternehmen einfach nicht bereit, den Weg konsequent zu gehen. Man fürchtet die Kosten und den Machtverlust." Diana Wiedmanns Ansatz ist holistisch, sie überprüfte Gehaltsbänder, Verträge und Prozesse im Betrieb. Mit ihrem Team hat sie die gesamte Candidate und Employee Experience überarbeitet, damit Talente die Dreso-Kultur in jedem Moment erleben

> *Ich brauche ein Unternehmen, das mein Energielevel aushält und das mich auch machen lässt.*

– vom ersten Kontakt auf einer Karrieremesse über das Vorstellungsgespräch und die Gehaltsverhandlung bis hin zum Eintritt in den Ruhestand. Dazu gehören unter anderem die technischen Prozesse, die HR-Software und das Datenmanagement: Ist der Datensatz, der bei einer Bewerbung angelegt wird, der gleiche, mit dem später die betriebliche Altersvorsorge beantragt wird? Das gemeinsame Führungsverständnis wurde ebenfalls geschärft. Gemeinsam mit den Führungskräften des Unternehmens entwickelte Diana Wiedmann die „Leadership Charta", gemeinsame Werte, eine einheitliche Haltung für alle Standorte. Sie führte messbare Parameter ein: Beförderungen werden nun auch anhand von Leistungskennwerten wie dem Commitment Index beschlossen, der das Engagement der Mitarbeitenden darstellt.

Und wie sieht ihr eigener Führungsstil aus? Sie streicht sich durch die langen Haare: „Ich bin hart, aber fair – hart in der Sache, aber sehr zugewandt und transparent im Umgang miteinander. Bei mir bekommen alle erst einmal einen Vertrauensvorschuss." Da ist sie wieder, die

↖ *Die CHRO ist risikofreudig, konsequent und fair.*

↑ *Das Glas ist immer voll. Wiedmann ist Optimistin.*
← *Räume für menschliches Wachstum: Dank Wiedmann ist der Mensch bei Dreso heute die wichtigste Ressource.*

Optimistin. „Mitarbeitende bleiben nicht statisch in einer (Arbeits-)Welt, die sich ständig dreht und verändert", sagt die Personalexpertin. Lernen sei der beste Anreiz, um zu bleiben. Sie kümmert sich um Weiterbildungsangebote und ist gern Gast im hauseigenen Innovation Center, in dem sich Beschäftigte mit KI-Tools auseinandersetzen können, die bei Dreso unweigerlich zum Einsatz kommen werden. Wer neugierig ist, kann mit verschiedenen Anwendungen spielen und lernen, um auch herauszufinden, wo und wann Dreso davon profitieren kann. Mit einem Durchschnittsalter von 37 Jahren ist die Belegschaft von Dreso sehr jung. Gibt es Generationenkonflikte? „Ja, wir machen die gleichen Erfahrungen wie alle anderen. Aber wir müssen voneinander lernen, daran führt kein Weg vorbei." Mit verschiedenen Formaten versucht Wiedmann den Austausch zu fördern: Buddy-Programme, Reverse Mentoring oder in Tandems wie einer gemeinsamen Projektleitung. „Der Wandel wird sich in Zukunft noch schneller vollziehen. Wenn wir nicht aus der Kurve fliegen wollen, müssen wir uns daran gewöhnen – und das gilt für sämtliche Fragen der Inklusion." Die Grundlagen und das Bewusstsein für den Wert von Vielfalt sind schon da: Kinderbetreuung, Teilzeitmodelle, ein Young European Board und SHE, das interne Frauennetzwerk. Aber es gibt noch viel zu tun für Diana Wiedmann, und das ist gut so, denn ihre Vergangenheit hat ihr gezeigt, dass beruflich jeder Schuh etwas größer sein sollte als der Fuß. Wenn man noch Raum zu wachsen hat, dann ist auch der Anreiz da, zu bleiben.

Über diese Themen tauscht sich Diana Wiedmann gern aus:
People & Performance,. Menschen im Allgemeinen, aber auch im Besonderen, Vielfalt als Treiber für Innovation.

VONEINANDER LERNEN

1

REITE DEINE WELLE!

Als Kitesurferin habe ich gelernt, dass man agil bleiben und mit den Elementen arbeiten muss. Setze das ein, was dir zur Verfügung steht, folge dem Wind und nutze die Gelegenheit!

2

STEH WIEDER AUF!

Wenn mein Vater und ich gemeinsam Boxkämpfe geschaut haben, hat er immer gesagt: „Es gewinnt nicht der, der härter austeilt, sondern derjenige, der öfter aufsteht."

3

BLEIB NEUGIERIG!

Es ist wie beim Crosstraining im Sport: Es hilft, öfter mal die Disziplin und damit auch die Perspektive zu wechseln.

4

EXPERIMENTIERE!

Finde dich, lerne deine Stärken kennen. Sei dabei mutig, trau dich was und höre auf deinen Bauch.

INHABERIN UND GESCHÄFTSFÜHRERIN
WAGNER SYSTEM GMBH, LAHR/SCHWARZWALD

Ellen Wagner

Gemeinsam mit ihrem Bruder hat Ellen Wagner 2014 die Geschäftsführung des Familienunternehmens Wagner System GmbH übernommen, seit 2020 sind die Geschwister auch Inhaber des Schwarzwälder Konsumgüterherstellers. Die Designliebhaberin und zweifache Mutter leitet und gestaltet das Arbeitsleben von rund 200 Beschäftigten.

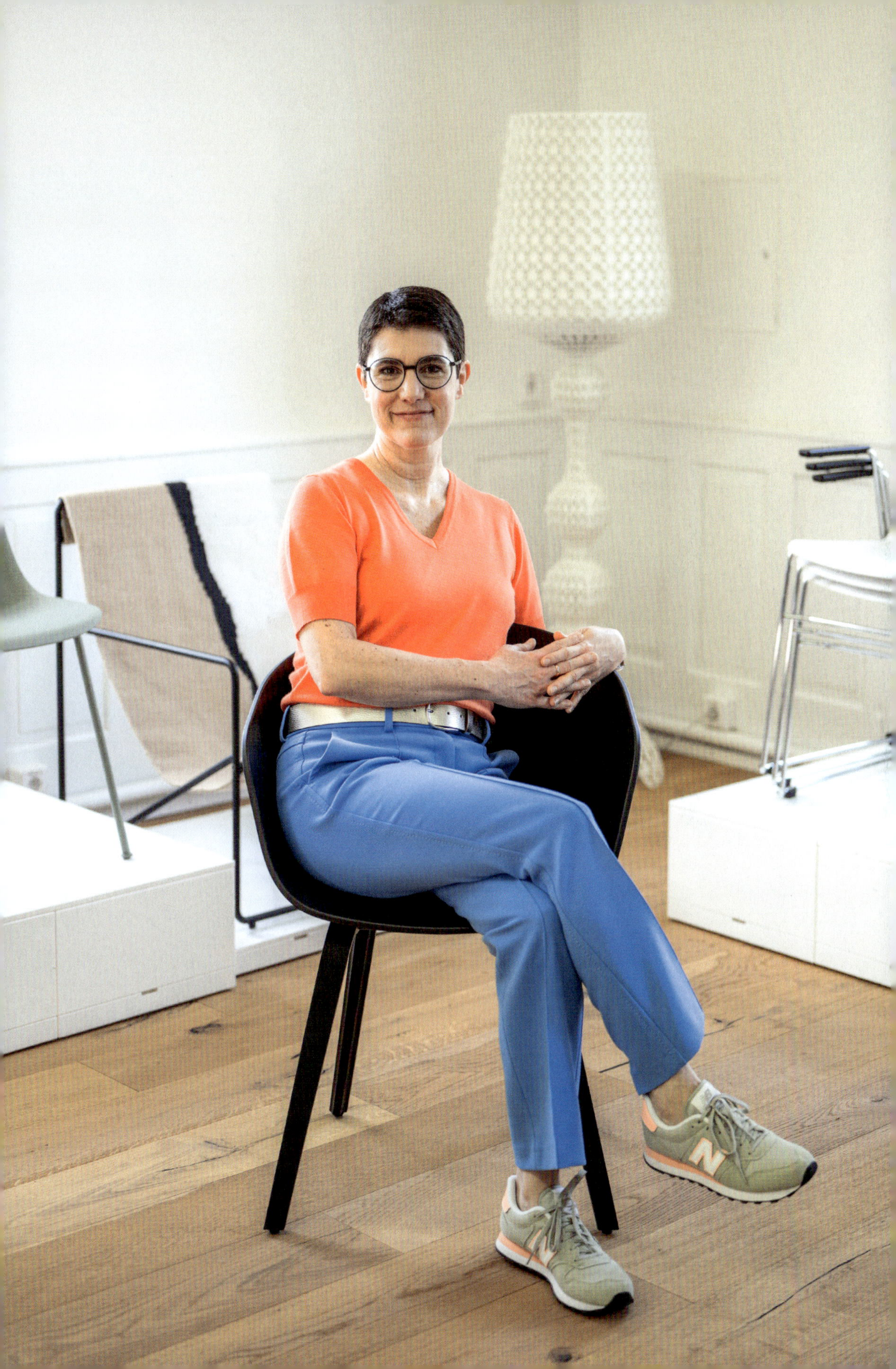

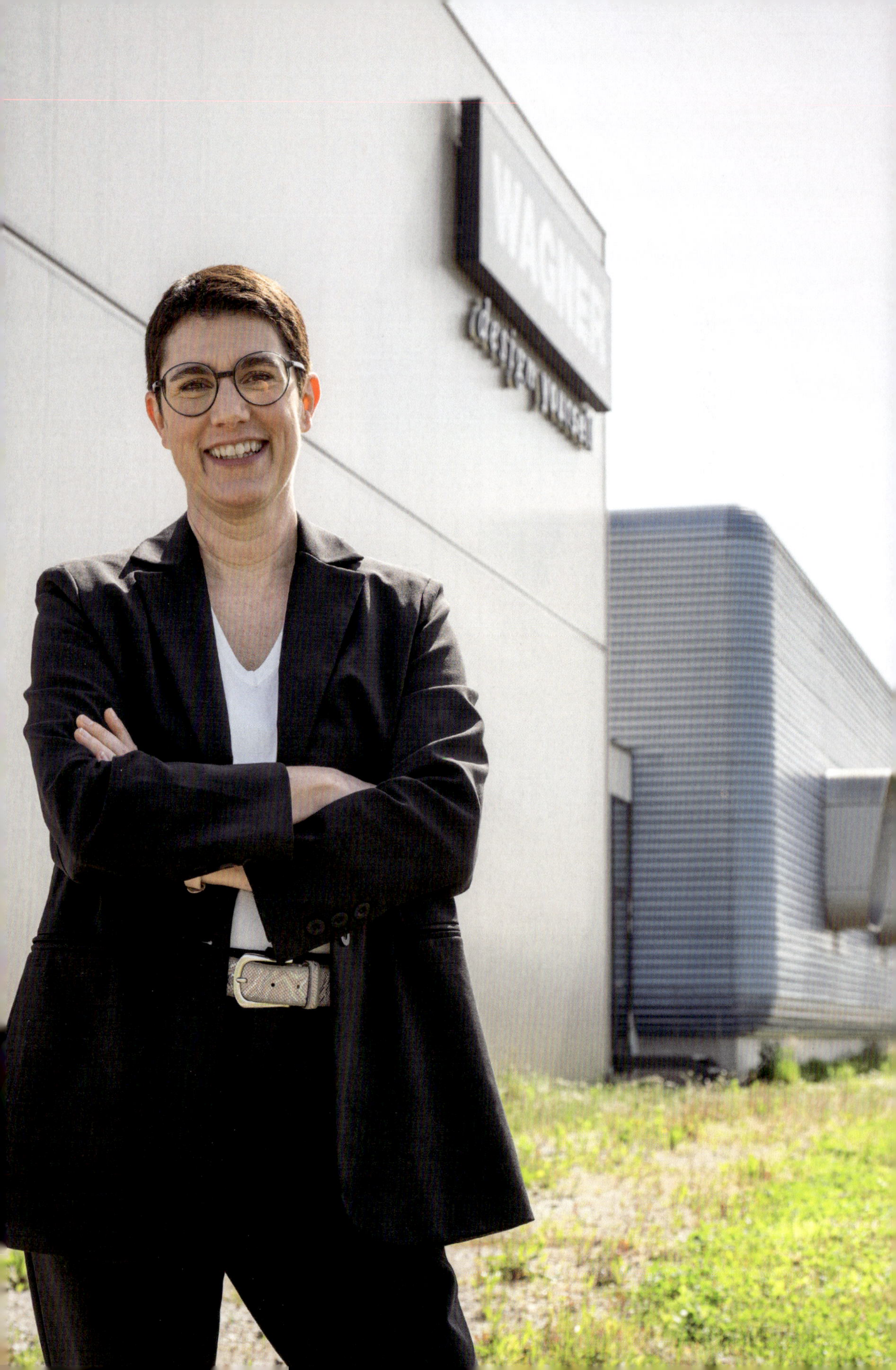
WAGNER

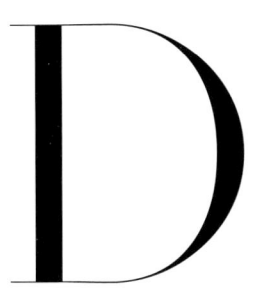

Das Unternehmen wurde 1977 von Adelheid und Roland Wagner gegründet. Deren Kinder Ellen und Ulrich Wagner führen die heutige Wagner System GmbH unter der Dachmarke Wagner in zweiter Generation. Anders als in den meisten Familienbetrieben wurde von Ellen und ihren beiden Brüdern nie erwartet, dort einzusteigen. „Keine Andeutungen, keine Bitten, kein Erwartungsdruck", erinnert sie sich. Und das war auch gut so, denn sie hatte zunächst andere Pläne: Sie war geisteswissenschaftlich interessiert, studierte Angewandte Kulturwissenschaften in Lüneburg und arbeitete später in einer Konzert- und Tanzagentur in Mannheim. 2001 steckte die elterliche Firma in einer schwierigen Lage. Ihr Bruder Ulrich hatte kreative Ideen, wollte unterstützen; aber wenn er dort einsteigen würde, dann nur mit seiner Schwester. Zu ihrem Chef hat Ellen Wagner damals gesagt: „Ich muss das machen – aber in zwei Jahren bin ich wieder da." Gemeinsam mit ihrem Mann zog sie also zurück in den Schwarzwald – und aus zwei Jahren wurde „für immer". Mit der Geburt ihrer ersten Tochter 2004 gab ihr Mann seinen Beruf als Journalist auf. Damals sowie 2007, nach der Geburt der zweiten Tochter, kehrte Ellen Wagner direkt nach acht Wochen Babypause in den Familienbetrieb zurück. Ihr Mann hielt und hält ihr in jeder Hinsicht den Rücken frei. „Manchmal kommt es anders, als man denkt – und das ist gut so", urteilt sie rückblickend.

Frei nach dem Unternehmensmotto „design yourself" hat die 53-Jährige ihre Rolle bei Wagner beharrlich selbst gestaltet, irgendwo zwischen Tradition und Innovation. Der Start erforderte allerdings einiges an Feinjustierung. Ellen Wagner stieg als „Bereichsleiterin Marketing/PR" ein, ihr Bruder Ulrich als „Vertriebsleiter Handel". „Meine Eltern, mein Bruder und ich haben uns zwölf Jahre lang zu viert die Bälle zugespielt, doch auf dem Papier war mein Vater alleiniger Geschäfts-

> „Manchmal kommt es anders, als man denkt – und das ist gut so.

führer. Diese Konstellation war sehr erfolgreich, aber auch aufreibend." Es habe schon mal gekracht, es habe Funkstillen gegeben und natürlich auch Meinungsverschiedenheiten. Aber die vier haben sich immer wieder zusammengerauft. Familie eben – man verzeihe sich viel. 2014 übernahmen die Geschwister offiziell die Geschäftsführung und im Januar 2020 schließlich die Inhaberschaft. Ihre Fähigkeiten und Persönlichkeiten ergänzen sich gut: Ulrich ist der Visionär, Ellen die Realistin. Er kümmert sich um Vertrieb, Produktentwicklung, Einkauf und Logistik. Sie sich um Kommunikation, Design, Personal, IT, Finanzen und Produktion. Ganz gelassen erklärt sie: „Ich kann keine Rechnung buchen, aber ich bin für die Finanzen zuständig. Ich kann keine Spritzgussmaschine einrichten, aber ich muss dafür sorgen, dass die Produktion läuft. Um zu führen, muss ich nicht alles können – ich muss nur wissen, wem ich die richtigen Fragen stelle." Lächelnd sagt sie, dass sie eigentlich den ganzen Tag nichts anderes mehr mache, als zu reden, Fragen zu stellen und Entscheidungen zu treffen.

Dank seiner seit jeher hochwertigen Produkte und der breiten und uneitlen Vertriebsstrategie gehört Wagner zu den führenden Herstellern von Qualitätsmöbelkomponenten in Europa. QuickClick, ein mehrfach ausgezeichnetes Möbelgleitsystem, zeigt, wie mühelos das Unternehmen in mehreren Welten agiert: Zum einen wird die innovative Gleiterlösung von Möbelherstellern weltweit eingesetzt. Zum anderen ist QuickClick für den privaten Gebrauch bei großen Baumarktketten und im Onlinehandel erhältlich. „Einerseits sind wir mit unserem Baumarktsortiment sehr hemdsärmelig, andererseits kennen wir die Feinheiten der Möbelindustrie. Unser Ziel bei Wagner ist es, diese beiden Welten noch enger zusammenzuführen." Privat macht sie das beispielsweise längst und verbringt ihre Freizeit gern in Museen, Ausstellungen und Konzerten, mag DIY und besitzt eine ausufernde Sammlung schöner Stühle.

Ein weiteres Ziel des Unternehmens ist Wachstum. Während der Pandemie, als Baumärkte geschlossen waren und Aufträge ausblieben, trafen die Geschwister die wichtige Entscheidung zu investieren. „Als Mittelständler müssen wir schnell sein und können nicht Monate oder Jahre warten, bis Dinge sich dann mal zu unseren Gunsten oder Ungunsten verändern." Innerhalb von 18 Monaten wurde das bestehende Werk 2 in Lahr komplett saniert und technisch erneuert sowie ein neues Werk 3 gebaut. Die Planungen reichen bis 2027, denn Produk-

> „Um zu führen, muss ich nicht alles können – ich muss nur wissen, wem ich die richtigen Fragen stelle."

↑ Hochfunktionale QuickClick-Komponenten, die weltweit in Designmöbeln verbaut werden
↖ Ellen Wagner im Wagner-Showroom / CityLAB
← Bestseller in Baumärkten: Transporthilfen von Wagner

← Die neue Verschieberegalanlage im Wagner-Werk 3 mit Platz für 2.600 Paletten

tion, Verwaltung und Logistik sollen an einem Standort, dem Wagner-Campus, zusammengeführt werden.

Mit dem Umbau wurde auch eine Lean-Management-Strategie eingeführt, von der die Firma schon jetzt enorm profitiert. „Wir sind nicht nur schlanker, effizienter und schneller, sondern auch integrativer. Barcodes und voll digitalisierte Prozesse bedeuten zum Beispiel, dass keine manuelle Erfassung mehr erfolgt. Wir können Beschäftigte anhand von Symbolen, Piktogrammen und Videos an den Arbeitsplätzen einweisen, ohne dass sie zwingend Deutsch sprechen oder lesen können müssen." Denn eine vielfältige Belegschaft gehört zur Wagner-Tradition. In der Montage, Produktion und Kommissionierung sind zahlreiche Menschen mit Migrationshintergrund tätig.

Dank der neuen Technik sind nun die Arbeitsabläufe für jeden leicht verständlich. Für alles Weitere arbeiten die Teams mit Gruppenleitern, die auch übersetzen. Die Beschäftigung von Menschen mit Beeinträchtigung ist ebenfalls längst Teil der Unternehmenskultur, denn bereits Ellen Wagners Mutter war bekannt dafür, Menschen eine Chance zu geben, die auf dem ersten Arbeitsmarkt keinen Platz gefunden haben.

So verbindet Ellen Wagner in ihren vielen Rollen die familiäre Tradition mit technischem und wirtschaftlichem Fortschritt. Der Blick zurück gelingt ihr ebenso gut wie der nach vorn. Sie weiß: „Ein Stück weit haben mich die Umstände zu der Person gemacht, die ich heute bin; trotzdem habe ich meinen Weg selbst und ganz bewusst gestaltet."

VONEINANDER LERNEN

1
LASS DIR ZEIT!

Ich habe sieben Jahre lang studiert und es war wunderbar: Manchmal brauchen die Dinge Zeit – gönn sie dir! Das trifft natürlich gleichermaßen auf Vertrauensaufbau oder die Gestaltung deiner Rolle in Beruf und Leben zu.

2
GIB VERANTWORTUNG AB!

Das gilt selbstverständlich auch für die Arbeit, aber ich meine vielmehr: Gib ebenso Verantwortung an deine Partnerin oder deinen Partner ab. Ich erlebe viele Frauen, die den Haushalt oder die Kinderbetreuung nicht loslassen können. Wir müssen nicht immer und überall perfekt sein, sondern auch mal fünfe gerade sein lassen – und anderen die Führung anvertrauen.

3
MACH'S DIR SCHÖN!

Schaffe dir ein Arbeitsumfeld, in dem du und andere sich wohlfühlen. Eine hübsche Tapete anbringen, Möbel umgruppieren, eine Skulptur aufstellen. Wir bei Wagner sind „Selbst-Macher", also DIYler, und das sieht man auch an unseren Büros und Arbeitsplätzen. „Design yourself" heißt gleichzeitig „design your workspace".

Über diese Themen tauscht sich Ellen Wagner gern aus:
Design, Personalführung, Nachfolge, Unternehmertum.

Wen sich Ellen Wagner als Mentee wünscht:
Eine junge Nachfolgerin oder Unternehmerin, die ich im Erfahrungsaustausch unterstützen kann.

AUSTAUSCH

HEAD OF CUSTOMER INSIGHTS
1&1 TELECOMMUNICATION SE, MONTABAUR

Katja Carapezza

Katja Carapezza ist Head of Customer Insights bei 1&1 Telecommunication SE und damit für den Bereich Kundenservice mitverantwortlich. Die 51-Jährige ist operativ und zwischenmenschlich stark: Sie ist Vollzeitkraft, zweifache Mutter und ihr Fokus gilt der Kundschaft und den Mitarbeitenden. 1&1 ergibt bei Katja Carapezza mehr als 2.

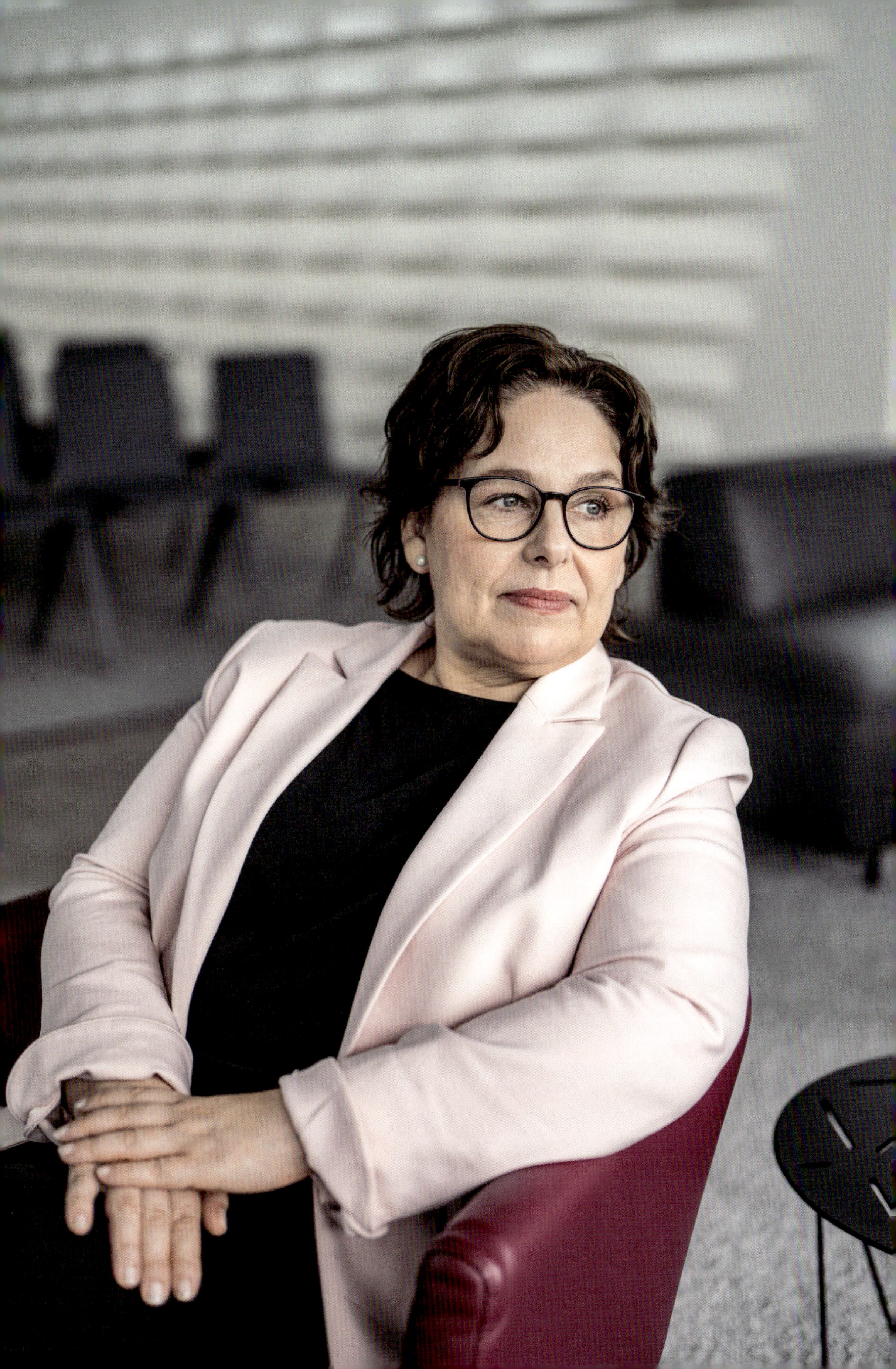

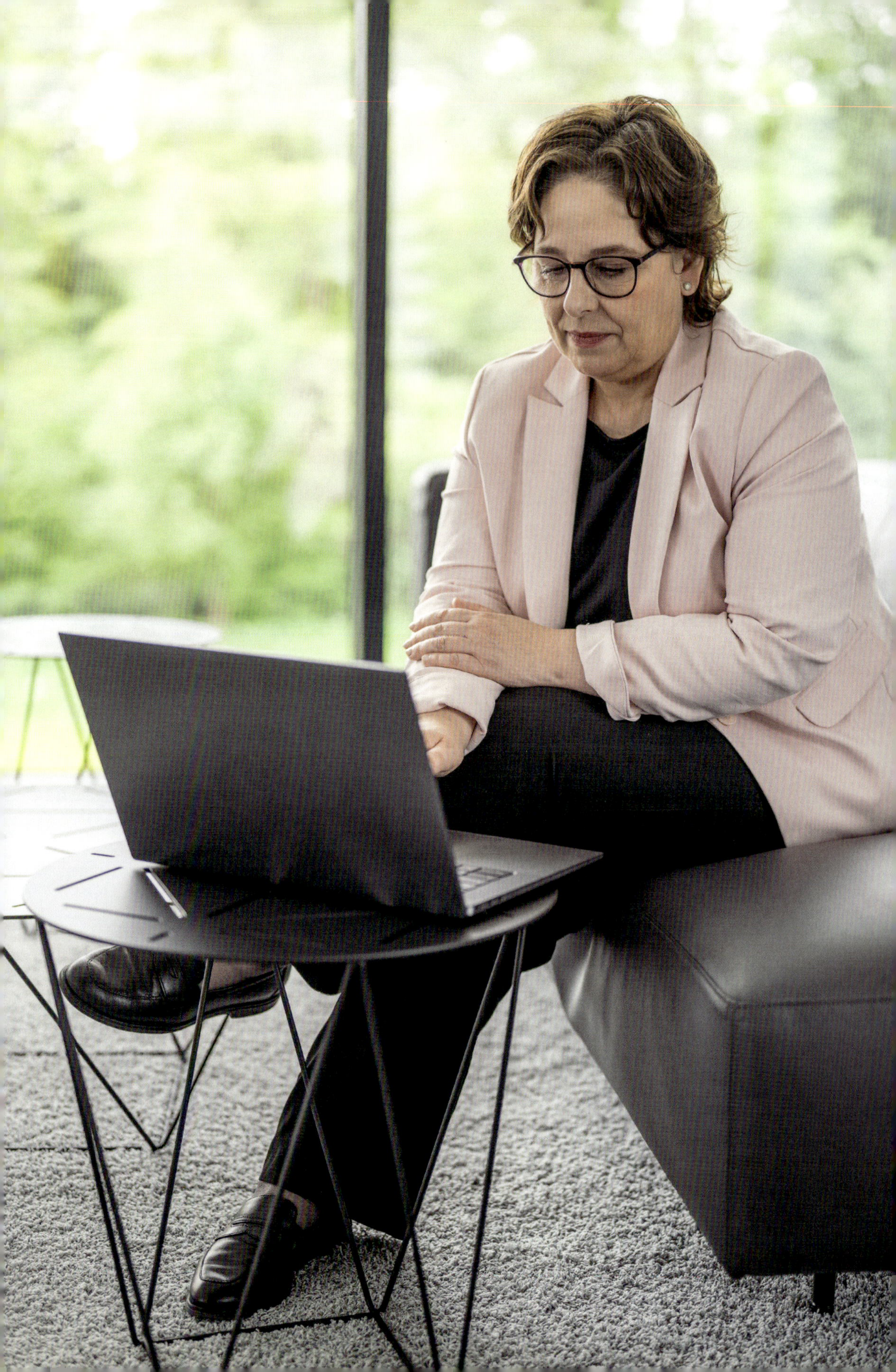

Seit 2011 arbeitet Katja Carapezza beim Telekommunikationsanbieter 1&1, der über 3.200 Menschen beschäftigt und etwa 16 Millionen Kundenverträge betreut. 1&1 ist eine Matrixorganisation, Carapezza führt in ihrem Vorstandsbereich drei Segmente. Erstens: die Aus- und Weiterbildung der Kundenberater, die Anfragen per E-Mail, Telefon und Social Media beantworten. Zweitens: die Redaktion, die für die schriftliche Kundenkommunikation verantwortlich ist – automatische E-Mails, Informationsmaterial und Content für das 1&1 Hilfe-Center. Drittens: ein Team, das die Qualität des Kundenservices misst und verbessert. Sie bedient die Schnittstelle, an der Strategien übersetzt und implementiert werden. „Ich frage: Sind wir kurz-, mittel- und langfristig gut aufgestellt? Was wollen wir besser machen? Wo müssen wir uns anpassen? Wie gut sind die Mitarbeitenden gerüstet, um die Ergebnisse zu erzielen, die wir sehen wollen?"
Katja Carapezza hat 20 Jahre Erfahrung im Kundenservice. Bereits als studentische Hilfskraft jobbte die Kölnerin Anfang der 2000er-Jahre in der Kundenberatung, damals beim Netzanbieter NetCologne. Nach dem Studium stieg sie 2003 direkt als Teamleiterin im NetSupport des lokalen Telekommunikationsdienstleisters ein. Wie hat sich der Beruf allgemein seitdem verändert? „Die Herangehensweise ist noch dieselbe", sagt sie. „Das Ziel ist nach wie vor, die Erwartungen der Kunden zu erfüllen oder sogar zu übertreffen." Geändert haben sich der Markt und die Komplexität der Arbeit. Das Personal fehlt, die Kundschaft ist multinational und die Technologie entwickelt sich ständig weiter. „Das macht das Prozessmanagement schwieriger, aber auch spannender." Sie lächelt. Spannend ist prima – nichts ist schlimmer als „das haben wir schon immer so gemacht". Mit seinen Produktsäulen Mobilfunk, Breitband, Glasfaser und HDTV

99
Spannend ist prima – nichts ist schlimmer als „das haben wir schon immer so gemacht".

bedient 1&1 eine breite Zielgruppe mit unterschiedlichsten Anforderungen an den Kundenservice: vom neuen Endgerät über Vertragsänderungen bis hin zu Anschlussproblemen. Als Head of Customer Insights sieht Carapezza ihre Hauptaufgabe darin, den Beschäftigten ein Arbeits- und Lernumfeld zu bieten, in dem sie sich wohlfühlen und gute Ergebnisse erzielen.

Inmitten ihres komplexen Aufgabenfeldes wirkt die Managerin geerdet und gelassen. „Das wird mir oft gespiegelt, aber es ist nicht immer so", lacht sie. „Eigentlich gibt es zwei Katjas: die ergebnisorientiert operative und die emphatisch reflektierte. Ich kann sehr ungeduldig und fordernd sein – dann werde ich sehr klar und deutlich." Die reflektierte Katja ist analytisch, einfühlsam und kommunikationsstark. Beide Versionen wechseln sich im Führungsalltag ab. „In 20 Jahren als Führungskraft auf verschiedensten Ebenen habe ich, denke ich, so ziemlich alle Fehler gemacht, die man machen kann", sagt sie. „Früher habe ich meine eigene Motivation auf die Mitarbeitenden projiziert, zu wenig delegiert, war dominant." Sie habe lernen müssen, dass man das Vertrauen der Menschen schnell verlieren kann und dass es lange dauert, es wieder zu gewinnen. Die Mutterschaft habe sie zu einer besseren Führungskraft gemacht, meint sie. „Kinder halten dir den Spiegel vor. Denen ist völlig egal, dass du Führungskraft bist. Sie wollen anders motiviert werden: Wir hatten beispielsweise ein Kanban-Board im Kinderzimmer. Wir haben die Bücher aus dem ‚Backlog' geholt, meine beiden

> **Eigentlich gibt es zwei Katjas: die ergebnisorientiert operative und die emphatisch reflektierte.**

Mädchen haben sie aufgeräumt und wir haben sie dann in die ‚Erledigt'-Spalte geschoben – und die Kinder hatten großen Spaß dran." Auf den Job übertragen heißt das: Carapezza motiviert heute ihr Team mit einer Vision, klaren Zielen und Spaß an der Zusammenarbeit.

Es gab eine Zeit in ihrer Karriere, vor acht oder neun Jahren, als ihre Entwicklung stagnierte. Sie arbeitete viel und hart, aber nichts bewegte sich. Ihr Aha-Moment war ein 1&1-Workshop für Frauen zum Thema „Wie positioniere ich mich?". Die Referentin machte deutlich, wie Männer im Job genau die Themen priorisieren, die in ihrer Organisation gerade im Fokus stehen, während Frauen oft alle Feuer löschen wollen. „Es fiel mir wie Schuppen von den Augen: Ich gehörte auch zu denen, die 100 Probleme gleichzeitig lösen wollten." Nachdem sie die Spielregeln verstanden hatte, spielte es sich leichter. Trotzdem war sie sich stets bewusst, dass Gleichberechtigung nicht primär ein Frauenthema ist, sondern eine Frage der Kultur. „Ich sehe nach wie vor viele Frauen, die darauf warten, ent-

↑ Die Managerin und ihr Team haben ein Ziel: ein hervorragendes Serviceerlebnis bei 1&1.
↖ Den Baum hat Carapezzas Tochter für sie gebastelt.
← Sobald man die Spielregeln verstanden hat, spielt es sich leichter.

↑ Die Managerin ist als berufstätige Mutter ein wichtiges Vorbild für ihre Töchter.

deckt zu werden, und männliche Führungskräfte, die das nicht sehen, weil sie nicht gut genug hinschauen." Führungskräfte brauchen ein Bewusstsein für die unterschiedliche Sozialisation ihrer Mitarbeiterinnen. „Seit neun Jahren führe ich jetzt Führungskräfte – und ich sage vor allem den Männern immer wieder: Kenne deine High Performer und gehe auch auf die zu, die sich nicht ständig profilieren."

Katja Carapezza wollte von jeher unabhängig sein. Darum war das Ziel, Muttersein und eine Karriere zu verbinden. Ihre Töchter sind mittlerweile 15 und 18 Jahre alt. Die ersten zwei bis drei Jahre hat ihr damaliger Mann einen Großteil der Betreuungsarbeit übernommen, während sie Vollzeit beschäftigt blieb. „Die Zeit war nicht nur körperlich sehr anstrengend, sondern auch emotional schwierig, weil ich natürlich versucht habe, allen Anforderungen gerecht zu werden." Sie hatte permanent ein schlechtes Gewissen. „Wenn ich mit meinem damaligen Ich sprechen könnte, würde ich sagen: Lass es gut sein. Du musst deine Kinder nicht an jedem Abend ins Bett bringen." Sie ist überzeugt, die richtige Entscheidung getroffen zu haben: „Meine Töchter sind sehr stolz auf mich. Ich weiß, dass ich als berufstätige Mutter ein Vorbild für sie bin." Sie sei angekommen, sagt sie. „Ich bin mit mir im Reinen, als Führungskraft und als Frau. Ich kenne meine Fehler und meine Entwicklungsfelder. Ich verzeihe mir, wenn ich meine eigenen Erwartungen nicht erfülle. Ich bin da, wo ich bin, weil ich bin, wie ich bin. Und das ist gut so."

VONEINANDER LERNEN

1
SEI MUTIG!

Ich wusste nie, ob ich die Anforderungen für den nächsten Karriereschritt wirklich erbringe. Aber ich habe darauf vertraut, dass ich das hinbekommen werde. Sei mutig und mach den Sprung.

3
REFLEKTIERE DICH SELBST!

Früher dachte ich, Reflexion bedeute, eine Situation noch einmal Revue passieren zu lassen. Dank einer lieben Kollegin gelingt mir das heute besser. Sie hat mir wichtige Impulse gegeben, tiefer zu blicken. Warum bin ich so ungeduldig? Welche Ängste stecken dahinter? Es lohnt sich, die eigenen Mechanismen zu verstehen.

2
VERANTWORTUNG ALS MUTTER

Ich glaube, es ist wichtig für junge Mütter, sich bewusst zu machen, dass Muttersein nicht nur bedeutet, seine Kinder zu lieben und zu versorgen. Es bedeutet auch, ihnen aufzuzeigen, dass man Leben und Karriere unterschiedlich gestalten kann. Meine Kinder spiegeln mir, dass ich ihnen als berufstätige Mutter ein Vorbild bin.

Über diese Themen tauscht sich Katja Carapezza gern aus:
Mutterschaft und Karriere, Führung, Selbstreflexion.

Wen sich Katja Carapezza als Mentee wünscht:
Gern eine junge Führungskraft, die ich in ihrer Findungsphase unterstützen kann und von der ich auch andersherum viel mitnehmen kann.

AUSTAUSCH

CHIEF TECHNOLOGY OFFICER UND CHIEF DIGITAL OFFICER
OHB SE, BREMEN

Dr. rer. nat. Kristina Wagner

Dr. Kristina Wagner ist seit Frühjahr 2024 mit einem Doppelmandat im Executive Committee der OHB-Gruppe, einem der drei führenden Raumfahrtunternehmen Europas, vertreten. Als Chief Technology und Chief Digital Officer setzt sie sich für eine Demokratisierung der Raumfahrt ein. Was sie dafür mitbringt, sind Neugier, Weitblick und viel Erfahrung mit disruptiven Innovationsprozessen.

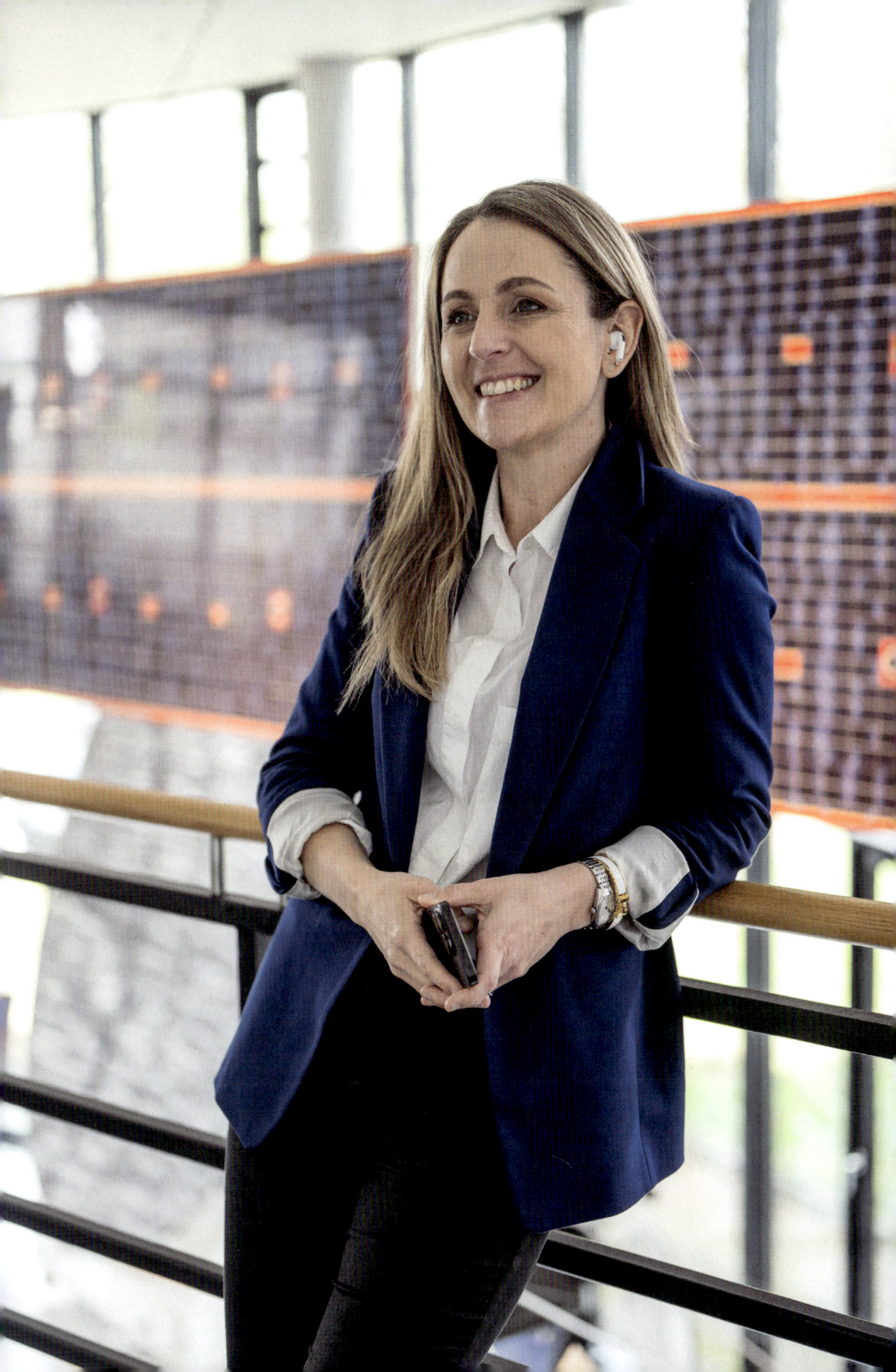

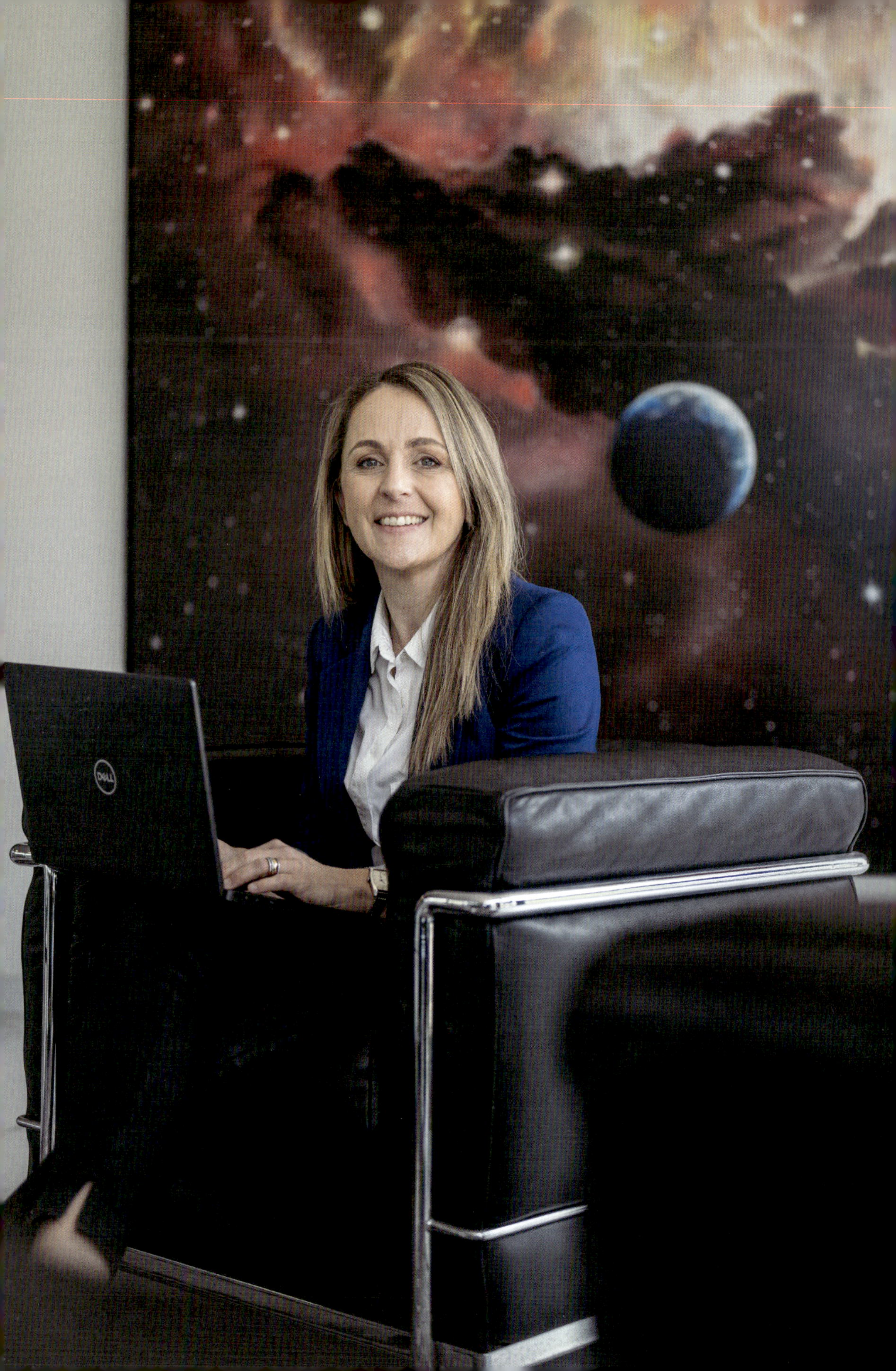

Kristina Wagner kam im Alter von 6 Jahren mit ihren Eltern aus der Slowakei nach Deutschland, promovierte in Aachen und lebt seit zehn Jahren mit ihrem Mann und zwei Kindern im Grundschulalter in Augsburg. In ihrer neuen Rolle verbringt die 43-Jährige etwa die Hälfte ihrer Arbeitszeit in der OHB-Zentrale in Bremen und die andere Hälfte in Bayern, wo sie auch bei MT Aerospace oder OHB Oberpfaffenhofen tätig sein kann. Wagners Weg in die Raumfahrt begann mit Mathematik: „Dieser Moment, wenn es klick macht und du gar nicht mehr verstehst, wie du es vorher nicht verstehen konntest, der hat mir immer große Freude gemacht", schildert sie. Nach ihrer Promotion verwarf sie die Idee einer akademischen Karriere zugunsten einer Tätigkeit in der Industrie, wo sie gemeinsam mit anderen Menschen innovative Ideen entwickeln wollte. 2010 fing sie bei Siemens Corporate Technology an: „Die Zeit dort hat mir einen tollen Werkzeugkasten gegeben. Ich lernte Forschung und Entwicklung, Produktentwicklung und Innovationsmanagement am Beispiel verschiedenster Produkte kennen, von Windkraftanlagen bis zu Computertomografen." Nach gut fünf Jahren im Großkonzern wechselte Wagner 2015 zur KUKA AG, einem Anbieter von Automatisierungslösungen und Robotik. Die mittelständische Firma bot ihr mehr Gestaltungsspielraum und eine deutlich höhere Geschwindigkeit bei der Umsetzung von Ideen. Robotik faszinierte die Mathematikerin: „In den Bewegungen der Roboterarme steckt Algebra, in den Objekten, die die Greifarme greifen, Geometrie." Außerdem begeisterte sie der gesellschaftliche Nutzen: Automatisierung ist eine wichtige Säule für Wohlstand in der Gesellschaft. Sie erzählt von kleinen Unternehmen, die unter Fachkräftemangel leiden – ohne Automatisierung drohe vielen von ihnen das Aus.

> Dieser Moment, wenn es klick macht und du gar nicht mehr verstehst, wie du es vorher nicht verstehen konntest, der hat mir immer große Freude gemacht.

DR. RER. NAT. KRISTINA WAGNER

„Als ich 2019 die Leitung des KUKA-Innovationsprogramms ‚The Robot X-perience' übernahm, war ich zum ersten Mal in meinem Leben beruflich angekommen", erinnert sie sich. Das Projekt hatte zum Ziel, die Interaktion zwischen Mensch, Maschine und Werkzeug neu zu denken. „Wir haben an der Demokratisierung der Robotik gearbeitet", erzählt sie begeistert. Sie haben kleinen und mittelständischen Unternehmen den Zugang zur Robotik durch niedrigschwellige Betriebssysteme ermöglicht. Bis Ende 2023 leitete sie bei KUKA die Abteilungen Technologie und Innovation sowie die globale Softwareentwicklung. Dann klopfte das Raumfahrtunternehmen OHB bei der Managerin an und fragte: „Den Wandel, den sie in der Robotik verantwortet haben – wollen Sie den nicht auch in die Raumfahrt bringen?" Sie lacht: „Und das war natürlich noch cooler als Roboter."

OHB ist in den Segmenten Satelliten, Raketen, Weltraumforschung und Datenübertragung tätig. Als CDO/CTO führt Kristina Wagner die Firma in ein neues Arbeitszeitalter. „So tiefgreifend wie IT-Technologien unser Privatleben verändert haben, werden IT-Lösungen künftig auch die Arbeitswelt prägen", sagt sie. „Meine Aufgabe ist es, OHB auf diesen Wandel vorzubereiten, damit wir als Unternehmen wettbewerbsfähig bleiben." Damit schafft sie elementare Grundlagen für zukünftige Innovationen, denn als CTO macht Kristina Wagner die Technologiestrategie bei OHB zur Chefsache. Immer wieder spricht sie von „in orbit" und „downstream", also von der

> „Das ist der Moment, auf den wir warten: die Skalierung und irgendwann sogar Demokratisierung der Raumfahrt.

Satellitentechnik im All und den Daten, die von den Antennen am Boden empfangen und verarbeitet werden. „Die Pionierleistung der Raumfahrt fasziniert mich. Hier die Zukunft mitgestalten zu können ist einfach nur klasse. Die ESA investiert beispielsweise in den Aufbau einer Infrastruktur auf dem Mond. Wir könnten ein Teil davon sein." Aber Raumfahrt besteht nicht allein aus großen Zukunftsprojekten, sondern prägt schon heute unseren Alltag. So hat OHB etwa im Frühjahr 2024 zwei Galileo-Satelliten erfolgreich ins All gebracht. Navigationssysteme wie Galileo, Echtzeit-Transaktionen im Bankwesen, Wettervorhersagen und Klimaobeobachtung sind lediglich einige Beispiele für moderne Technologien, die erst durch den erleichterten Zugang zum Weltraum möglich werden. OHB arbeitet an einer Asteroidenabwehrmission mit und trägt über Wissenschaftsmissionen dazu bei, das Universum besser zu verstehen. Die fortgeschrittene technologische Reife treffe zudem auf einen wachsenden Bedarf, erklärt die Expertin. Es sei eine

← *In der Luft- und Raumfahrt kommt das Beste aus Robotik und Mathematik zusammen.*

↑ *„Easy Access to Space", „Safeguarding Humanity", „Protecting Planet Earth" und „Boosting Digitalization" sind die Kernthemen von OHB.*

↖ *Wagner ist von ihren Aufgaben als CTO und CDO begeistert.*

↑ Man kann nur erfolgreich sein und etwas bewegen, wenn man seine Arbeit gern macht. Kristina Wagner liebt ihre Arbeit.

spannende Zeit: „Fast täglich starten weltweit Raketen ins All." Und es gibt noch viel Potenzial. Kristina Wagners große Vision ist die skalierbare Raumfahrt. Satelliten, die in Serie gebaut werden und ein „iPhone-Moment" für ihre Industrie. Die Entwicklung des iPhones hat die Kommunikation, Musik und Mobilität revolutioniert – alles in unserem Leben wurde beeinflusst. „Das ist der Moment, auf den wir warten: die Skalierung und irgendwann sogar Demokratisierung der Raumfahrt. Und dann ist da noch das multiplanetare Leben – schaffen wir es, eine Infrastruktur auf dem Mond aufzubauen? Eine Tankstelle auf dem Weg zum Mars? Wenn wir als OHB dazu beitragen könnten, wäre das extrem cool."

Wie nähert man sich solch gigantischen Zielen? Über Details der OHB-Strategie darf Kristina Wagner natürlich nicht sprechen – wohl aber über ihre Arbeitsweise: „Unser Vorgehen ist explorativ, angelehnt an Softwareentwicklung. Wir strukturieren ein zu lösendes Problem durch Innovationswerkzeuge, wie sie beispielsweise bei Clayton Christensen zu finden sind, dem Autor des Klassikers ‚The Innovator's Dilemma'." Neben diesen bewährten Taktiken greift Wagner auf ein exzellentes Netzwerk aus Experten und Managern zurück.

Irgendwann wird es in Kristina Wagners Team „klick" machen, dann werden sich für die ganze Gesellschaft neue Welten öffnen – in der Technik, in der Raumfahrt, im multiplanetaren Leben. Ob sie das noch erleben wird, weiß sie nicht, aber ihre Kinder werden wissen, dass ihre Mutter Pionierarbeit mitgeleistet hat.

VONEINANDER LERNEN

1
NEUE WELTEN

Ich habe im Konzern und im Mittelstand gearbeitet, in den Naturwissenschaften und im Ingenieurwesen. Ich habe Akademia, Robotik und Raumfahrt in meinem Portfolio. Und alles hat sich für mich bewährt. Dazu gehört auch der Mut, Dinge auszuprobieren. Ich habe bei KUKA nach meiner ersten Elternzeit einen kurzen Abstecher ins Controlling gemacht, und das war nicht mein Ding. Es ist wichtig, ehrlich zu sich selbst zu sein und Kurskorrekturen vorzunehmen. Es lohnt sich trotzdem!

2
THEMEN FÜHREN

Nicht nur Menschen wollen geführt werden, sondern auch Themen. Finde heraus, welche Inhalte du gestalten willst, und mache sie dann für alle zugänglich. Suche dir kluge Menschen, mit denen du Ideen weiterentwickeln kannst, binde die richtigen Stakeholder in den Prozess ein. Werde zum Content Influencer und mache dein Thema zum Thema.

Über diese Themen tauscht sich Kristina Wagner gern aus:
Führung, Disruption, Innovation.

3
MENSCHEN FÜHREN

Finde deinen eigenen Stil. Wie du an komplexe Themen herangehst, wie du kommunizierst, wie du präsentierst – das alles gehört zu deinem Führungsstil.

AUSTAUSCH

DIRECTOR OF SUSTAINABILITY & COMMUNICATIONS
GMH GRUPPE, GEORGSMARIENHÜTTE

Luciana Finazzi Filizzola

Luciana Filizzola ist eine krisenerprobte Kommunikationsexpertin. Sie begleitet den Stahlproduzenten GMH Gruppe mit seinem grünen Stahl in eine nachhaltigere Zukunft. Warum sich die Brasilianerin ausgerechnet das Osnabrücker Land ausgesucht hat, um die Klimawende mitzugestalten? Sie liebt Herausforderungen, sie sind ihr Treibstoff.

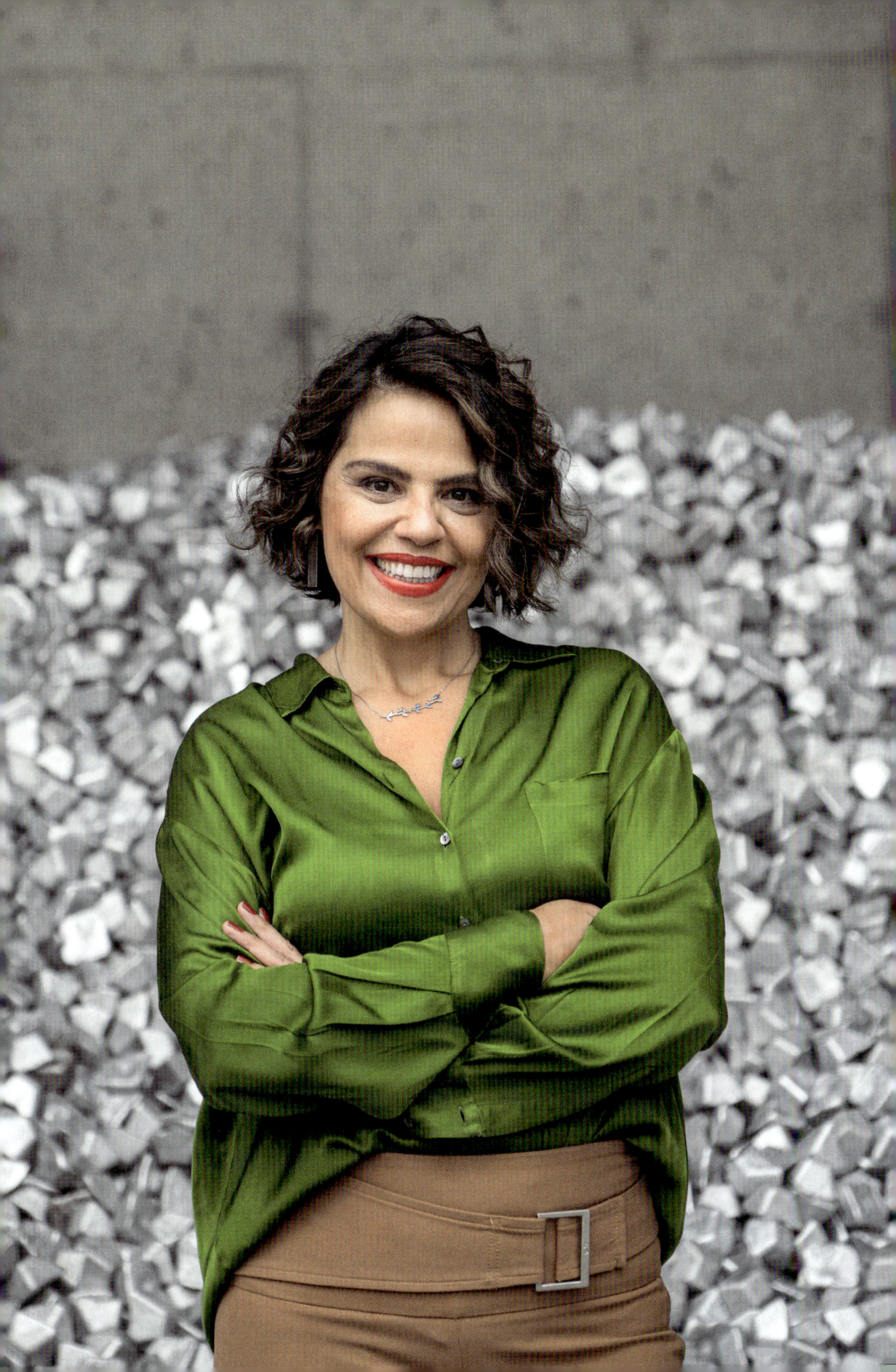

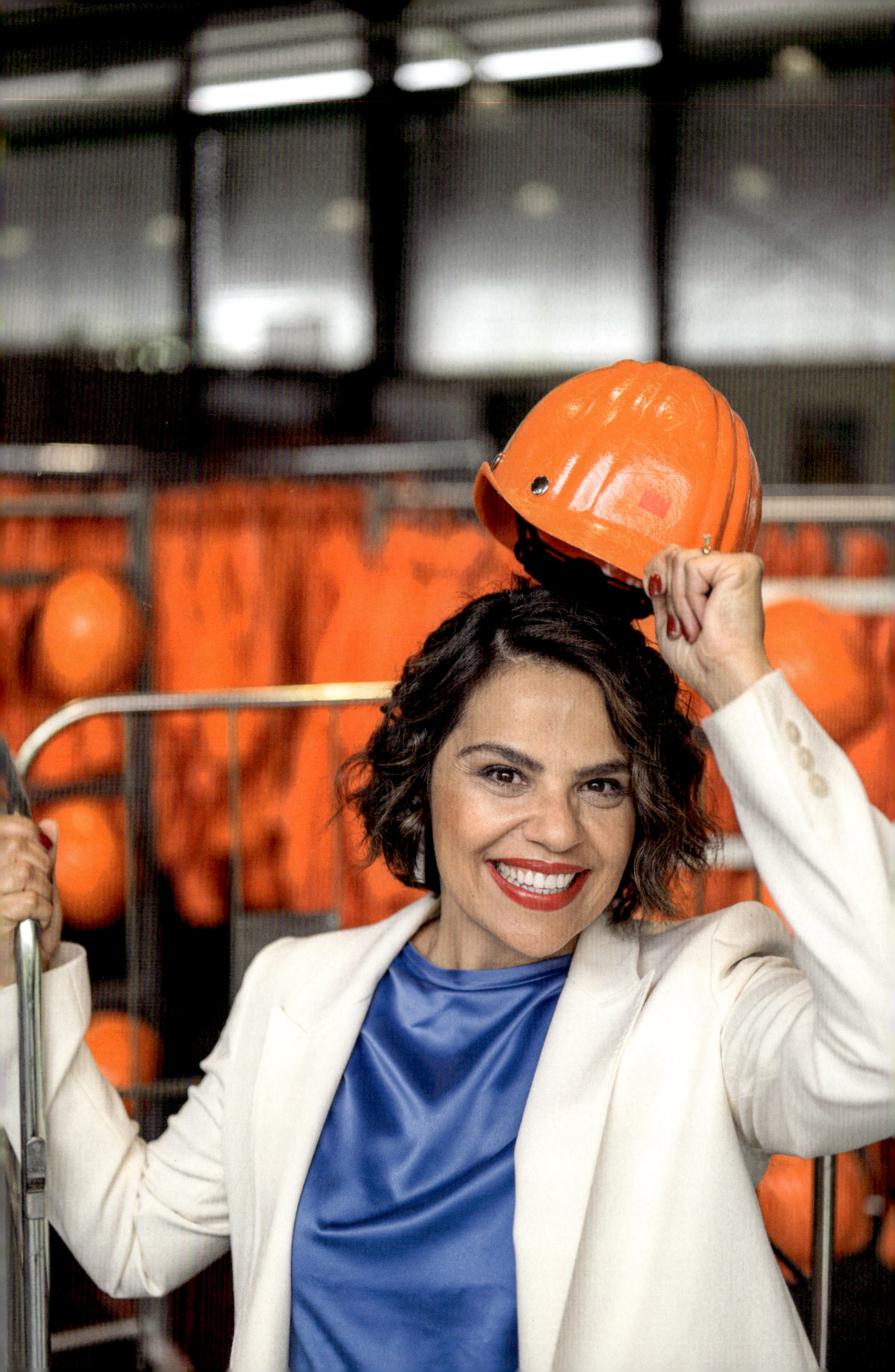

Herausforderungen sind dazu da, sie zu meistern, meint Luciana Filizzola. „Es ist eine Frage der Ehre!" Sie sagt den Satz mit Überzeugung, die Stimme ist tief und etwas rau. Mit ihrem Mann und ihrer Tochter von Rio de Janeiro ins beschauliche Essen zu ziehen war eine der leichteren Übungen. Den Weg zur klimaneutralen Elektrostahlproduktion der GMH Gruppe zu begleiten, das ist schon eine Nummer größer.

Ihre Karriere begann 1998 als Wirtschaftsjournalistin in São Paulo. Soziale Medien eroberten gerade die Gesellschaft und die junge Reporterin beobachtete die wachsende Verunsicherung, als die Unternehmen merkten, dass sie den Diskurs nicht mehr allein bestimmen konnten. Luciana Filizzola war nicht verunsichert, im Gegenteil, sie wollte den Paradigmenwechsel begleiten. „Ich wollte eine Agentin des Wandels sein", erinnert sie sich. Und von da an war sie immer mittendrin, immer im Kampf gegen Windmühlen, „wie Don Quijote". Nach leitenden Funktionen in den Kommunikationsteams der Ölkonzerne Fecombustíveis und Petrobras in Rio de Janeiro wechselte sie in die Stahlindustrie und arbeitete fünf Jahre bei ThyssenKrupp in Rio, bevor sie 2017 für den Konzern nach Deutschland zog. Seit November 2022 ist sie nun Direktorin für Nachhaltigkeit und Kommunikation beim Stahlproduzenten GMH Gruppe. Nicht gerade „nachhaltig", diese Branchen, oder? Stimmt. „Aber von außen kann man nur kritisieren. Von innen kann ich wirklich etwas bewegen." Die GMH Gruppe und Luciana Filizzola haben sich viel vorgenommen.

Die Stahlindustrie ist für rund 10 Prozent der weltweiten Emissionen verantwortlich. Deshalb sei eine nachhaltigere Stahlproduktion elementar für den Kampf gegen den Klimawandel, erklärt Filizzola und rückt ihre Brille zurecht. Zwar produziere die GMH Gruppe mit ihrer Produktionstechnik, bei der Elektro- statt Hochöfen zum Einsatz kommen, 80 Prozent weniger Emissionen als die Konkurrenz,

LUCIANA FINAZZI FILIZZOLA

„ *Von außen kann man nur kritisieren. Von innen kann ich wirklich etwas bewegen.*

aber immer noch 800.000 Tonnen CO_2 pro Jahr. Bis 2039 will die GMH Gruppe CO_2-neutral arbeiten. Schon heute setzt die Unternehmensgruppe auf zertifizierten Ökostrom und verwendet nahezu 100 Prozent Schrott als Rohstoff. Die zentrale Herausforderung wird sein, in dieser Umbruchphase wirtschaftlich und wettbewerbsfähig zu bleiben. Den Weg dorthin zu ebnen ist eine der Aufgaben von Luciana Filizzola. Sie muss die Kunden, die Medien und auch die Politik davon überzeugen, dass eine nachhaltigere Produktion eine Investition in den Planeten und in künftige Generationen ist.

Nicht immer hatte die Kommunikationsexpertin so viele gute Argumente zur Hand, um den Wandel voranzutreiben. Eine der großen Krisen, die sie begleitete, war 2012 bei ThyssenKrupp in Brasilien. Wenn in deren neuem Stahlwerk in Rio de Janeiro der Rohstahl aus der Produktion zum Abkühlen auf Beton geworfen wurde, entstanden Grafitwolken, die als „Silberregen" über dem Armenviertel rund um die Fabrik niedergingen, was die Sorge um die Gesundheitsrisiken der Anwohner verstärkte. Luciana Filizzola arbeitete fünf Jahre lang mit Gerichten, Politikern und der Bevölkerung an einer Versöhnung. Wie? „Ich habe vor allem viel aufgeklärt: Wie ist es dazu gekommen, was haben wir bereits geändert, wie stellen wir sicher, dass so etwas nicht wieder passiert?" Sie lud die Menschen in das Werk ein, damit sie sich selbst ein Bild von den Produktionsprozessen machen konnten. Fünf Jahre Auseinandersetzung, Verhandlungen – war das anstrengend? „Nein. Ich habe es

> „Ich bin direkt und beginne schwierige Gespräche immer mit einem Angebot oder einem Lösungsvorschlag."

als großes Glück empfunden! Meine Arbeit war sinnvoll und wertvoll, denn sie stellte sicher, dass ThyssenKrupp denselben Fehler nicht wieder machen würde. Wir haben fast 10.000 Arbeitsplätze gesichert und der Konzern hat viel Geld in die Verbesserung der Infrastruktur und der Bildung in den umliegenden Stadtteilen investiert."

Ihre Kolleginnen und Kollegen der GMH Gruppe sagen, niemand könne besser Beziehungen aufbauen als Luciana Filizzola. Was ist ihr Geheimnis? „Ich bin direkt und beginne schwierige Gespräche immer mit einem Angebot oder einem Lösungsvorschlag, denn ich weiß, dass mein Gegenüber mich früher oder später fragen wird: ‚Was springt für uns dabei heraus?'" Umwege sind nicht ihr Stil und für Greenwashing-Taktiken hat sie kein Verständnis: „Ich bin super ehrlich. Wir bauen Vertrauensverhältnisse auf, da müssen wir auch transparent sein!" Eine ähnlich transparente Haltung

↑ *Morning Coffee: Die Frida-Kahlo-Tasse war ein Geschenk ihres Mannes.*
↖ *Unerschrocken und gut gelaunt im Kampf für eine nachhaltigere Zukunft.*
← *Für grünen Stahl wird auch Stahlschrott recycelt.*

↑ Ihre Vorliebe für schwierige Situationen hat die Brasilianerin zu einer gefragten Krisenmanagerin gemacht.

nimmt sie als Führungskraft ein. Was sind die Aufgaben, warum sind sie wichtig, was ist das Ziel? „Mir wird nachgesagt, dass ich komplexe Sachverhalte sehr gut erklären kann und mein Wissen gern weitergebe. Vielleicht werde ich einmal Dozentin, das könnte ich mir gut vorstellen." Sie lächelt. Sie weiß aber auch, dass sie hohe Ansprüche hat. „Ich kann nicht abwarten, ich muss die Dinge vorantreiben. Führung liegt in meiner Natur." Sie musste lernen, dass sie nicht von allen dieselbe Geschwindigkeit erwarten kann – darum hat sie ihr Team explizit aufgefordert, sie zu bremsen, wenn es zu viel wird. Wenn sie zu Hause zu angespannt ist, schickt ihr Mann sie zum Joggen: „Zeit, laufen zu gehen, Liebes!" Joggen ist ihre Meditation. Sie läuft, hört Podcasts und verliert sich in Gedanken, bis ihr Kopf leer ist. „Manchmal beneide ich meinen Mann um die Leichtigkeit, mit der er durch die Welt geht. Ich bin da einfach anders." Ihr Mann hat seit der Geburt der gemeinsamen Tochter vor 15 Jahren den Großteil der Care-Arbeit erledigt. „Ohne ihn wäre ich heute nicht da, wo ich bin", ist sie überzeugt. Egal, worüber Luciana Filizzola spricht – Familie, Arbeit, Vergangenheit oder Zukunft –, sie klingt leidenschaftlich, fast hingebungsvoll. Vielleicht liegt es an ihrem brasilianischen Akzent, vielleicht an ihrer tiefen Überzeugung, dass sie die Welt für ihre Tochter ein bisschen besser machen kann. Ihr Enthusiasmus ist ansteckend und man kann sich gut vorstellen, wie sie selbst die konservativsten Entscheidungsträger von modernen Lösungen in der Stahlindustrie überzeugen wird.

VONEINANDER LERNEN

1
AUGEN AUF BEI DER PARTNERWAHL!

Mein Mann hat viel Care-Arbeit übernommen und ist mit mir aus Rio de Janeiro nach Essen gezogen. Ohne meinen Mann wäre ich nicht da, wo ich heute bin.

2
DU GEHÖRST HIERHIN!

Lass dir von niemandem erzählen, dass du nicht hierhergehörst. Deine Gedanken sind wichtig und deine Ideen wertvoll. Sei mutig, nimm Raum ein. Wenn du das nicht tust, kann auch niemand dich sehen. Ich habe Unterstützung und Förderung von Vorgesetzten bekommen, weil ich immer meine Meinung gesagt und Lösungsvorschläge eingebracht habe.

3
FIND YOUR PEOPLE!

Finde Mentoren, die dich begleiten. Ich hatte drei wichtige Mentoren in meinem Leben: Der erste fragte mich stets nach meiner Meinung und gab mir Einblicke in alle Prozesse. Der zweite war mein Cheerleader. Er hat mir Türen geöffnet und mich bei jedem meiner Schritte angefeuert. Der dritte hat mir immer gespiegelt, was ich gut mache. Sein positives Feedback war richtungsweisend.

Über diese Themen tauscht sich Luciana Filizzola gern aus:
Krisenkommunikation, Nachhaltigkeit, Führung, Empowering Women.

Wen sich Luciana Filizzola als Mentee wünscht:
Eine Frau, die in Führung gehen möchte.

AUSTAUSCH

CHEFREDAKTEURIN
DEUTSCHE WELLE, BERLIN/BONN

Manuela Kasper-Claridge

Mit Manuela Kasper-Claridge hat das öffentlich-rechtliche Medienunternehmen seit 2020 eine Chefredakteurin, die unabhängigen und konstruktiven Journalismus durch eine möglichst vielfältige Belegschaft stärken will. Der deutsche Auslandssender beschäftigt rund 40.00 feste und freie Mitarbeiterinnen und Mitarbeiter, und produziert Inhalte in 32 Sprachen, die durchschnittlich weit über 1 Milliarde Views im Monat generieren.

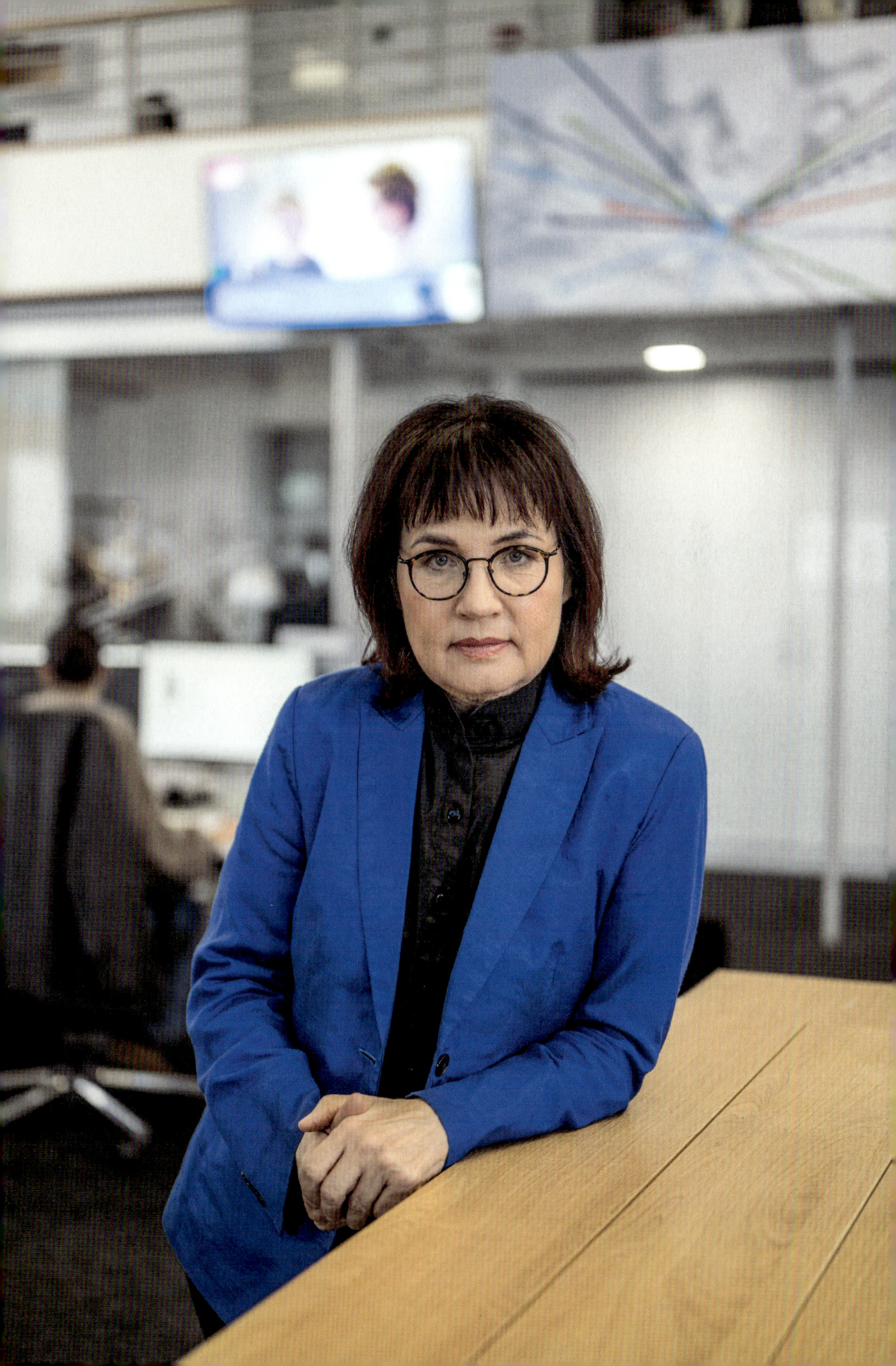

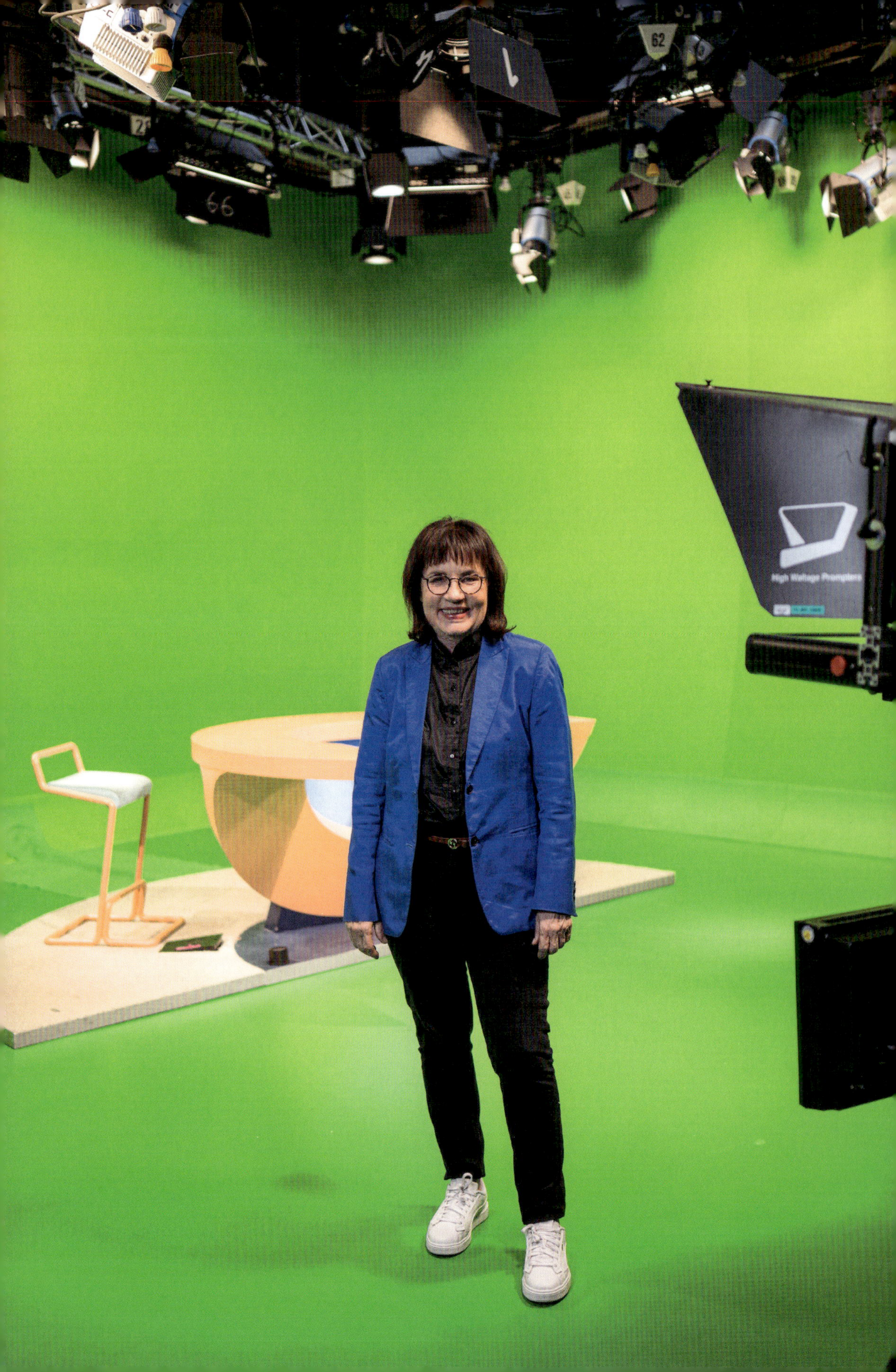

M

Manuela Kasper-Claridge wurde 1959 im Zirkuswagen ihrer Familie geboren. Den Großteil ihrer Kindheit und Jugend wuchs sie in einer Wohnung in Berlin auf. Mehr Arbeiter- als Zirkuskind, mit Ausnahme der großen, bunten Familienfeste, auf denen eigentlich jedes Mal eine Menschenpyramide gebaut wurde. „In gewisser Weise war ich das schwarze Schaf der Familie", erzählt sie. „Ich war die Erste, die aufs Gymnasium ging. Studieren galt als brotlose Kunst, denn in meiner Familie war man entweder im Zirkus oder ging möglichst früh Geld verdienen." Ihr Studium der Volkswirtschaftslehre und Soziologie finanzierte sie sich als freie Journalistin und Taxifahrerin. 1981, gleich zu Beginn des Studiums, kam ihre erste Tochter Laura zur Welt. Damals war Kasper-Claridge alleinerziehend, studierend, hatte wenig Geld und trotzdem das Diplom mit 24 Jahren in der Tasche. alleinerziehend, studierend, wenig Geld und trotzdem das Diplom mit 24 Jahren in der Tasche. Herausforderungen meisterte sie auch dank der Unterstützung anderer Frauen.

„Zum Glück hatte ich meine Mutter in der Nähe und meine beste Freundin Ina half, wo sie konnte. Wir lebten in einer 2er-WG in Kreuzberg und sind heute noch eng befreundet." Berufstätige Frauen waren für Kasper-Claridge seit jeher eine Selbstverständlichkeit. Ihre Großmutter hatte 12 Kinder geboren und dann viele ihrer 40 Enkelkinder betreut, während sie ihr Leben lang im Zirkus oder woanders gearbeitet hatte. „Unterstützung muss man auch zulassen – das ist mir nicht immer leichtgefallen", verrät Kasper-Claridge und betont, wie sie heute selbst Frauen ermutigt, verantwortungsvolle Positionen in der Deutschen Welle zu übernehmen.

Ab 1992 war Manuela Kasper-Claridge als Reporterin und Redakteurin bei der Deutschen Welle (DW), berichtete aus der ganzen Welt. 1998, als dieses Ressort in Deutschland in der Regel mit Männern besetzt war, wurde sie Leiterin der Wirtschaftsredaktion. Als sie die Po-

> „Unterstützung muss man auch zulassen – das ist mir nicht immer leichtgefallen.

sition übernahm, war sie mit ihrem zweiten Kind, Christoffer, hochschwanger. Ihr Mann brachte nur wenige Wochen nach der Geburt den Kleinen täglich zum Stillen an den Arbeitsplatz, die DW machte es möglich. Später übernahm die Journalistin zusätzlich das Ressort Wissenschaft und bekam ihr drittes Kind, Tochter Christina. Ab 2014 leitete sie das Ressort Wirtschaft, Wissenschaft und Umwelt, baute eine Menge auf und um, ihre Redaktionsteams wurden mit Preisen ausgezeichnet. Seit 2020 ist sie Chefredakteurin des Auslandssenders. Was hat sich in den Jahren bei der DW am stärksten verändert? „Die Technik erleichtert vieles. Rückte man früher mit dem Übertragungswagen an, heißt es heute oft: Smartphone-Produktion." In der Vergangenheit habe man eher gehofft, dass die Beiträge die Menschen erreichen und sie gut informieren. Mittlerweile helfen Daten dabei, nah an den Nutzenden zu bleiben und genau zu wissen, was die Menschen in den unterschiedlichen Zielregionen der DW bewegt.

Und noch etwas hat sich verändert: „Die Führungskultur ist moderner, die Unternehmenskultur ist vielfältiger, reicher und offener." Als die Programmmacherin 2020 Chefredakteurin wurde, richtete sie ein Council ein als Erweiterung der Chefredaktion. „Die DW steht für große kulturelle Vielfalt. Es war mein ausdrücklicher Wunsch, dass sich das auch in der Chefredaktion widerspiegelt." Einmal wöchentlich trifft sich das sechsköpfige Council aus drei Frauen und drei Männern. Sie bringen ihren Background aus

> **Die Technik erleichtert vieles. Rückte man früher mit dem Übertragungswagen an, heißt es heute oft: Smartphone-Produktion.**

dem Libanon, Sambia, den USA, der Türkei und Deutschland ein. Es wird über aktuelle Schwerpunkte diskutiert und journalistische Orientierung und Beratung gegeben. Reichweite erlangen die Inhalte der DW zudem über deren zahlreiche Social-Media-Kanäle. Man ist dort, wo die Nutzenden sind, und das ist von Markt zu Markt unterschiedlich. Im einen Land ist TV noch die Nummer eins, im anderen werden Inhalte hauptsächlich über Social Media konsumiert. Auch in den Darstellungsformen spiegelt sich das Thema Diversität. Zur Situation in Gaza gibt es längere Reportagen, aber ebenso TikTok-Beiträge. Die Geschichte des Konflikts wird in einem YouTube-Video erzählt, der Instagram-Account liefert wichtige Faktenchecks. Die Arbeit der DW wird weltweit wahrgenommen, jedes Jahr erhalten die Redaktionen Tausende Bewerbungen für zehn bis zwölf Volontariatsplätze.

An der Pinnwand hinter ihrem Schreibtisch in Berlin hängt eine Karte, die eine Kollegin mit einem großen Smiley für sie

← *Eindrücke aus der Berliner Redaktion der DW*

↑ *Wer sich bei der DW bewirbt, weiß, dass er in einem modernen digitalen Unternehmen arbeitet, das Vielfalt schätzt und fördert.*

↖ *Kasper-Claridge schafft es immer noch, gelegentlich eigene Beiträge zu produzieren.*

← Sie arbeitet gern im Team, führt kooperativ. Das macht mehr Spaß und erzielt bessere Ergebnisse.

gemalt hat: „You are a tough cookie", steht darauf. „Das ‚tough' bezieht sich auf mein Durchhaltevermögen, hat mir die Kollegin erklärt. Und das habe ich, aber ich muss auch immer wieder aufpassen, dass ich mir selbst nicht zu viel abverlange. Angesichts der Weltlage ist gedankliches Abschalten wirklich nicht einfach." Außerdem hängt an der Wand – neben einem Porträt ihres Lieblingskomponisten Händel – ein Lebkuchenherz. In Zuckerguss steht darauf geschrieben: „Thanks for being our captain". „Auch in rauen Zeiten sicher führen und meinen Mitarbeitenden vertrauen, so verstehe ich das." Ihr Job sei es, gemeinsam mit den Redaktionen Themen, Schwerpunkte und Prioritäten zu setzen und die besten Bedingungen für Qualitätsjournalismus zu schaffen. Sorgen bereitet ihr die zunehmende Desinformation. „Es gibt immer mehr Deep Fakes und Falschinformationen. Die Unterscheidung zwischen wahr und falsch fällt vielen Nutzenden schwer, erst recht durch die Weiterentwicklung generativer KI." Für die DW sei die zunehmende Desinformation jedoch auch eine Chance, sich als glaubwürdiges Medium zu positionieren. „Die KI ist nicht vor Ort, so wie es unsere Korrespondenten sind. Sie sind nah dran in Äthiopien, Mexiko, in der Ukraine, in Indien oder auf dem Balkan. Geschichten mit und über die Menschen erzählen, das können wir gut und werden wir weiter ausbauen. Wir gehen noch stärker in den Dialog und setzen auf unsere journalistische Exzellenz, die ohne die hohe Diversität nicht möglich wäre", ist die Chefredakteurin überzeugt. Man spürt ihre Leidenschaft für den Journalismus und dass ihr der Beruf unglaublich viel Spaß macht – trotz der zahlreichen Herausforderungen.

VONEINANDER LERNEN

1
DU SCHAFFST DAS!

Glaube an deine Fähigkeiten. Finde das Grundvertrauen in deine eigenen Fähigkeiten und zeige viel Lernbereitschaft.

2
FEHLER ZUGEBEN!

Sei mutig und gib Fehler offen zu, denn sie werden passieren. Transparenz ist wichtig. Und ob im Job oder bei der Karriereplanung: Nicht alle Pläne gehen auf. Sei nicht stur, sondern erlaube dir den Kurswechsel.

3
DEN SPRUCH BEHERZIGEN: „WER WEISS, WIE MAN DAS LEBEN GENIESST, BRAUCHT KEINE REICHTÜMER"

Mein Leben ist eines auf der Überholspur, es ist anstrengend – aber es macht so viel Spaß. Ich lerne jeden Tag, ich darf mich mit so vielen Menschen austauschen. Mein Ratschlag lautet daher: Finde einen Weg, dein (Arbeits-)Leben zu genießen.

Über diese Themen tauscht sich Manuela Kasper-Claridge gern aus:
Klassische Musik, Literatur, konstruktiven Journalismus.

Wen sich Manuela Kasper-Claridge als Mentee wünscht:
Eine Frau mit Mut, Offenheit, konstruktivem Denken und Innovationskraft.

AUSTAUSCH

> Bleib widerstandsfähig, steh auf, lächle und fange neu an. Jeder Tag bietet die Chance für einen Neuanfang.

DAME STEPHANIE SHIRLEY

SERVICE

Lerne von den Frauen des Jahres 2024:
WERDE MENTEE!

Mentorinnen können sehr unterschiedliche Rollen einnehmen: Sie können Spiegel sein, Rückenwind geben, Lehrerin oder Coach sein. Im besten Fall ist Mentoring eine wechselseitige Beziehung, von der beide Seiten profitieren. Hast du schon eine erfahrene Person, die ihr Wissen und ihre Erfahrung weitergibt und Orientierung, Rat und Unterstützung bietet?

Die Frauen, die sich in diesem Buch als Mentorinnen zur Verfügung stellen, haben im Anschluss an ihre Porträts angegeben, mit wem sie sich am besten eine Zusammenarbeit vorstellen können. Wenn du dich angesprochen fühlst und dich als Mentee bewerben möchtest, kontaktiere die Protagonistin gerne über die von ihr angegebenen Kanäle und beziehe dich bei der Kontaktaufnahme auf „Frauen des Jahres". Damit die Mentorin dich möglichst gut kennenlernen kann, beschreibe dich, deine Arbeit und deine Intention auf maximal einer Seite: Wobei möchtest du unterstützt werden? Was bringst du in die Zusammenarbeit ein? Warum glaubst du, dass ihr gut zusammen passt?

Unsere Protagonistinnen entscheiden selbst, welche Mentee sie begleiten möchten und bieten im Rahmen dieses Buches bis zu drei Treffen bzw. nicht mehr als einen Arbeitstag an. Wenn ihr darüber hinaus weiter zusammenarbeiten wollt, wunderbar!

> „Wobei möchtest du unterstützt werden? Was bringst du in die Zusammenarbeit ein? Warum glaubst du, dass ihr gut zusammen passt?

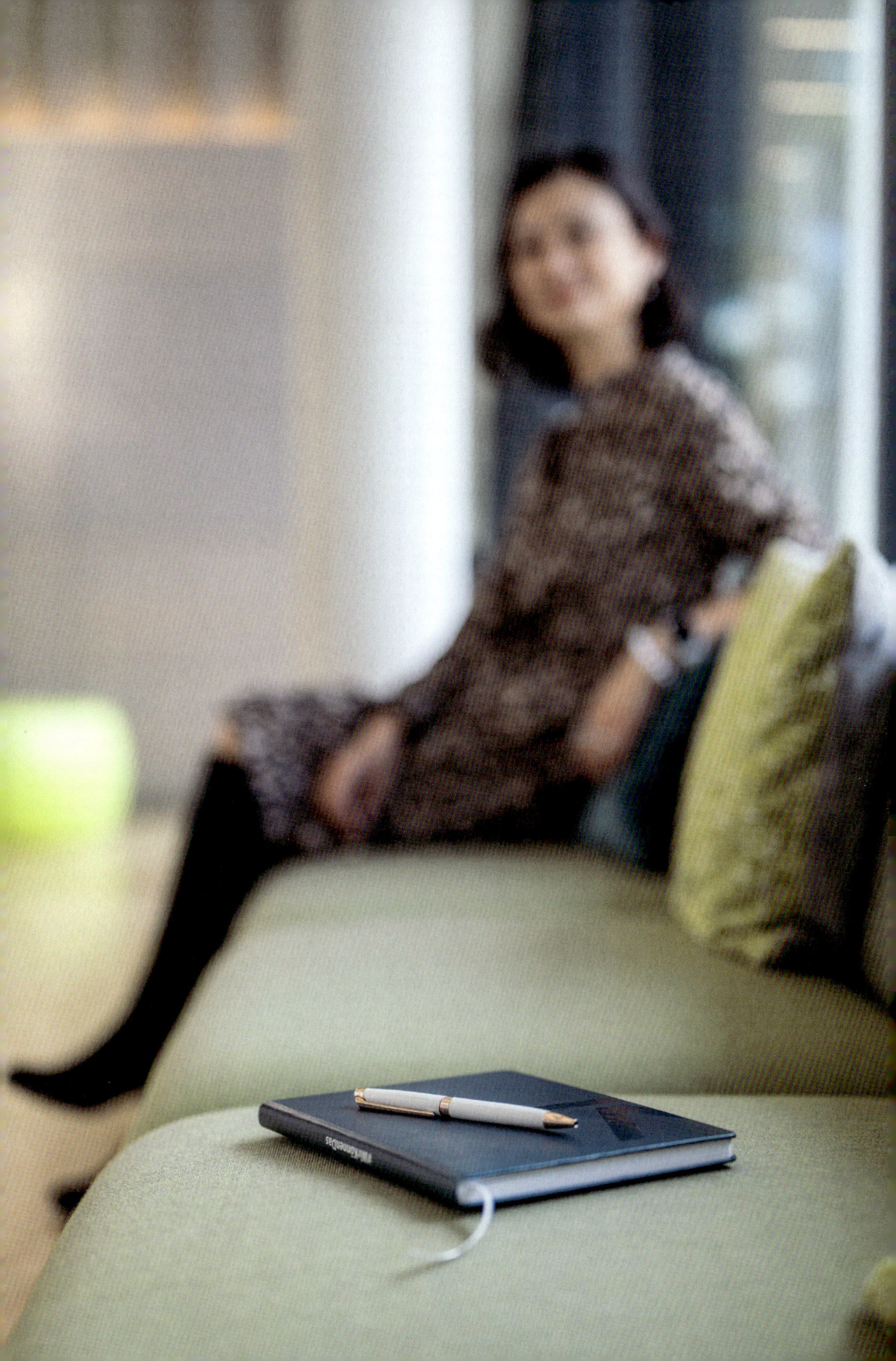

BUCHTIPPS

ERFAHRUNGSBERICHTE, RATGEBER, NACHSCHLAGEWERKE, ESSAYS UND EINE BIOGRAFIE – DIESE BÜCHER INFORMIEREN, INSPIRIEREN UND REGEN ZUM NACHDENKEN AN.

Mo Asumang
MO UND DIE ARIER
Allein unter Rassisten und Neonazis

Mo Asumang hat in einem Buch beschrieben, wie sie Menschen begegnet ist, die sie hassen. Sie teilt, wie man lernen kann, sich gegen Rassisten zu wehren, ohne selbst rassistisch zu werden. Sie hat ein Vorwort für unser Buch verfasst.

Iris Bohnet
WHAT WORKS
Wie Verhaltensdesign die Gleichstellung revolutionieren kann

Die Harvard-Professorin nutzt ihre Forschung in Verhaltensdesign als Ansatz, um Gleichberechtigung in Organisationen zu ermöglichen, und gibt konkrete Handlungsempfehlungen.

Duden (Hrsg.)
VIELFALT. DAS ANDERE WÖRTERBUCH
100 Wörter – 100 Menschen – 100 Beiträge

Diversität spiegelt sich auch sprachlich in einer großen Anzahl an Begriffen wider. Die Duden-Redaktion lässt 100 namhafte Fachleute und Betroffene zur Sprache kommen. Sie erklären aktuelle Begriffe unserer Zeit.

Irène Kilubi
DU BIST MEHR ALS EINE ZAHL
Warum das Alter keine Rolle spielt

Schluss mit dem Generationenkonflikt am Arbeitsplatz. Her mit dem generationenübergreifenden Arbeitsplatz und Alltag von der Gründerin der Initiative „Joint Generations".

Wolf Lotter
UNTERSCHIEDE

Unterschiede anerkennen, um eine gerechtere Welt voller Individualität zu schaffen. Ein Essay des Journalisten und New-Work-Experten.

Rebecca Maskos, Mareice Kaiser
„BIST DU BEHINDERT, ODER WAS?"

Ableismus ist strukturell und prägt uns alle. Das Buch bietet Hintergründe, Erfahrungswissen sowie Texte in einfacher Sprache, ein Glossar mit Begriffserklärungen und viele Tipps für die Praxis.

Birte Meier
EQUAL PAY NOW!
Endlich gleiches Gehalt für Frauen und Männer

Die preisgekrönte Journalistin stritt acht Jahre lang mit ihrem ehemaligen Arbeitgeber ZDF, weil ein Kollege für die gleiche Arbeit mehr verdiente. Ein sehr persönliches Sachbuch über Lohngerechtigkeit und welche Schritte wir gehen müssen, um sie zu erreichen.

Elly Oldenbourg
WORKSHIFT
Warum wir heute anders arbeiten müssen, um unser Morgen zu retten
22 Ideen, die Menschen und Unternehmen aus dem Korsett veralteter Strukturen befreien können. Für eine gerechtere Zukunft der Arbeit.

Rebekka Reinhard
DIE ZENTRALE DER ZUSTÄNDIGKEITEN
20 Überlebensstrategien für Frauen zwischen Wollen, Sollen und Müssen
Die Philosophin und Editorial Director des Magazins human über Überlebensstrategien für Frauen und weiblich gelesene Personen zwischen Wollen, Sollen und Müssen.

Linda Scott
DAS WEIBLICHE KAPITAL
Die emeritierte Oxford-Professorin Scott taucht tief in den blinden Fleck der Weltwirtschaft ein: über das wirtschaftliche Potenzial von Frauen.

Dame Stephanie Shirley
EIN UNMÖGLICHES LEBEN
Die außergewöhnliche Geschichte einer Frau, die die Regeln der Männer brach und ihren eigenen Weg ging
Die Biografie der Frau, die in den 1960ern ein Softwareunternehmen gründete, in dem nur Frauen tätig waren. Dame Stephanie Shirley ist Pionierin in Sachen Gleichstellung, Female Entrepreneurship, Homeoffice und Mitarbeiterbeteiligung. Und sie hat ein Vorwort zu unserem Buch verfasst.

Rita Süssmuth
ÜBER MUT
Vom Zupacken, Durchhalten und Loslassen
Der Ukraine-Krieg, der Rechtsruck, Fremdenhass und das Zaudern der Politik zwingen die Grande Dame der deutschen Politik zu diesem Appell an alle Demokraten: „Wir können unsere Werte retten – aber nur, wenn wir sie verteidigen!" Wie das geht, beschreibt Rita Süssmuth in ihrem neuesten Buch.

Anne Theiss
DIE ABWERTUNG DER MÜTTER
Wie überholte Familienpolitik uns den Wohlstand kostet
Die Journalistin und zweifache Mutter Anne Theiss zeigt auf, wo die Probleme liegen, die Frauen daran hindern, am Arbeitsmarkt teilzunehmen. Sie beschreibt, wie die Situation für Mütter ist, was das für die Wirtschaft bedeutet und wie die Politik hier gegensteuern kann.

Mirijam Trunk
DINGE, DIE ICH AM ANFANG MEINER KARRIERE GERNE GEWUSST HÄTTE
Warum im Berufsleben nicht alle die gleichen Chancen haben – und wie wir uns trotzdem durchsetzen
Sexismus im Alltag, systemische Barrieren, tradierte Rollenbilder. Eine der jüngsten Führungskräfte Deutschlands berichtet von ihren Erfahrungen.

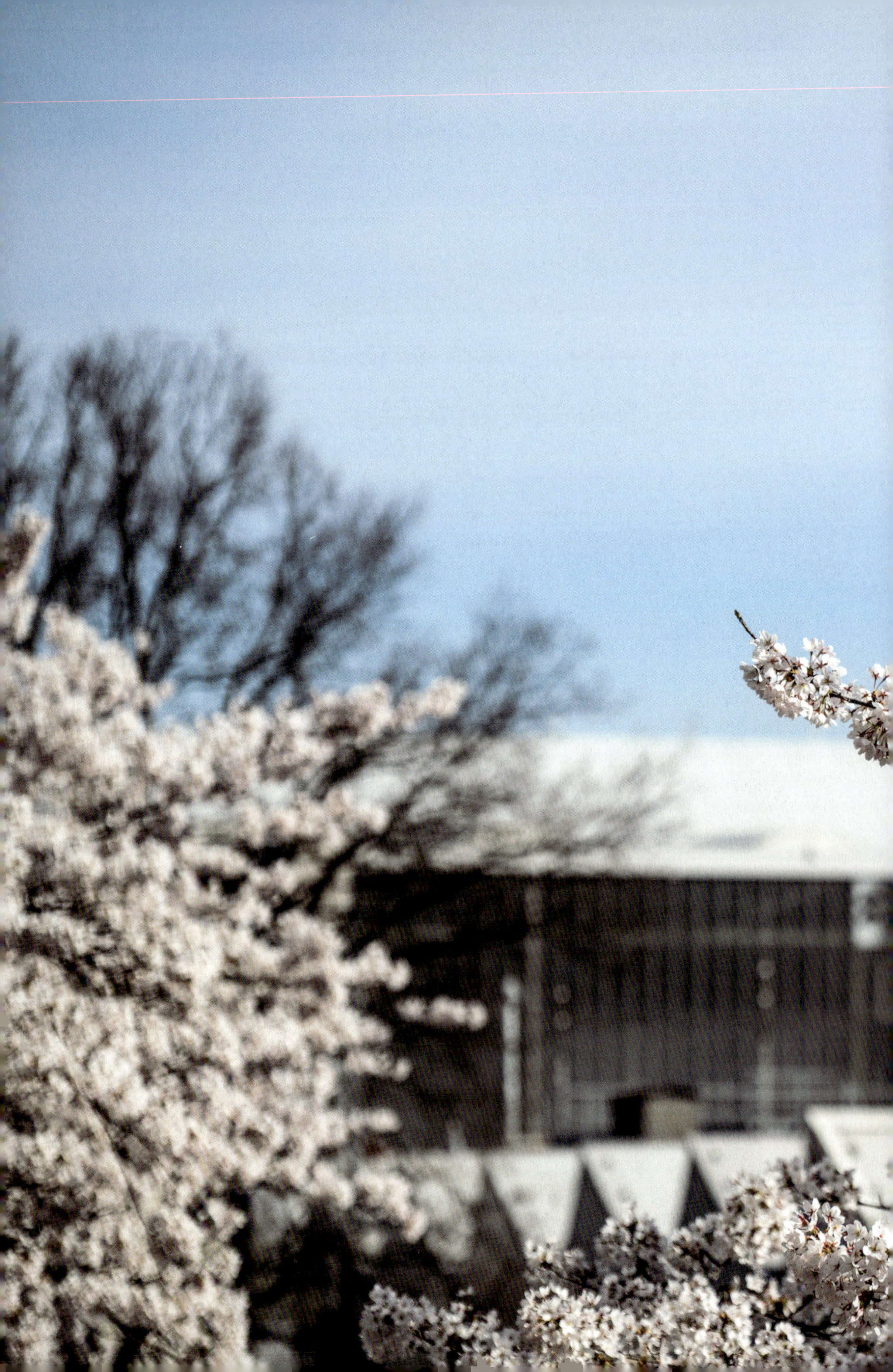

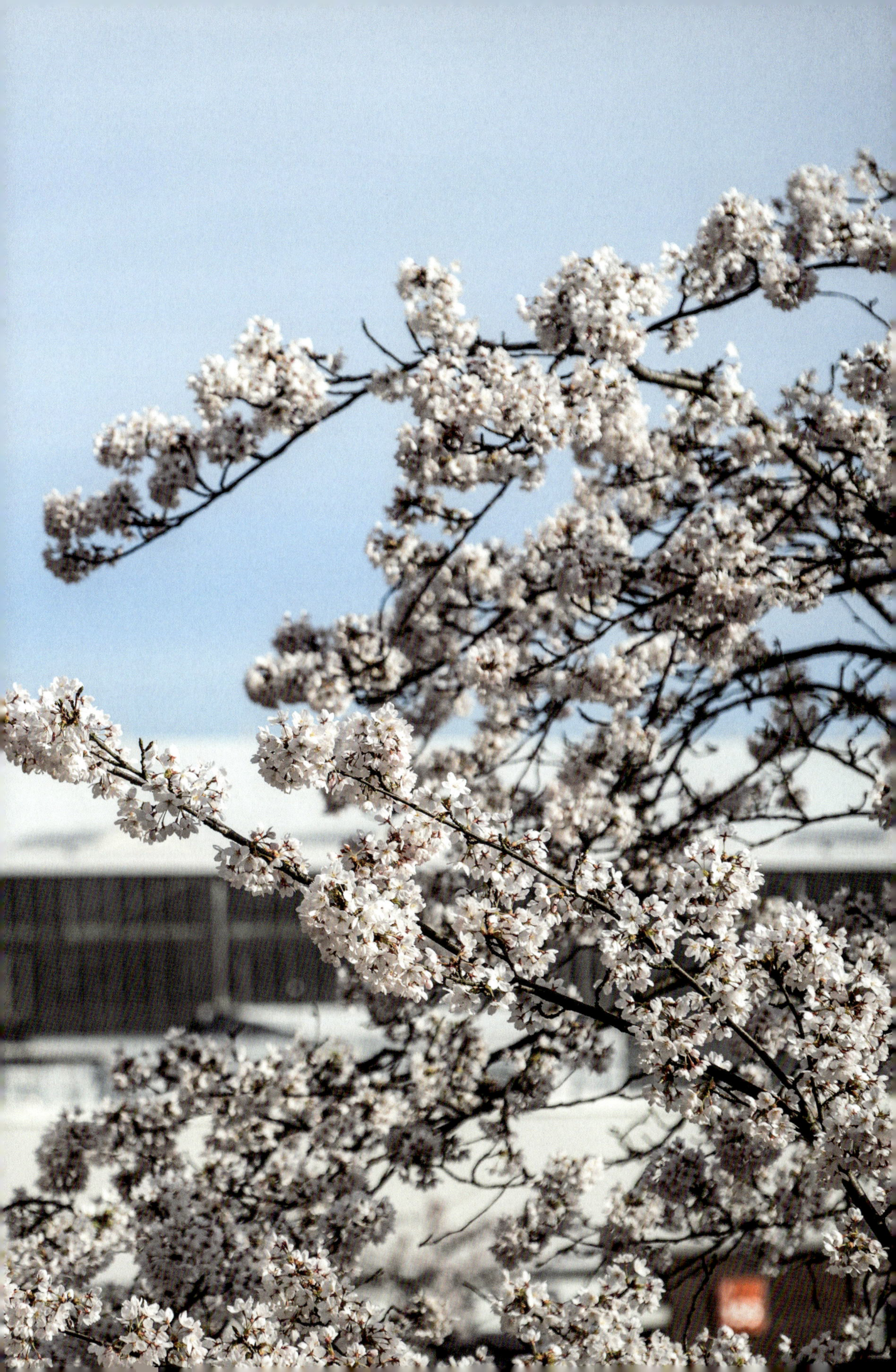

Das intersektionale BUSINESS-GLOSSAR

Die Business-Welt dreht sich schnell. Manchmal ist es schwierig, bei so vielen Trends und Entwicklungen auf dem Laufenden zu bleiben. Hier sind ein paar Begriffe, Prozesse und Phänomene, denen man sicherlich im Arbeitsumfeld begegnen wird – ganz ohne Anspruch auf Vollständigkeit, aber mit Bezug auf die Texte in diesem Buch.

ABLEISMUS
Wenn Menschen mit körperlichen oder psychischen Beeinträchtigungen diskriminiert und ungleich behandelt werden, nennt man das Ableismus. Die Betroffenen werden auf ihre Beeinträchtigung reduziert und dadurch von der Mehrheitsgesellschaft und dem Arbeitsmarkt ausgeschlossen.

AGILITÄT
Unter „agil" versteht man eine Zusammenarbeit, die sich nicht auf einen festen Plan und dessen Umsetzung stützt, sondern auf ein gemeinsames Verständnis des gewünschten Ergebnisses und eine ständige Neujustierung des Prozesses. Das Magazin Neue Narrative unterscheidet zwischen agil und flexibel: Flexibel ist, was reaktiv seine Form verändern kann, dann aber wieder zur Ausgangsform zurückfindet. Agil ist also, wenn man proaktiv aufgrund äußerer und selbstbestimmter Anforderungen die Form verändert und dann auch in der neuen Form bleibt.

ALLYS
Der Begriff steht für „Verbündete". Allys erkennen, dass sie Privilegien haben und setzen diese ein, um andere nicht auszuschließen. Für Frauen und weiblich gelesene Personen sind das meist Männer, die erkennen, dass Frauen strukturell diskriminiert werden und sich deshalb offen gegen Sexismus aussprechen. Bei LGBTQIA+ sind Allys heterosexuelle und cis-geschlechtliche Menschen, die queere Menschen offen unterstützen.

ALTERSDISKRIMINIERUNG
Ageismus bedeutet, dass Menschen oder Gruppen aufgrund ihres Alters benachteiligt werden. Jeder kann davon betroffen sein. Der Begriff der geschlechtsspezifischen Altersdiskri-

minierung steht für die doppelte Diskriminierung in den mittleren Lebensjahren und wird als „Gendered Ageism" bezeichnet. Das heißt, dass Frauen auf dem Arbeitsmarkt oft mit dem Vorurteil konfrontiert werden, entweder zu jung, zu fruchtbar oder zu alt für eine Position zu sein. Ein Phänomen, das bei Männern nachweislich deutlich seltener auftritt.

BIPOC

Das Akronym steht für „Black, Indigenous and People of Colour". Es wird im angelsächsischen und deutschsprachigen Raum verwendet, um Personen und Gruppen zu beschreiben, die vielfältigen Formen von Rassismus ausgesetzt sind. BIPoC wird nicht primär zur Beschreibung der Hautfarbe verwendet, sondern steht auch für Ungleichbehandlungen und Diskriminierungserfahrungen, die nichtweiße Menschen machen.

BLIND SIGNING

Das Phänomen beschreibt, dass Talente nach einer erfolgreichen Bewerbung sehr schnell einen Arbeitsvertrag unterschreiben und dann feststellen, dass das Unternehmen und die eigene Persönlichkeit überhaupt nicht zusammenpassen. Das Gleiche gilt für Firmen, die aufgrund des Fachkräftemangels und aufwendiger Rekrutierungsprozesse zu schnellen Zusagen neigen. Das Problem: Oft wird das Arbeitsverhältnis dann rasch wieder beendet.

BROKEN RUNG

Die „gebrochene Sprosse" ist eine Metapher für die Hindernisse, die Frauen und marginalisierte Gruppen auf der Karriereleiter überwinden müssen.

CARE-ARBEIT

Die Sorge- und Pflegearbeit für Kinder und ältere Menschen wird als Care-Arbeit bezeichnet. Im Gegensatz zu Care-Berufen ist Care-Arbeit unbezahlte Arbeit. Laut einer Studie des Statistischen Bundesamts leisten Frauen täglich 43,8 Prozent mehr Care-Arbeit als Männer. Dieser Gender Care Gap hat einen direkten Einfluss auf die geschlechtsspezifische Lohnlücke, den Gender Pay Gap, und die daraus resultierende Rentenlücke, den Gender Pension Gap. Die strukturelle Lücke zwischen den Lebenseinkommen von Frauen und Männern wird als Gender Lifetime Earnings Gap bezeichnet.

CHANCENGERECHTIGKEIT

Chancengerechtigkeit unterscheidet sich von Chancengleichheit dadurch, dass sie unterschiedliche Lebensrealitäten und intersektionale Diskriminierung berücksichtigt. Chancengleichheit stellt allen die gleichen Ressourcen zur Verfügung. Chancengerechtigkeit verteilt Ressourcen an diejenigen, die sie für eine gerechte Teilhabe benötigen.

CO-CREATION

Co-Creation ist ein gemeinsamer Schöpfungsprozess mehrerer Gruppen, zum Beispiel zwischen Auftraggebenden und Dienstleistenden. Durch Co-Creation

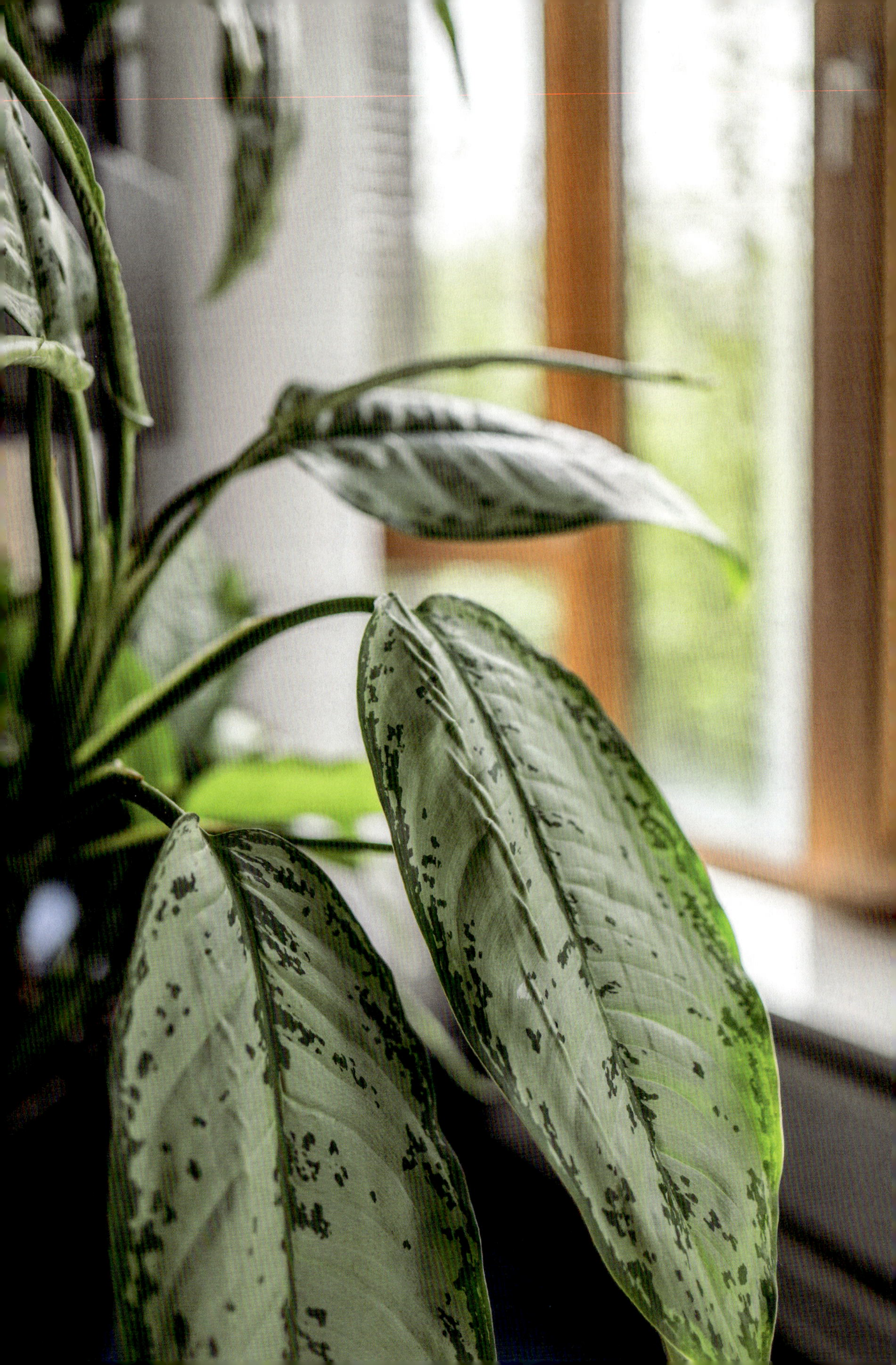

können neue aufeinander aufbauende Ideen entstehen, auf die keine Partei allein gekommen wäre. Wichtige Voraussetzungen sind hierarchiefreie Räume und psychologische Sicherheit.

DISKRIMINIERUNG

Diskriminierung bedeutet, dass Menschen aufgrund bestimmter Merkmale, die sie individuell oder als Gruppe haben, ungerecht behandelt werden. Das kann bewusst oder unbewusst passieren und verhindert, dass Betroffene gleichberechtigt am Leben und an der Arbeit teilhaben können.

DIVERSITY, EQUITY & INCLUSION (DEI)

Zahlreiche Studien haben bestätigt, dass Unternehmen, die sich durch Vielfalt, Gleichberechtigung und Integration auszeichnen, besser in der Lage sind, auf Herausforderungen zu reagieren, die besten Talente anzuziehen und den Bedürfnissen verschiedener Kundengruppen gerecht zu werden. Organisationen arbeiten gezielt an den Themen Vielfalt, Gleichberechtigung und Integration (Diversity, Equity & Inclusion, kurz: DEI), um den Bedürfnissen von Menschen aus allen Lebensbereichen gerecht zu werden. Hier geht es um Vielfalt in Bezug auf Herkunft, Religion, körperliche und geistige Fähigkeiten, Geschlecht, sexuelle Orientierung und Neurodiversität.

EMPOWERMENT

Empowerment bedeutet Befähigung und Ermächtigung. Es geht darum, Menschen dabei zu helfen, ihr Leben selbstbestimmt und unabhängig zu gestalten. Im beruflichen Kontext kann Empowerment durch Vorgesetzte oder strukturelle Modelle ermöglicht werden. Rollen und Verantwortung werden dann nach Kompetenzen vergeben und nicht anhand von hierarchischen Positionen.

FEMALE GAZE

Female Gaze beschreibt den Blick aus einer weiblichen Perspektive oder durch eine weibliche Brille, ohne die cis-männliche Perspektive zu berücksichtigen. Der Begriff stammt aus der Filmwissenschaft, lässt sich aber in allen Formen des Storytellings anwenden.

FLINTA*

Das Akronym FLINTA* steht für Frauen, Lesben, intersexuelle, nichtbinäre, transgeschlechtliche und agender Personen. Wer es benutzt, bezieht sprachlich alle weiblich gelesenen Menschen mit ein und erkennt an, dass es mehr als zwei Gender gibt.

GENDERN

Forschungsergebnisse zeigen, dass ein generisches Maskulinum nicht neutral, sondern eben wörtlich verstanden wird. „Mein Arzt" ruft das Bild eines männlichen Arztes hervor. Sprache beeinflusst die Wahrnehmung und prägt das Handeln. Deshalb ist geschlechtersensible Sprache ein wichtiger Bestandteil feministischer Anliegen. Es reicht nicht, nur „mit gemeint" zu sein. Gerade im beruflichen Kontext helfen geschlechtersensible Stellenausschreibungen und Texte dabei, eine vielfältige Zielgruppe anzusprechen.

GENDER PAY GAP

Die geschlechtsspezifische Lohnlücke zeigt, wie viel weniger Frauen als Männer für die gleiche Arbeit verdienen. Dafür wird der Bruttostundenverdienst aller erwerbstätigen Männer und Frauen eines Landes verglichen. In Deutschland liegt die Lohnlücke 2024 zum vierten Mal in Folge bei 18 Prozent. Die sogenannte bereinigte Lohnlücke liegt bei 6 Prozent. Der bereinigte Gender Pay Gap ist umstritten, denn er schließt strukturelle Faktoren wie unterschiedlich bezahlte Berufe, Beschäftigungsumfang, Bildungsniveau und die Tatsache, dass Frauen seltener Führungspositionen besetzen als Männer, aus der Berechnung aus. Dadurch verschleiert er genau die gesellschaftlichen Ungleichheiten, die die Kennzahl eigentlich aufzeigen soll. Die bereinigte Lohnlücke wird gern genutzt, um den Diskurs über Lohngerechtigkeit zu schwächen.

Auch LGBTQI+-Personen sind vom Gender Pay Gap betroffen, allerdings in unterschiedlicher Weise: Lesbische Frauen profitieren vom Gender Pay Gap, schwule Männer nicht. Das bestätigt, dass männliches Verhalten zu höheren Löhnen führt. Inter- und transgender Personen sind besonders stark von finanzieller Diskriminierung betroffen.

GLASS CEILING

Der Begriff „gläserne Decke" ist eine feministische Metapher, die konkrete kulturelle Hindernisse beschreibt, die dem beruflichen Erfolg von Frauen im Wege stehen. Dazu gehören die voreingenommene Haltung männlicher Führungskräfte, ungleiche Bezahlung und das Fehlen von Vorbildern und emotionaler Unterstützung für Frauen. Die gläserne Decke verhindert auch den beruflichen Aufstieg von LGBTQIA+, BIPoC und anderen Minderheiten.

GLASS CLIFF

Wenn Frauen in Führungspositionen aufsteigen, werden sie oft auf Posten befördert, die als besonders unsicher gelten, zum Beispiel in Krisenzeiten eines Unternehmens. Prof. Michelle K. Ryan und Prof. Alexander Haslam aus Großbritannien haben die Metapher der „gläsernen Decke" (Glass Ceiling) um den Begriff der „gläsernen Klippe" (Glass Cliff) erweitert und werten ihn ebenso als eine Form der Diskriminierung.

HETERONORMATIVITÄT

In dieser Weltanschauung gelten Heterosexualität, Monogamie und Cis-Geschlechtlichkeit als „normal" und natürlich. Heteronormativität geht davon aus, dass die Kernfamilie, eine binäre Geschlechterordnung und Cis-Geschlechtlichkeit anderen Geschlechtsidentitäten und Beziehungsentwürfen überlegen sind.

IMPOSTER-PHÄNOMEN
Auch „Hochstapler-Phänomen" genannt. Betroffene fühlen sich fehl am Platz, glauben, nicht qualifiziert zu sein. Das äußert sich zum Beispiel in Perfektionismus, Überkompensation, Prokrastination und Selbstsabotage. Wichtig: Der Begriff „Imposter-Syndrom" ist irreführend, denn Imposter ist keine klinische, pathologische Diagnose. Das Phänomen hat seinen Ursprung in einem patriarchalen System, das vermeintlich Schwache unterdrückt.

INTERSEKTIONALITÄT
Hier geht es um das Zusammenwirken mehrerer Unterdrückungsmechanismen. Zum Beispiel ist eine Schwarze Frau, die neurodivers ist, mehrfacher Diskriminierung ausgesetzt.

KANBAN
Kanban ist eine Methode des Prozessmanagements für agile Projektteams. Auf Kanban-Boards wird der Arbeitsstand visualisiert. In seiner einfachsten Form hat das Board drei Spalten: To do, In Bearbeitung und Erledigt. Die Projekte oder Aufgaben werden in die entsprechende Spalte eingetragen und je nach Arbeitsstand weitergeschoben. So sieht man, welche Aufgaben erledigt werden und welche dauerhaft liegen bleiben.

LEAKY PIPELINE
Die Metapher der „undichten Leitung" beschreibt den Umstand, dass der Frauenanteil mit steigender beruflicher Qualifikationsstufe abnimmt – ein Phänomen, das sowohl in der Wirtschaft als auch in der Wissenschaft zu beobachten ist.

LEAN
Ein wesentliches Merkmal von Lean Production oder Lean Management ist die kontinuierliche Optimierung von Prozessen und das Lernen aus Erfahrungen. In der Entwicklung bedeutet „lean" nutzernahes Arbeiten mit kurzen Feedback-Zyklen. Der Begriff meint immer minimalen Ressourceneinsatz.

LEICHTE SPRACHE
Während Leichte Sprache hauptsächlich für Menschen mit Lernschwierigkeiten oder geistiger Behinderung gedacht ist, kann Einfache Sprache auch für Menschen mit Leseschwäche, Deutsch als Fremdsprache oder Personen mit begrenzter Lese- und Schreibfähigkeit hilfreich sein. Die Ansätze sind ähnlich: Fremdwörter werden erklärt, Sätze sind kurz. Text sind klar strukturiert und sinnvoll gegliedert. Sie vermitteln eindeutige Aussagen ohne Ironie, Metaphern oder Synonyme. Leichte Sprache hat feste Regeln und Strukturen, für Einfache Sprache gelten Empfehlungen.

MALE GAZE
Der aktiv-männlich dominante Blick auf die Gesellschaft, der Frauen als sexuelle Objekte zum Vergnügen des heterosexuellen Mannes betrachtet.

MANSPLAINING

Der Begriff steht für ungefragte Belehrungen von Männern gegenüber Frauen. Oft sind diese Belehrungen herablassend und mit einer Abwertung weiblicher Expertise verbunden. Die Friedrich-Ebert-Stiftung sagt, dass der Begriff auch auf das asymmetrische Kommunikationsverhalten von Männern und Frauen hinweist. Studien zeigen, dass in größeren Gruppen eher Männer sprechen, während Frauen schweigen.

MANTERRUPTION

Der Begriff setzt sich aus „man" und „interruption" zusammen und bezeichnet das mehrfach wissenschaftlich belegte Phänomen, dass Männer dazu neigen, Frauen zu unterbrechen. Der Begriff wird als sexistisch kritisiert, da er Männer stereotypisiert.

MATRIARCHAT

Entgegen dem gängigen Verständnis ist das Matriarchat nicht die Umkehrung eines Patriarchats. In Matriarchaten herrschen nicht Frauen über Männer. Ein Matriarchat ist eine mutterzentrierte Gesellschaft, in der mütterliche Werte gelebt werden: Pflege, Ernährung, Fürsorge und Friedenssicherung. Diese Werte gelten für alle, für Mütter und Nichtmütter, für Frauen und Männer gleichermaßen. Die Gemeinschaft steht im Mittelpunkt, nicht das Individuum.

MATRIX-ORGANISATION

In dieser netzförmigen Organisationsstruktur gibt es nicht nur eine Weisungskette von oben nach unten, wie in klassischen Hierarchien. Es gibt auch eine von links nach rechts und umgekehrt.

MENTORING

Beim Mentoring gibt eine erfahrene Person ihr Wissen und ihre Erfahrungen an eine weniger erfahrene Person weiter. Beim Reverse Mentoring lernen Ältere oder höher Gestellte von Jüngeren. Mentoring ist ein wichtiger Teil des lebenslangen Lernens und der Zusammenarbeit zwischen den Generationen.

MISANDRIE

Männerhass oder Männerfeindlichkeit. Eine Abneigung gegen oder Verachtung für Männer.

MISOGYNIE

Die soziokulturelle Einstellung, die Frauen und weiblichen Mustern weniger Relevanz oder Wert zuschreibt, oder umgekehrt, die Männern und männlichen Attributen einen höheren Wert beimisst.

NEURODIVERSITÄT

Menschen mit Autismus-Spektrum-Störungen, Aufmerksamkeitsdefizit-/Hyperaktivitätsstörungen (ADHS), Legasthenie und Dyskalkulie sind neurodivergent. Dies drückt sich in verschiedenen Persönlichkeitsbereichen wie Lernen, Denken, Motorik, Struktur, In-

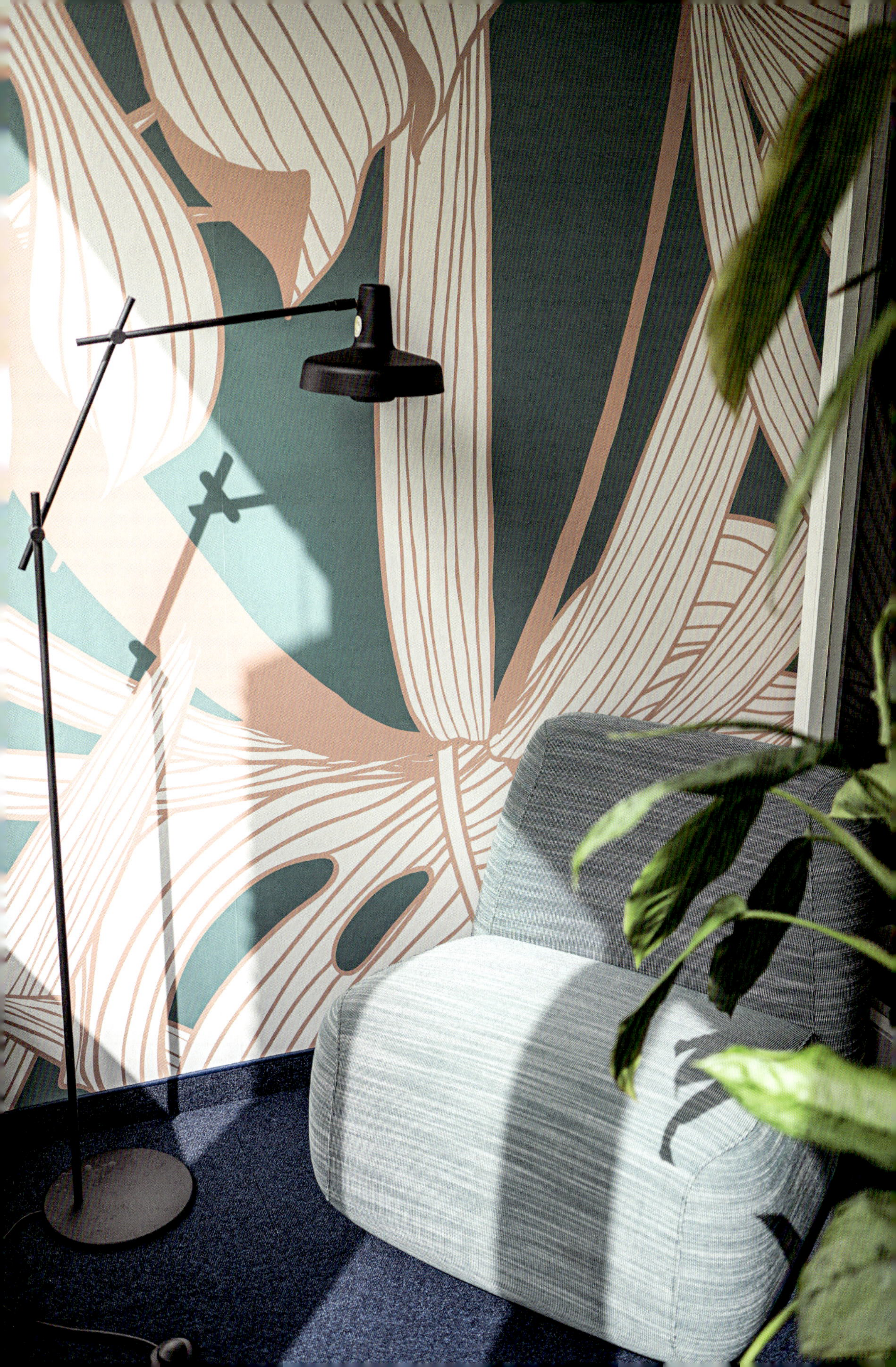

teraktion, Sprache und Wahrnehmung aus. Neurodivergente Menschen waren lange Zeit beruflich benachteiligt. Heute wissen wir: Gelingt die Inklusion neurodivergenter Mitarbeiterinnen und Mitarbeiter, verbessert sich nachweislich die Zusammenarbeit und Produktivität von Teams.

OTHERING
Othering beschreibt die Distanzierung und Abgrenzung von anderen sozialen und ethnischen Gruppen, um die eigene „Normalität" zu bestätigen. Der Begriff stammt aus der postkolonialen Theorie und fördert Diskriminierung.

PATRIARCHAT
Ein System von sozialen Beziehungen, Werten, Normen und Verhaltensmustern, das hauptsächlich von Männern geprägt ist und dazu führt, dass Männer sich in einer privilegierten Position befinden. Die moderne Welt und der Kapitalismus basieren auf patriarchalen Normen.

POWERFRAU
Die feministische Linguistik beschäftigt sich damit, wo Sprache versteckten Sexismus reproduziert. Begriffe wie „Powerfrau", „starke Frau" und „Girlboss" klingen auf den ersten Blick positiv, aber dahinter verbirgt sich die Annahme, dass eine „normale" Frau keine Macht hat und nicht stark sein kann. Das ist eine sexistische Grundannahme.

PSYCHOLOGISCHE SICHERHEIT
Das Konzept der psychologischen Sicherheit kommt ursprünglich aus der Forschung zur organisatorischen Transformation. Für die Harvard-Professorin Amy Edmondson, die den Begriff geprägt hat, ist psychologische Sicherheit etwas, das vor allem Führungskräfte durch ihr Verhalten beeinflussen können. Wenn psychologische Sicherheit herrscht, zeigen sich in erster Linie Menschen in Führungspositionen verletzlich. Sie sind dann bereit, sich zu entschuldigen, um Hilfe zu bitten und zu sagen: „Ich weiß es nicht."

QUIET QUITTING
Die „stille Kündigung" beschreibt das Phänomen, dass Menschen nur noch die Arbeit machen, für die sie bezahlt werden. Damit unterscheidet sich der Begriff deutlich von der „inneren Kündigung" und ist irreführend. Mit Quiet Quitting verweigern sich Arbeitnehmerinnen und Arbeitnehmer der Erwartung vieler Arbeitgeber, vereinbarte Ziele zu übertreffen und unbezahlte Mehrarbeit zu leisten.

QUOTE
Frauen, BIPoC, LGBTQIA+, Menschen mit Migrationshintergrund, Menschen mit Beeinträchtigung oder chronischen Erkrankungen haben aufgrund ihrer strukturellen Benachteiligung schlechtere Chancen, einen Arbeitsplatz zu bekommen und innerhalb eines Unternehmens aufzusteigen. Mit Quoten verpflichten sich Unternehmen, tatsächlich vielfältiger zu werden. Sie wirken

strukturellen Benachteiligungen gezielt entgegen, statt nur Lippenbekenntnisse abzugeben. Das Problem: Quoten sind in den meisten Fällen unverbindliche Zielvorgaben. Die Vergangenheit hat aber immer wieder gezeigt, dass Selbstverpflichtungen und sanktionslose Quoten nicht funktionieren.

QUOTENFRAU

Der Begriff hat eine negative Konnotation – er suggeriert, dass Frauen und weiblich gelesene Personen nur aufgrund ihres Geschlechts, also zur Erfüllung einer Quote, und nicht aufgrund ihrer Qualifikation eine Position besetzen. Seit einigen Jahren gibt es Initiativen, dem Begriff das Stigma zu nehmen und die Quote als Instrument zu begreifen. Erst wenn eine kritische Masse im Management, in Vorständen, Aufsichtsräten und Gremien erreicht ist, besteht die Chance, Parität langfristig organisch zu erreichen.

REFLEXION

In der neuen Arbeitswelt wird Selbstreflexion immer wichtiger, denn Individuen müssen sich eigenverantwortlich in komplexen Umgebungen zurechtfinden: wertschätzendes Feedback geben und annehmen, die eigenen Rollen und Prozesse ständig anpassen und Resilienz beweisen. Reflexion ist wichtig, um mit den Anforderungen wachsen zu können. Selbstreflexion ist ein kontinuierlicher Prozess und kann in Form von stillem Nachdenken, Tagebuchschreiben oder im Dialog mit Coaches oder Peers stattfinden.

RESILIENZ

In einer Zeit vielfältiger Krisen und ständiger Veränderungen hilft Resilienz, mit Stress und Konflikten im (Arbeits-)Leben umzugehen. Das Magazin Neue Narrative verwendet das Bild einer Boxerin, die im Ring zu Boden geht, angezählt wird, wieder aufsteht und ihre Taktik anpasst. Resilienz ist synonym mit Widerstandsfähigkeit.

SPONSORING

Im Kontext von Personalentwicklung kann man Sponsoring als Phase zwei des Mentoring betrachten. Die Mentees werden zu Protegés, da sich die Mentorinnen und Mentoren nun persönlich in die Entwicklung ihrer Mentees involviert fühlen. Sponsoring öffnet Türen, sorgt für Sichtbarkeit in der Organisation und bindet die Mentees direkt in Erfahrungen und Situationen ein, die sie beruflich weiterbringen.

STRATEGIE

Im Unternehmenskontext bedeutet Strategie in der Regel, dass ein langfristiger Plan aufgestellt wird, um den Erfolg der Firma zu sichern. Dazu werden häufig mittel- und langfristige Ziele formuliert und Prioritäten gesetzt, an denen sich alle Führungskräfte orientieren können.

TRANS*

Menschen, denen bei der Geburt ein Geschlecht zugewiesen wurde, das nicht ihrer Identität entspricht, sind trans* Personen. Es gibt auch trans* Personen, die sich keinem Geschlecht

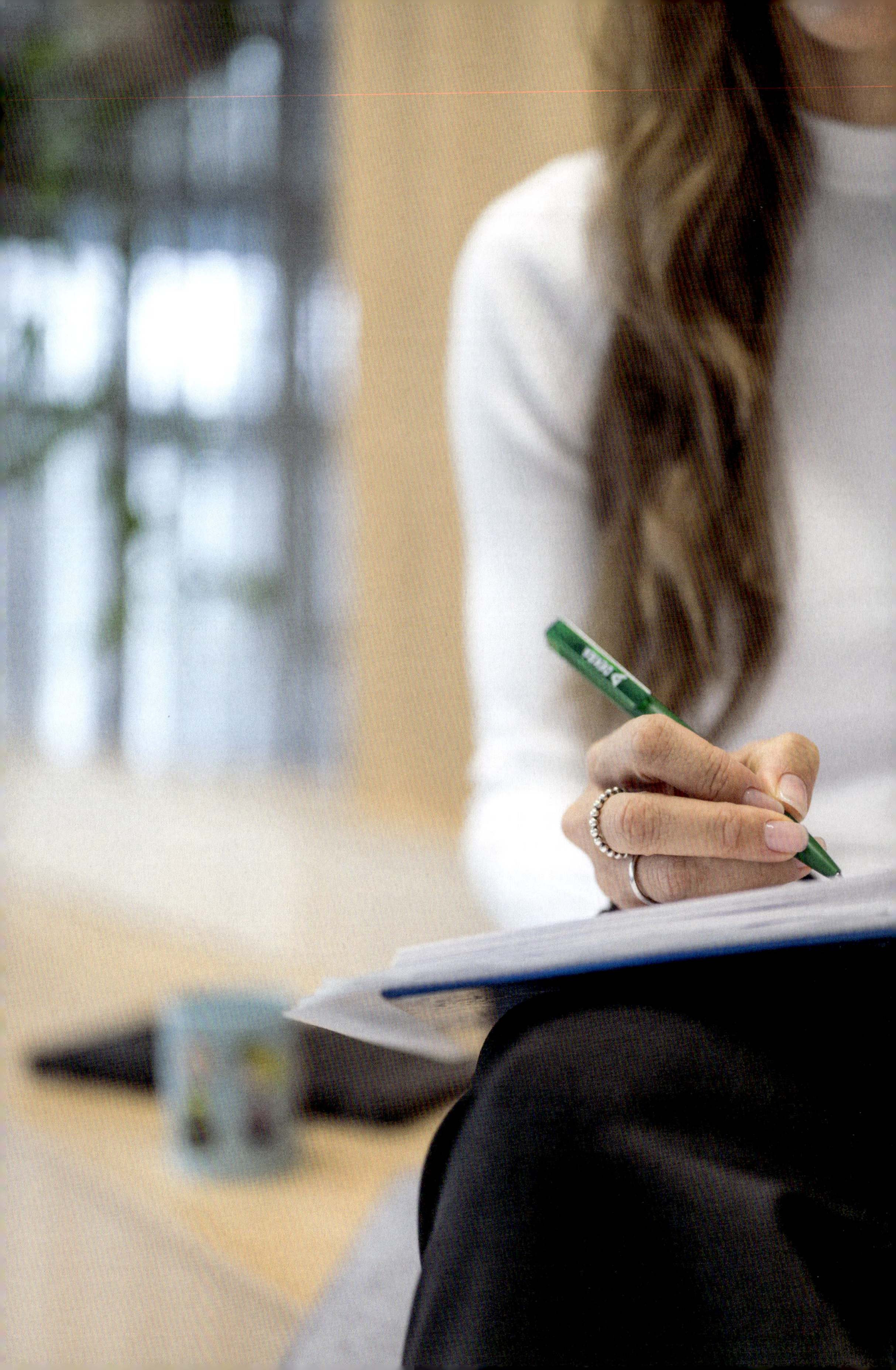

zugehörig fühlen. Das Sternchen am Ende des Adjektivs trans* lässt Raum für andere Geschlechtsidentitäten. Ab dem 1. November 2024 können trans*, intergeschlechtliche und nichtbinäre Menschen durch das Selbstbestimmungsgesetz ihren Namen, Personenstand und Geschlechtseintrag durch eigene Erklärung beim Standesamt ändern.

TRANSFORMATION

Transformation ist im wirtschaftlichen Kontext ein Prozess der grundlegenden Zustandsänderung vom Istzustand zu einem angestrebten Ziel. Nahezu jedes Unternehmen befindet sich derzeit in einer digitalen Transformation, um zukunfts- und wettbewerbsfähig zu bleiben.

TEILZEITARBEIT

Laut Statistischem Bundesamt gilt jede Arbeitszeit, die weniger Arbeitsstunden als die Arbeitszeit von vergleichbaren Personen in Vollzeit umfasst, als Teilzeit. 65 Prozent aller berufstätigen Mütter arbeiteten 2022 in Teilzeit, aber nur 7 Prozent der berufstätigen Väter.

UNCONSCIOUS BIAS

Unbewusste Vorurteile beeinflussen den Alltag und das Berufsleben: Manche Menschen werden bevorzugt, andere benachteiligt. Unconscious Bias zeigt sich zum Beispiel bei der Einstellung neuer Mitarbeitender, bei Beförderungen, bei der Leistungsbeurteilung und bei der Zusammenstellung von Teams. DE&I soll hier gegensteuern.

VUKA-WELT

Das Akronym steht für „Volatilität, Ungewissheit, Komplexität und Ambiguität". In der sogenannten VUKA-Welt (engl. VUCA) verändert sich die Umwelt so schnell und unvorhersehbar, dass sich Strategien nicht einfach konsequent verfolgen lassen. Unternehmen, die in der VUKA-Welt bestehen wollen, müssen vor allem eins können: die eigene Umgebung ständig beobachten, Abhängigkeiten verstehen, neue Chancen erkennen und sich schließlich an die neuen Bedingungen anpassen.

WHATABOUTISM

Eine Argumentationsstrategie, die mit der Gegenfrage „Aber was ist mit ...?" arbeitet. Es handelt sich also im Wesentlichen um eine Ablenkungstaktik: Man entzieht sich einem Argument, indem man den Fokus einfach auf einen anderen Missstand lenkt. Beispiel: „Es gibt auch Männer, die von Frauen diskriminiert werden! Was ist mit denen?"

WIRKSAMKEIT

Wer das Gefühl hat, mit seiner Arbeit etwas für andere oder die Gesellschaft zu bewirken, ist zufriedener, leistungsfähiger und bleibt länger. Im Arbeitskontext ist dieser Begriff eng mit dem Purpose, dem Zweck einer Organisation, verbunden.

VOLLZEITARBEIT

Als Vollzeitbeschäftigung gilt in Deutschland laut Statistischem Bundesamt eine Beschäftigung, bei der die

Personen regelmäßig die übliche bzw. tariflich oder gesetzlich festgelegte Arbeitszeit zu leisten haben. In vielen Betrieben ist das die 40-Stunden-Woche. Die Autorin Teresa Bücker fordert in ihrem Buch „Alle Zeit" eine 30-Stunden-Woche für alle, um einerseits die Entgeltlücke zwischen den Geschlechtern zu schließen und andererseits mehr Zeit für unbezahlte Sorgearbeit, gesellschaftliches und politisches Engagement und Gesundheit zu haben.

YOUNG PROFESSIONALS
Der Begriff wird häufig mit „Berufseinsteiger" übersetzt. Auf dem Bewerbungsmarkt werden jedoch vor allem hochqualifizierte und motivierte Nachwuchskräfte als Young Professionals bezeichnet. Sie haben oft ein Studium, Praktika und erste Arbeits- und Auslandserfahrungen gesammelt. Im Sinne von Diversity ist wichtig zu beachten: Frühe Erfolge dieser Art sind häufig mit Privilegien verbunden, die nicht alle genießen.

ZWECK
Im Arbeitskontext wird „Zweck" oft synonym mit „Sinn" und „Purpose" verwendet. Der Purpose einer Organisation ist ihr großer gemeinsamer Nenner und ihr Motor. Er gibt eine Richtung vor, an der Entscheidungen ausgerichtet werden sollen. Purpose ist als unerreichbares Ziel zu verstehen: Sobald eine Organisation ihren Purpose erreicht hat, ist sie überflüssig.

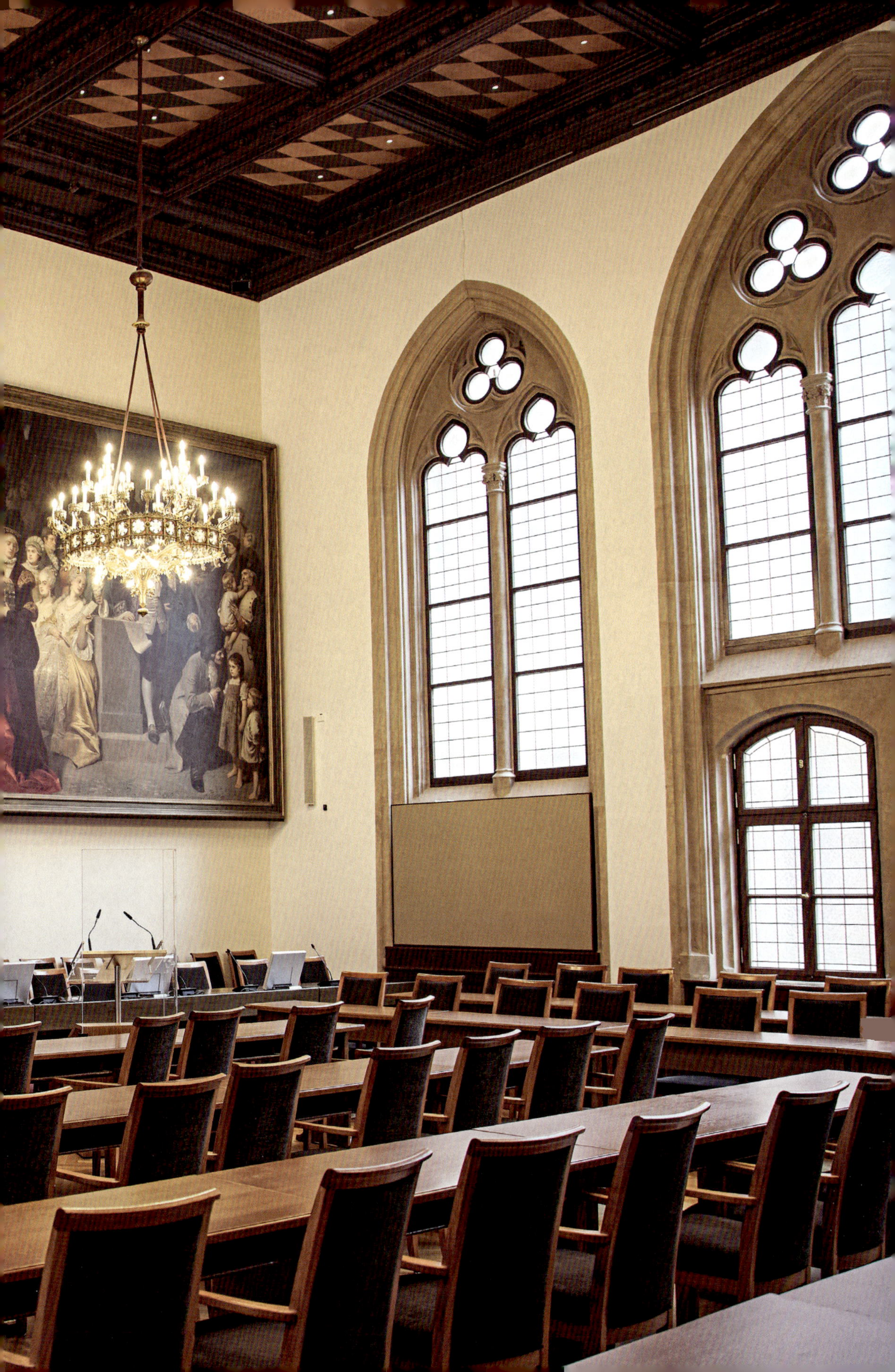

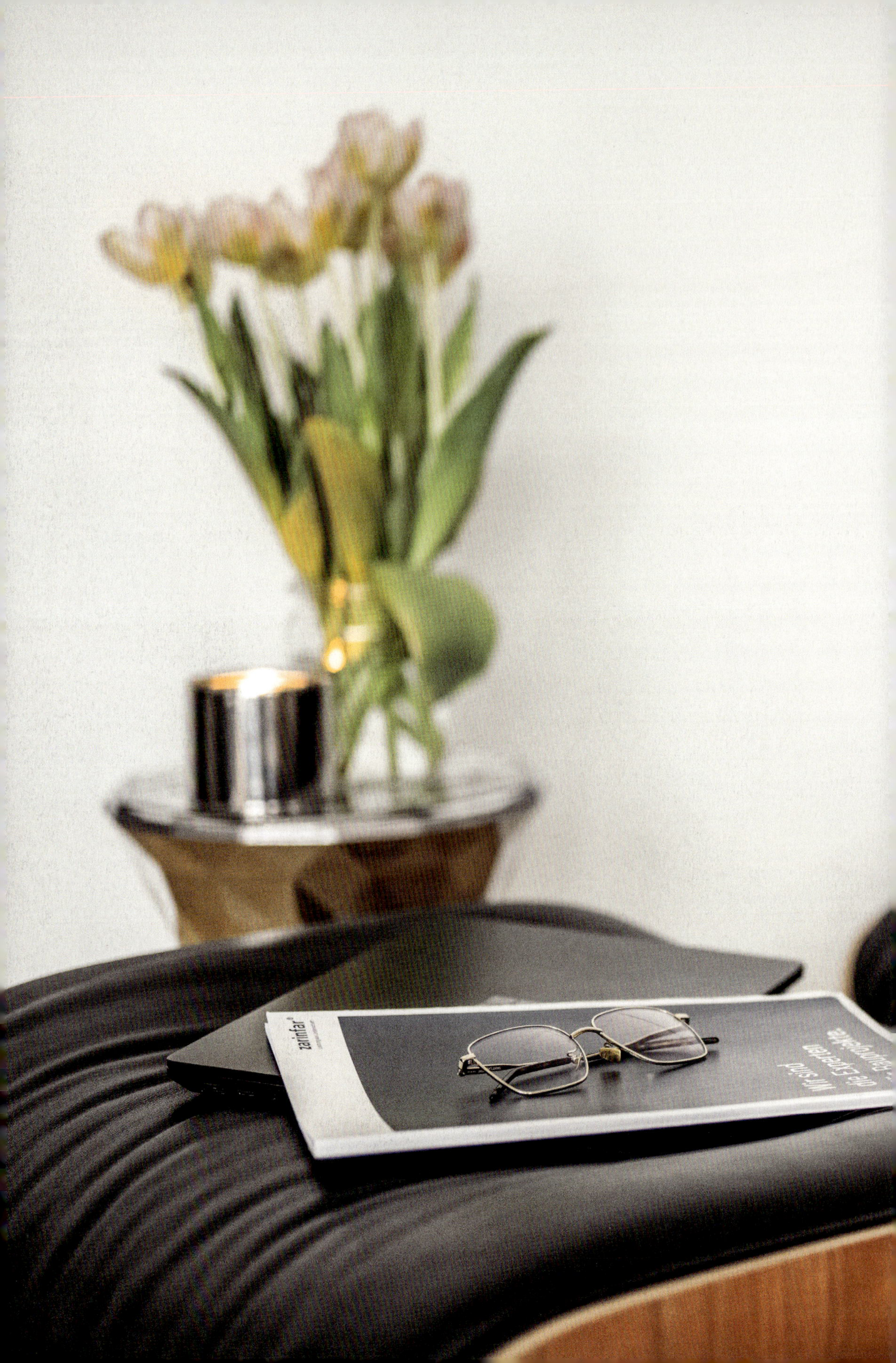
zarinfar

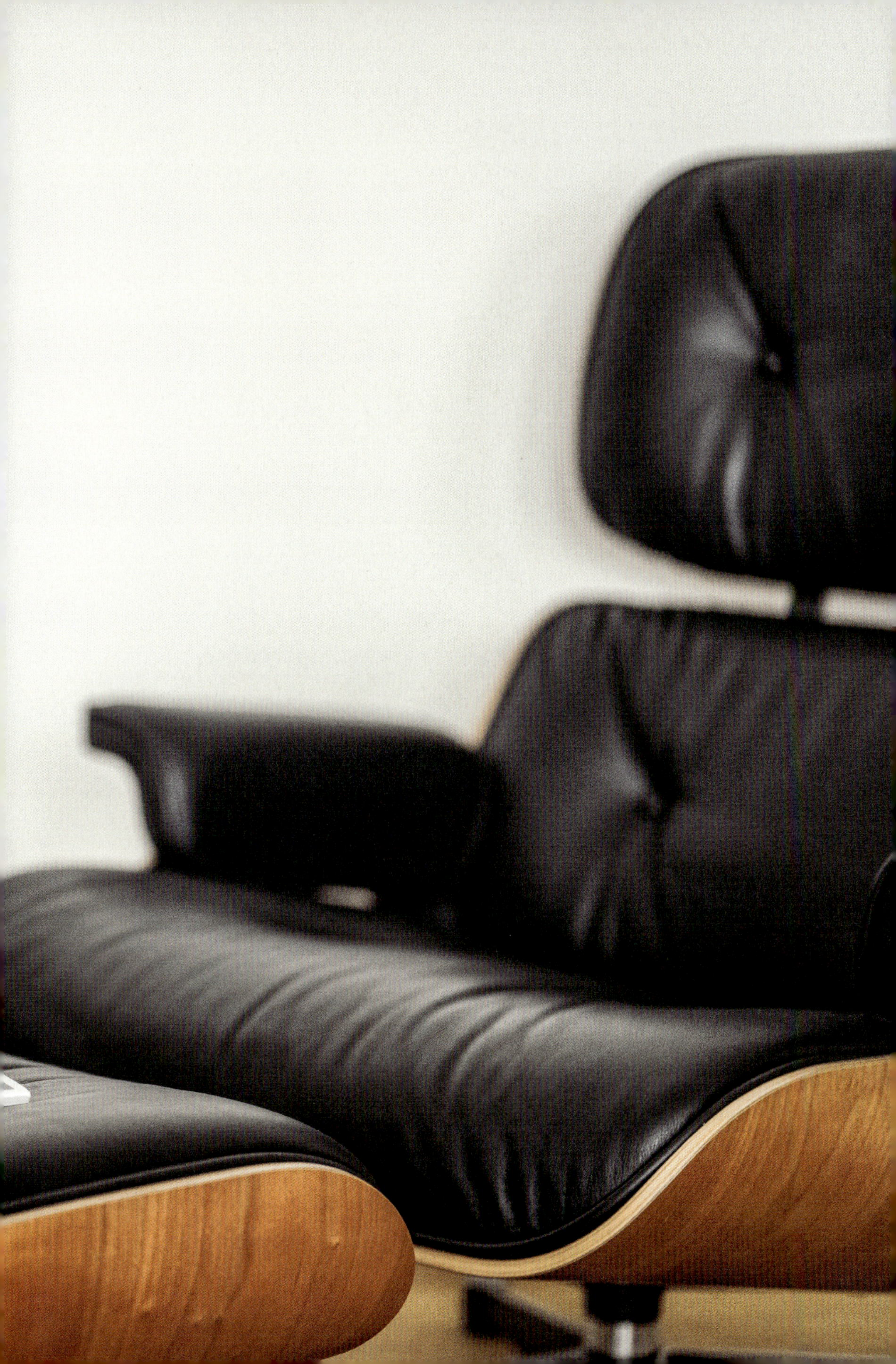

UNTERNEHMENSVERZEICHNIS

1&1 TELECOMMUNICATION SE
Elgendorfer Straße 57
56410 Montabaur
www.1und1.de

AGENTUR FÜR ARBEIT REGENSBURG INTERNER SERVICE
Galgenbergstraße 24
93053 Regensburg
www.arbeitsagentur.de

AHOI INNOVATIONEN GMBH
Zippelhaus 4
20457 Hamburg
www.ahoi-innovationen.de

ATRUVIA AG
GAD-Straße 2–6
48163 Münster
www.atruvia

BERLIN HYP AG
Corneliusstraße 7
10787 Berlin
www.berlinhyp.de

BSH HAUSGERÄTE GMBH
Carl-Wery-Straße 34
81739 München
www.bshg.com

CAMELOT MANAGEMENT CONSULTANTS AG
Theodor-Heuss-Anlage 12
68165 Mannheim
www.camelot-mc.com

CARTON GROUP GMBH
Berliner Straße 2
91126 Schwabach
www.carton-group.com

CBS CORPORATE BUSINESS SOLUTIONS UNTERNEHMENSBERATUNG GMBH
Rudolf-Diesel-Straße 9
69115 Heidelberg
www.cbs-consulting.com

CIRCET DEUTSCHLAND SE
Annastraße 58–64
45130 Essen
www.circet.de

DAS KONTAKTWERK – DKW CONSULTING GMBH
Ottenser Hauptstraße 2–6
22765 Hamburg
www.daskontaktwerk.de

DEKRA AUTOMOBIL GMBH
Handwerkstraße 15
70565 Stuttgart
www.dekra.com

DEUTSCHE WELLE
Kurt-Schumacher-Straße 3
53113 Bonn
www.dw.com

DMG MORI COMPANY LIMITED
Walter-Gropius-Straße 7
80807 München
www.dmgmori.com

DREES & SOMMER SE
Hanauer Landstraße 123
60314 Frankfurt am Main
www.dreso.com

DZ HYP AG
Rosenstraße 2
20095 Hamburg
www.dzhyp.com

EON ENERGIE DEUTSCHLAND GMBH
Arnulfstraße 203
80634 München
www.eon.com

GEORGSMARIENHÜTTE HOLDING GMBH
Neue Hüttenstraße 1
49124 Georgsmarienhütte
www.gmh-gruppe.de

KONICA MINOLTA BUSINESS SOLUTIONS DEUTSCHLAND GMBH
Europaallee 17
30855 Langenhagen
www.konicaminolta.de

LANDESHAUPTSTADT MÜNCHEN
An der Hauptfeuerwache 8
80331 München
www.muenchen.de

LINKEDIN GERMANY GMBH
Sendlinger Straße 12
80331 München
www.linkedin.de

LUFTHANSA TECHNIK AG
Weg beim Jäger 193
22335 Hamburg
www.lht.dlh.de

MAN TRUCK & BUS SE
Dachauer Straße 667
80995 München
www.man.eu

MEDIAMARKTSATURN RETAIL GROUP
Media-Saturn-Straße 1
85053 Ingolstadt
www.mediamarktsaturn.com

MÜNCHNER FREIWILLIGE – WIR HELFEN E.V.
Tumblingerstraße 50
80337 München
www.muenchner-freiwillige.de

OHB SYSTEM AG
Universitätsallee 27–29
28359 Bremen
www.ohb.de

SOCIAL SWEETHEARTS GMBH
Karl-Valentin-Straße 17
82031 Grünwald
www.socialsweethearts.de

TOMRA SORTING GMBH
Otto-Hahn-Straße 2
56218 Mülheim-Kärlich
www.tomra.com

TRANSNETBW GMBH
Osloer Straße 15–17
70173 Stuttgart
www.transnetbw.de

WAGNER SYSTEM GMBH
Tullastraße 19
77933 Lahr
www.wagner-system.de

ZARINFAR GMBH
Maarweg 137
50825 Köln
www.zarinfar.de

CALLWEY 1884

© 2024 Callwey GmbH
Klenzestraße 36 · 80469 München
buch@callwey.de · Tel.: +49 89 8905080-0
www.callwey.de

Wir sehen uns auf Instagram:
www.instagram.com/callwey

ISBN 978-3-7667-2747-3 · 1. Auflage 2024

Bibliografische Information der Deutschen Nationalbibliothek
Die Deutsche Nationalbibliothek verzeichnet diese Publikation in der Deutschen Nationalbibliografie; detaillierte bibliografische Daten sind im Internet über <http://dnb.d-nb.de> abrufbar.

Das Werk einschließlich aller seiner Teile ist urheberrechtlich geschützt. Jede Verwertung außerhalb der engen Grenzen des Urheberrechtsgesetzes ist ohne Zustimmung des Verlages unzulässig und strafbar. Das gilt insbesondere für Vervielfältigungen, Übersetzungen, Mikroverfilmungen und die Einspeicherung und Verarbeitung in elektronischen Systemen.
Die Nutzung unserer Werke für Text- und Data-Mining im Sinne von § 44b UrhG behalten wir uns explizit vor.

Das Portrait über Bianca Orgill wurde von der Carton Group verfasst.

DIE AUTORIN
Kristina Appel ist eine erfahrene Journalistin im Bereich Frauen und Arbeit. Ihre Expertise gewann sie als Redakteurin bei EMOTION, emotion.WORKING WOMEN und XING News. Sie versteht sich als Verstärkerin weiblicher Stimmen und Themen. Auch mit diesem Buch möchte sie Bewusstsein für mehr Chancengerechtigkeit schaffen.

DIE HERAUSGEBERIN
herCAREER ist die Plattform für die weibliche Karriere. Im Fokus stehen ein interaktiver Austausch und ein hierarchieübergreifendes Netzwerken. Mit einer jährlichen Messe, die von einem ausführlichen Storytelling der ausstellenden Unternehmen begleitet wird, dient die Plattform als Diskussionsforum, das besonderes Engagement für Frauen und eine Gender Equality öffentlich macht und gleichzeitig auch den Frauen mit ihrem Engagement untereinander zu mehr Sichtbarkeit verhilft.

DIE FOTOGRAFINNEN:
Ulrike Schacht lebt und arbeitet als freiberufliche Fotografin in Hamburg. Ihr Schwerpunkt sind Menschen und ihre Geschichten, ob in ihrer Heimat im Norden, ganz Deutschland oder der ganzen Welt. Ulrike arbeitet für verschiedene große Magazine und Unternehmen und hat schon für mehrere Bücher fotografiert, die im Callwey Verlag erschienen sind wie zum Beispiel den Bestseller „Sugar Girls – 20 Frauen und ihr Traum vom eigenen Café".

Lisa Hantke lebt und arbeitet in München. 2019 machte sie sich selbständig. Seitdem wird sie vor allem von Unternehmen gebucht, die ihre Marken authentisch, nahbar und hochwertig in emotionalen Fotos abbilden möchten, in den Bereichen Porträt-, Corporate-, Branding- und Werbekampagnen.

BILDNACHWEIS:
S. 6 Sung-Hee Seewald
S. 10 Fran Monks, S. 13 Jason Dimmock
S. 14 Tina Luther
S. 17 Caren Detje
S. 18 Christina Körte
S. 20, S. 23 Florian Reimann Fotografie

Dieses Buch wurde in CALLWEY-QUALITÄT für Sie hergestellt:
Beim Inhaltspapier haben wir uns für ein Magno-Matt in 150 g/m² entschieden – ein matt gestrichenes Bilderdruckpapier. Die gestrichene, mattierte Oberfläche gibt dem Inhalt einen edlen und hochwertigen Charakter. Die Hardcover-Gestaltung besteht aus bedrucktem Bilderdruckpapier und wurde mit einer partiellen Hochprägung und UV-Lack veredelt. Dieses Buch wurde in Europa gedruckt und gebunden bei Graspo Printing House.

Viel Freude mit diesem Buch wünschen Ihnen:
Projektleitung: Miriam Müller
Lektorat: Constanze Lüdicke, München
Schlusskorrektur: Dr. Birgit Wüller, Stuttgart
Gestaltung & Satz: Anna Schlecker, München
Fotografie: Lisa Hantke, München;
Ulrike Schacht, Hamburg
Herstellung: Oliver Meier

Hinweis: Uns ist es ein Anliegen, dass sich alle Geschlechter wahrgenommen und wertgeschätzt fühlen. Im Sinne einer besseren Lesbarkeit der Texte verzichten wir jedoch auf die gleichzeitige Verwendung der Sprachformen männlich, weiblich und divers (m/w/d). Wo dies möglich ist, bemühen wir uns darum, alle Formen miteinzubeziehen, oder um neutrale Formulierungen. Sämtliche Personenbezeichnungen gelten gleichermaßen für alle Geschlechter.

Liebevoll begleitet von Miriam Müller

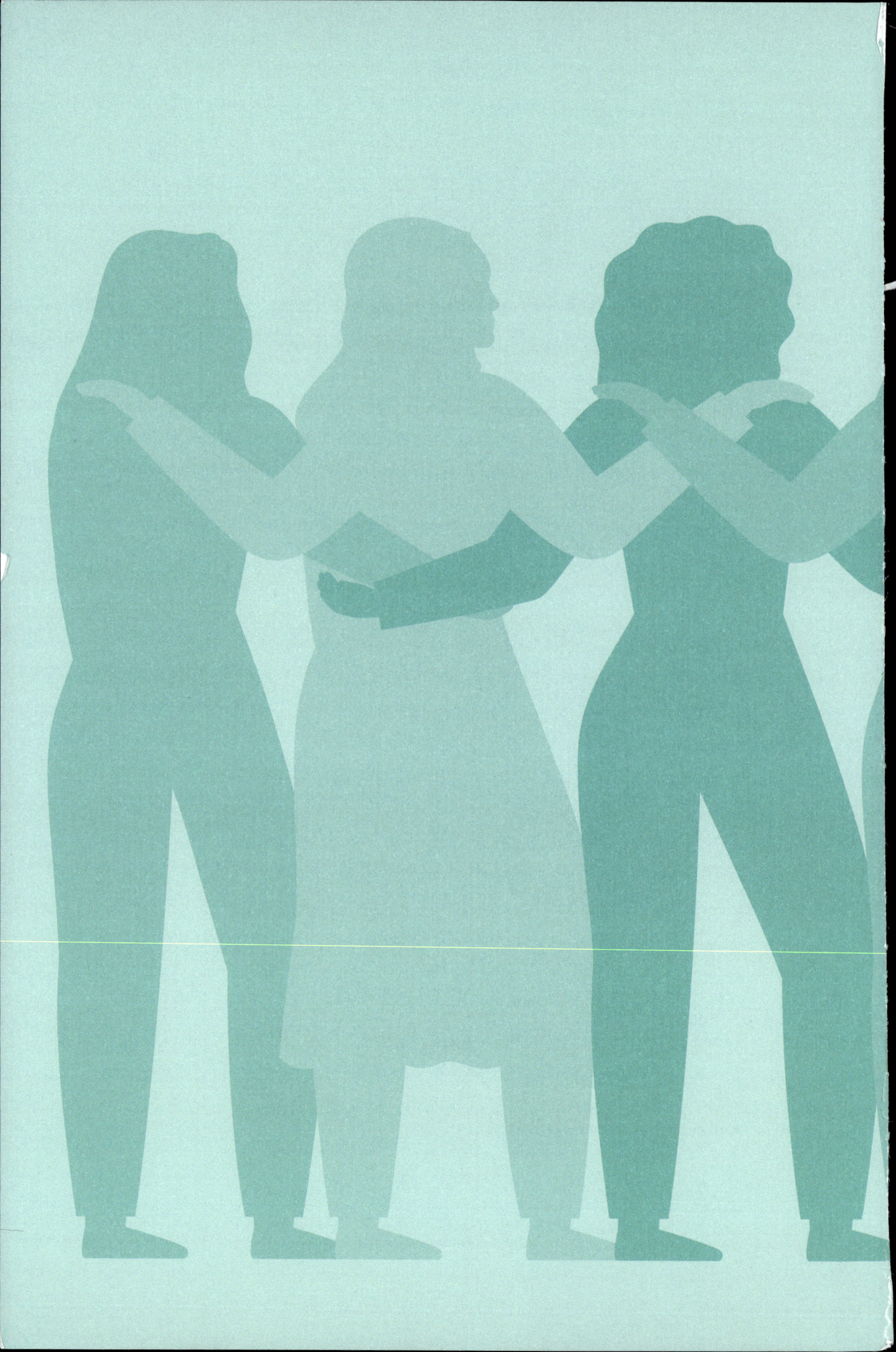